놀이로 시작하는
유아 생활교육

**놀이로 시작하는
유아 생활교육**

발행일 2022년 12월 5일 개정판 1쇄 발행
지은이 이자정
발행인 방득일
편 집 박현주, 허현정, 한해원
디자인 강수경
마케팅 김지훈

발행처 맘에드림
주 소 서울시 도봉구 노해로 379 대성빌딩 902호
전 화 02-2269-0425
팩 스 02-2269-0426
e-mail momdreampub@naver.com

ISBN 979-11-89404-78-9 93370

아이들 스스로 배우고
성장하는 놀이 익힘책

놀이로
시작하는
유아
생활교육

이자정 지음

맘에 드림

놀이는 아이들에게 생활이며, 삶 자체입니다

아이들에게 희망을 선사하는《놀이로 시작하는 유아 생활교육》의 출간을 기뻐합니다.

아이들이 공동체 일원으로 커가는 데 놀이만큼 좋은 수단은 없습니다. 아이들은 또래들과의 놀이를 통해 함께 살아가는 방법을 배우고, 사회성을 길러 당당한 구성원으로 성장합니다. 아이들에게 놀이란 생활이며, 자신의 생각과 느낌이 반영된 '삶' 자체인 것입니다.

태어나서 처음으로 부모의 품을 벗어난 아이들이 즐겁게 생활하며 배움을 시작하도록 돕는 것이 유치원의 첫 번째 임무입니다. 놀이중심 교육과정이 그것을 가능하게 해줄 것입니다. 아이들에게는 놀이가 곧 공부이며, 생활이기 때문입니다.

그런 점에서 유아들의 생활교육을 놀이와 연계해 기술한 이 책은 놀이중심 유치원 교육과정 운영에 매우 유익한 지침서가 될 것입니다. 특히, 현장에서 가장 어려움을 겪고 있는 유아들의 대표적 행동유형 11가지에 따른 놀이 해법을 제시함으로써 유치원교육에 바로 적용 가능한 실용적 도서입니다.

그동안 전남의 모든 유치원들은 놀이중심 교육과정 운영을 위해 다양한 분야에서 많은 노력을 해왔습니다. 이곳에서 교육을 받은 우리 아이들은 미래의 인재로 당당하게 자라날 것입니다. '모두가 소중한 혁신전남교육'도 아이들이 미래 사회를 이끌 민주시민으로 성장하도록 유치원 교육과정 운영에 대한 관심과 지원을 아끼지 않겠습니다.

어려운 여건 속에서도 훌륭한 책을 써주신 이자정 선생님의 열정에 다시 한 번 찬사를 보내며, 이 책이 놀이중심 유치원 교육과정에 널리 이용되기를 바랍니다.

제18대 전라남도 교육청 교육감
장 석 웅

유아 생활교육,
놀이에서 길을 찾다!

유아교육기관에서 교사는 아이들과 함께 생활하며 다채로운 경험을 하게 된다. 특히 매년 3월이면 교실에서 유아의 다양한 행동 유형을 관찰하게 된다. 예컨대 정리시간이 되면 모든 물건을 한 바구니에 섞거나 정리를 하지 않는 아이, 친구를 때리는 아이, "난 이거 못 해."를 되뇌는 아이, 관심을 독차지하려는 아이, 줄을 설 때 새치기를 하거나 약속을 지키지 않는 아이, 함께 어울리고 싶은 마음을 친구들의 놀이 방해로 표현하는 아이, 주의집중 시간이 짧아 교실을 자꾸 돌아다니거나 주제와 다른 이야기를 하는 아이, 채소만 쏙쏙 골라내 먹지 않는 아이, "나는 이거 못 읽어." 또는 "나는 글자 못 써."라며 한글에 전혀 관심을 보이지 않는 아이 등 각양각색이다. 상황이 이렇다 보니 비단 신학기뿐만 아니라 생활교육은 일 년 내내 중요한 비중을 차지하게 된다.

생활교육,
쉽고 재미있게 실천할 순 없을까?

나는 이전부터 유아 생활교육에 관심이 많았다. 유아가 교사, 부모, 또래와 소통하며 진정한 배움에 이르려면 올바른 생활태도, 기본생활습관이 전제되어야 한다고 생각하기 때문이다. 유아 생활교육의 원리와 해결책을 담은 이론서들도 열심히 찾아서 읽어보았지만, 막상 현장에서 적용해보면 종종 한계에 부딪히는 점이 못내 아쉬웠다. 책에 제시된 해결책은 일회성 반응으로 끝날 때가 많고, 유아에게 똑같은 이야기를 반복하다 보면 마치 괜한 잔소리를 하고 있는 듯한 기분이 들기도 했다. 그래서 늘 유아교육기관에서 별다른 준비물 없이 쉽고 편하게 바로 적용 가능한, 이왕이면 놀이를 통한 생활교육 사례집이 있으면 좋겠다고 생각했다. 아마 현장의 많은 교사들도 나와 비슷한 갈증을 느꼈을 거라고 생각한다. 유아에 대한 효과적인 생활교육은 글이나 말이 아니라 상황, 활동, 놀이를 통해서 이루어져야 한다. 왜냐하면 유아들은 즐거움, 주도성, 재미, 몰입의 과정에서 자신에게 필요한 다양한 기술들, 예컨대 친구 사귀기, 배려하기, 감정 표현하기, 자존감 기르기, 청결 습관 기르기, 안전 습관 기르기 등을 자연스럽게 연습하며 내면화하기 때문이다.

　이 책은 현장의 갈증 해소에 작게나마 도움을 주고 싶다는 마음으로 쓰게 되었다. 최근 2019 개정 누리과정을 반영하여, 현장에서 자주 접하는 유아의 행동 유형에 따른 생활교육을 쉽게 이해하고 실천할 수 있도록 관련된 다양한 놀이들을 구성하였다. 또한 마지막 10장과 11장에 제시된 한글과 수학교육은 기본생활습관의 필수 행동 유형은 아니지만, 기본생활습관 형성을 위한 밑바탕이 된다. 예를 들어, 내 이름 글자를 인식하고 있으면 내 물건을 쉽게 찾을 수 있고, 분류 개념을 형성하고 있으면 같은 물건끼리 놀잇감을 쉽게 정리할 수 있다. 아울러 기초적 문해력과 논리력 및 사고력을 길러주는 것도 유아교육에서 중요한 부분이라고 생각한다.

유아를 믿고 기다려주는
놀이중심 생활교육

다만 꼭 당부하고픈 것이 있다. 그건 놀이를 생활교육의 단기 처방처럼 생각하지 말았으면 하는 점이다. 만약 단 한 번의 놀이로 유아들을 변화시킬 수 있다면, 그건 기적이나 다름없다. 그런 드라마틱한 변화는 일어나기 어렵다는 뜻이다. 놀이중심 생활교육은 유아 스스로 깨달을 때까지 믿고 기다려주며 꾸준히 반복하는 것이 핵심이다. 교사가 인내심을 갖고 유아의 변화를 기다려줄 때 놀이의 교육적 효과 또한 배가된다. 얼핏 똑같아 보이는 하루하루지만, 변화는 가랑비에 옷 젖듯이 서서히 찾아온다. 시간이 흐르면 어느 날 문득, 친구 앞에서 말하기를 부끄러워했던 유아가 작은 목소리로나마 자기 생각을 또박또박 이야기하고 있을 것이다. 또 감정조절이 서툴러 자주 친구를 때렸던 모습에서 친구가 다칠까 봐 조심하는 모습으로 변화하고 있을 것이다. 손 씻기를 싫어해서 수돗물에 대충 닦는 시늉만 했던 과거와 달리 비누로 뽀드득뽀드득 깨끗이 씻으려고 노력할지 모른다. 우리가 할 일은 이런 사소한 변화의 순간들을 놓치지 않고 유아들을 아낌없이 격려하고 지지해주는 것이다.

　이 책에 제시된 행동 유형에 따른 놀이 사례는 결코 '정답'이 아니다. 유아마다 출발점이 다르고, 성장배경도 다르며, 현재 드러난 행동 유형도 제각각이기 때문이다. 이 책에 소개한 놀이들은 내가 아이들과 함께 만든 것도 있지만, 그동안 놀이에 관련된 여러 연수와 프로그램, 책 등에서 만난 선생님들을 통해 배운 놀이들도 함께 포함되어 있다. 또 그렇게 배운 놀이를 우리 반 유아들 특성에 맞게 변형하여 적용한 것도 있다. 나는 이 책을 읽는 선생님들 역시 책에서 소개한 놀이 방법과 팁을 각 유치원의 상황, 유아들의 발달수준, 흥미와 관심에 따라 적절하게 변형하여 사용하기를 바란다. 놀이 자료, 놀이 방법, 놀이 규칙 등에서 조금만 변화를 주어도 얼마든지 재창조된다는 것을 실감할 것이다. 여러분의 학급마다 새로운 놀이로 어떻게 재탄생될지 사뭇 기대된다.

유아에 대한 깊은 고민과
성찰이 필요한 생활교육

유아 생활교육은 세심한 관찰과 신중한 지도가 필요하다. 단지 문제행동이 빨리 사라지기를 바라는 성급한 마음에 계속 간섭하고 잔소리로 일관한다면, 유아는 더 삐뚤어진 행동을 하게 될 것이다. 그래서 아이들을 가르치는 교사는 멀리 내다보는 '새의 눈'과 자세하고 깊숙이 볼 수 있는 '곤충의 눈'을 함께 가져야 한다. 두 가지의 눈, 즉 직관과 심안으로 아이의 감정, 생각, 요구를 읽어야 온전하게 한 아이를 이해하고 공감할 수 있게 되기 때문이다. 유아 생활교육에는 그 유아에 대한, 깊은 고민과 성찰이 필요한 것이다.

지금 현장의 많은 유아 교사들 중에는 마치 예전의 나처럼 생활교육에 진통을 겪고 있는 분들도 많을 것이다. 이 책과 함께 놀이 안에서 다양한 유형의 유아 행동들을 하나씩 차근차근 풀어나가기를 바란다. 즐겁고, 행복하게 말이다. 모쪼록 이 책이 여러분의 가려운 곳을 긁어줄 수 있으면 좋겠다. 유아교육기관에서 유아, 교사, 학부모 모두가 행복한 순간을 보낼 수 있기를 기원하며, 이 책이 나올 수 있도록 도와주신 모든 분들께 감사 인사를 전한다.

부디 명심하시라. 유아들과의 시간을 보다 빛내기 위해 연구하고 노력하려고 이 책을 펼친 당신은, 이미 대한민국 최고의 교사이다.

이자정

목 차

PART 03 START! 놀이중심 유아 생활교육

11 수학적 감각을 길러요

PART 04 학부모와 함께하는 유아 생활교육

3월이 되면 교실에는 서로 다른 특성을 가진 유아들이 모여 하나의 학급을 형성한다. 친구가 새치기를 했다고 우는 유아, 놀고 나서 놀잇감을 정리하지 않고 어기저기 두고 가는 유아, 놀잇감을 서로 갖겠다며 싸우는 유아들…. 유아들과 함께 있다 보면 어느새 하루가 쏜살같이 지나간다. 학기 초 교실은 교사에게 마치 야생의 세계 같다.

우리는 아동발달, 발달 심리학, 영유아교육과정, 영유아 생활지도 등의 이론을 학교에서 배웠지만, 이를 실제 유아교육현장에 적용하는 것은 어렵게만 느껴진다. 경력은 쌓여가는데, 문제상황에 대한 해결책도 좀처럼 찾기 힘드니 여전히 생활교육 요령이 없는 것 같다.

유아들과 함께 생활하면서 안정되고 행복한 학급을 만들기 위해서는 올바른 생활태도, 기본습관을 반드시 갖추어야 한다. 생활교육의 궁극적 목표는, 유아들이 책임감 있는 행동을 배우고 스스로 판단하고 결정하는 능력을 기르는 것이다. 그렇다면 유아의 올바른 생활습관교육을 위해, 교사와 유아가 즐겁게 놀이와 활동을 통해 풀어내는 방법은 없는 것일까? 지금부터 함께 생각해보자.

유아
생활교육을
시작하기 전에

01

야생의 세계 같았던
유아들과의 첫 만남

2011년 3월 2일. 결코 잊을 수 없는 그날은, 내가 전남의 한 병설유치원 교사로서 첫 발령을 받은 날이다. 그때 나는 대학교에서 유아교육학을 전공했으니 이론 면에서 유아교육에 대한 준비를 다 마쳤고, 이제 유아들을 만나 즐겁게 수업하고 행복한 하루를 보내기만 하면 될, 완벽하게 준비된 교사라고 자부했다.

그러나 현실은 달랐다. 우는 아이, 화가 나서 친구를 때리는 아이, 바지에 소변을 본 아이, 놀이한 뒤 장난감을 정리하지 않는 아이, 돌아다니는 아이, 자꾸 선생님만 찾으며 이르러 오는 아이, 고집부리며 떼쓰는 아이…. 정말 야생의 세계에 내던져진 기분이었다. 교실은 마치 난장판 같았다.

내가 생각하는 배움이 가득한 교실은, 유아들이 자신의 감정을 조절하며 자리에 앉아서 손을 들어 자기 의견을 발표하고 다른 친구의 이야기를 잘 들어주는, 행복이 가득하고 평화로운 모습이었다. 나는 헛된 꿈을 가지고 있었던 것일까.

유아들과 처음 만난 실습생이나 신규교사, 또는 저경력 교사들과 이야기해보면 나와 비슷한 고민을 하고 있었다.

줄을 설 때 무조건 앞에 서려고 하고, 친구가 앞으로 가려고 하면 몸으로 막아요.
놀이할 때 한곳에서 오래 놀지 못하고, 뒷정리를 하지 않고 다른 곳으로 가버려요.

　　　　　－ 질서를 지키는 습관이 없고 주의집중이 짧은 유아를 만난 어느 저경력 교사

수업 도중 갑자기 소리를 지르기도 하고 물건을 던지기도 해서 당황했어요. 교사인 저나 친구들의
관심을 끌려고 한 것 같은데…. 어떻게 지도해야 할지 모르겠어요.

　　　　　　　　　　　－ 수업시간에 방해를 하는 유아를 만난 어느 신규교사

놀이하고 있는 친구의 놀잇감을 힘으로 빼앗는 아이를 봤는데, 한 영역에서 3명에게 그러더군요. 그
럴 때마다 "○○아, 친구가 먼저 가지고 놀고 있었잖니?"라고 제재를 가해도 전혀 듣지 않고, 다
음 날에도 똑같은 행동을 반복하는 거예요. 정말 힘들었죠.

　　　　　　　　　　　　－ 공격적으로 행동하는 유아를 만난 어느 실습생

교사들은 유아들의 이러한 행동을 처음 겪을 때, 당황하면서도 해결하려 노력
한다. 유아의 이름을 불러서 주의를 환기시켜보기도 하고, 이런저런 말로 유아
를 타일러보기도 하고, 온화한 미소를 보이며 '하면 안 되는 행동'에 대해 자세
히 설명도 해본다. 그러나 유아들은 바뀌기는커녕, 교사의 말을 듣는 둥 마는
둥 자기가 하고 싶은 행동을 계속 이어나간다. 교사들은 생각한다.

'혹시 내 교육방식에 문제가 있는 것일까? 도대체 이 아이들을 어떻게 지도해
야 할까?'

올해로 10년 차 유치원 교사인 내가 지나온 시간을 되돌아보면서 느끼는 바
는, 유아들은 모든 것이 완전히 갖추어진 상태로 유아교육기관에 오는 게 아

니라는 점이다. 유아기는 발달 특성상 개인차가 많이 나는 시기이고, 여러 능력이 미성숙함으로 인해 다양한 발달 양상을 나타낸다. 그러므로 교사는 각기 다른 가정환경에서 자란 유아들의 발달 수준이 서로 다름을 이해하고 존중하는 태도를 가져야 한다. 각 유아에게 적합한 생활습관 교육을 제공하여, 그러한 발달 양상이 더 큰 문제로 고착되지 않도록 지도해야 하는 것이다. 즉, 유아들의 개별적 특성을 파악하여 좀 더 적응적인 사회 구성원으로서 성장시키는 것이 중요하다.

이러한 생활습관 교육은 아이를 혼내고 큰소리쳐야만 가능한 것이 아니다. 아직 언어나 인지 발달이 미숙한 유아들한테는 더더욱 그렇다. 큰소리를 내면서 아이들을 나무라면, 야단맞은 아이들은 물론이고 혼낸 교사도 기분이 좋지 않다. 즉, 꾸짖음은 서로에게 유익한 방법이 아니다.

교사가 예리한 시각으로 관찰하여 유아들에게 필요한 지원을 적절히 제공하고, 놀이를 통해 유아들의 다양한 유형의 행동을 올바른 행동으로 서서히 변화시켜나가는 것. 그것이야말로 2019 개정누리과정에서 추구하는 교육의 방향이 아닐까 생각한다. 나는 유아의 행동 유형에 따라 놀이로 접근했을 때, 보다 교육의 효과가 있다는 점을 그동안의 경험을 통해 몸소 깨달았다.

나는 이제 학기 초가 두렵지 않다. 이 책을 읽은 여러분도 새 학기를 즐겁게 기다리길 바란다.

02

이론과 실제는
왜 다르게 느껴질까?

어째서 실제 유아교육현장에서 마주한 현실은 학교에서 배웠던 이론과 다르게만 느껴지는 걸까? 주변의 유아교육기관 교사들과 모임을 가지면, "현장에 나오니 이론대로 안 된다.", "원래 이론과 실제는 다른 법이다."라는 이야기가 종종 들린다. 과연 그 말대로일까?

우리는 수용할 수 없는 유아의 행동에 대해 흔히 이렇게 말한다.

"하지 마."

"너는 또 복도에서 달려가는구나!"

"은성아, 너 왜 이것을 치우지 않고 갔니?"

"지금 정리시간인데 무엇을 하고 있니?"

우리는 학교에서 배운 이론대로 '나-전달법(I-message)'을 사용해야 한다는 것을 알고 있지만, 현실에서는 그만 '너-전달법(You-message)'으로 이야기해버리는 것이다.

'너-전달법'은 명령형으로 권위적 느낌을 주어 비난의 감정으로 인식되기 쉽지만, '나-전달법'은 유아를 탓하지 않으면서 교사나 부모가 그 행동에 대해 어떻게 느끼는지 전달한다. '나-전달법'은 상대방의 수용할 수 없는 행동에 대해 진술하고, 그 행동에 대한 자신의 감정 및 그 행동이 미치는 구체적 영향까지

'너-전달법'과 '나-전달법'사례 비교[1]

상황	'너-전달법'	'나-전달법'
장난감을 어지럽게 늘어놓고 정리하지 않는 경우	"치워라, 치워. 왜 이 모양이냐!"	"장난감을 치우면 좋겠구나." "장난감이 흩어져 있어서 청소를 하기가 어렵구나."
손님이 오셨는데 인사를 하지 않는 경우	"인사 좀 해라. 손님한테 인사도 못 하니?"	"인사를 바르게 하면 엄마는 네가 대견할 텐데."
동생을 때리는 경우	"동생을 잘 돌봐야지. 형이 때리면 되겠어?"	"동생을 때리니 엄마 마음이 아프구나. 왜냐하면 엄마는 네가 동생을 잘 돌볼 것이라고 믿었거든."

세 가지 요소를 담아 말하는 기법이다. 심리학자 토머스 고든이 부모들을 위한 훈육서 『부모 효율성 훈련』에서 어린이들과 놀이 치료를 할 때, 부모와 유아 사이의 효과적 의사소통을 위해서 이 개념을 강조했다.

하지만 내가 현실의 교실을 마주하니 책에서 배운 '나-전달법'의 요소는 하나도 생각나지 않고 순간적으로 머릿속이 새하얗게 되었다. 나는 마음을 차분히 가라앉히고 혼잣말을 중얼거려보았다.

"그래, 배운 대로 '나-전달법'으로 내 생각을 전달해야지. 자신의 감정, 행동을 이야기해야 하니까…."

그렇게 할 말을 정리하고, 유아에게 다가가 바라보며 말을 걸었다.

"은서야, 선생님은 장난감이 정리되지 않아 다른 친구가 다칠까봐 걱정이 되는구나. 네가 가지고 놀았던 장난감을 제자리에 정리하고 다른 영역으로 가면 좋겠어."

그러나 은서는 내 말을 이해하지 못한 건지, 아니면 정리를 하고 싶지 않았던 건지 예쁜 눈망울로 나를 잠시 바라보고는 하던 놀이를 그냥 계속할 뿐이었다.

---

1. 김영옥, 『부모교육』, 공동체, 2007, p.281 재인용

그렇게 한 번의 상처를 받고 우리 교사들은 생각한다.

'역시 이론과 실제는 다르구나.'

나는 대학원 박사과정 중, 유아교육철학 강의시간에 있었던 교수님과의 대화를 떠올렸다.

"왜 대학원에 진학했나요?"

"유아들과 조금이라도 더 재미있고 즐겁고 행복한 시간을 보내려면 유아들에 대해 조금이라도 더 알아야 한다고 생각했습니다. 교육현장에서 교사들은 이론과 실제는 다르다고 이야기합니다. 저 역시도 그랬고요. 그래서 이론과 실제의 간극을 좁혀보고 싶기도 했고, 원래 제가 이론적으로 부족한 게 아닌지 항상 목마름이 있었거든요. 그래서 박사과정에 진학하게 되었습니다."

내 대답에, 교수님은 이렇게 말씀하셨다.

"이론과 실제가 다른 것은 아니죠. 현장에 적용하는 일, 그것이 어려운 법이에요."

그 말은, 그동안 이론과 실제를 별개의 것으로 나누어 '이론은 이론이고, 실제는 실제다.'라는 이분법적 사고를 하고 있지 않았는지 스스로에게 되묻는 계기가 되었다.

교사들은 유아교육과정, 아동발달, 영유아 행동지도, 영유아 생활지도, 발달심리학 등의 교과목에서 다양한 행동 유형의 유아들을 지도하는 이론적 방법을 2~4년이라는 기간에 걸쳐 학습한다. 그리고 우리는 이론서에 실린 현장 적용 사례를 보고 이해한다. 즉, 실제로 해본 적은 거의 없다. 그러니 적용하기 어려웠던 것이다.

이론적 기초를 바탕으로, 놀이를 통해서 꾸준히 적용해나간다면 '이론'은 우리의 '실제'를 지지해주는 든든한 버팀목이 되리라고 생각한다.

03

유아 생활교육,
해답은 경력이 아니다

매년 새로운 학년도가 시작될 때마다, 만나는 유아들이 달라진다. 그러나 정리를 안 하거나, 친구를 때리거나, 양보를 안 하거나, 산만하거나, 고집부리는 등의 행동을 보이는 유아들은 비슷하게 나타난다. 유아 행동에 대한 나의 지도방법이나 문제해결력만은 해가 지나도 더 나아지는 것 같지 않았다. 정체된 느낌이었다. 경력은 쌓여가는데, 왜 더 나아지지 않는 것일까.

유아들이 그와 같은 행동을 보일 때, 신규교사나 저경력 교사는 당황해하고 난감해한다. '내가 경력이 더 있더라면 저 아이들을 잘 지도했을 텐데…'라고 생각하기도 한다.

경력이란, 표준국어대사전에 따르면 '겪어 지내온 여러 가지 일'이란 뜻이다. 어떤 직업이든 1년 차, 5년 차, 10년 차가 할 수 있는 일의 범위가 다르기 마련이다. 해당 분야에서 다양한 경험이 쌓이면, 돌발상황이나 문제가 발생했을 때 그 경험을 바탕으로 해결방안을 모색할 수 있기 때문이다. 그만큼 경력의 위엄이란 무시할 수가 없다.

경력이 쌓이면서 유아의 행동 패턴이나 지속시간 및 원인에 대한 파악, 그것을 타임아웃 등의 방법으로 단기간에 해결하는 요령에 이르기까지 내공이 오르는 것은 확실하다. 그러나 의문은 여전했다. 과연 그 요령이 그 행동에 대한, 그 유아에 대한 장기적으로 바람직한 해결방법일까?

나는 그래서 대학교 때 배웠던 이론서를 다시 들춰보기도 하고, 도서관에서 생활지도나 교육 관련 서적을 직접 찾아보고 읽었다. 오은영 박사님의 맞춤 현장코칭으로 화제가 된 〈우리 아이가 달라졌어요[2]〉를 다시 시청하면서, 우리 반 유아들에게 어떻게 적용해야 할지 고민해보기도 했다. 그리고 지도해야 할 행동을 보이는 유아를 계속 관찰하면서 '내가 저 아이였다면, 그 상황에서 왜 그런 행동을 했을까?' 하고 그 유아의 입장이 되어 생각해보려고 노력했다. 상황에 따른 원인이 무엇인지, 해결방법은 무엇인지, 어떻게 접근해야 할 것인지를 연구했다.

그러면서 우리 반에는 변화가 찾아오기 시작했다. 유아 한 명 한 명의 입장을 생각하고, 그 유아에게 적절한 해법을 적용해보니 '저 아이는 오늘 또 그러네.'라는 마음에서 '저 아이는 오늘 무슨 일이 있어서 저런 행동을 했을까?'라는 마음으로 변화된 내 모습을 발견할 수 있었다.

해답은 경력이 아니었다. 나의 관심과 노력이 바로 해답이었다.

유아의 행동을 지도할 때, 지시적으로 대응하면 그 효과는 오래가지 못했다. '친구 때리지 않기'로 규칙을 지정해주었을 때, 유아들은 선생님이 다른 유아와 상호작용하고 있거나 지금 자신에게 관심이 없다고 판단하면 친구를 때렸다. 교사가 주시할 때만 규칙이 지켜지고, 유아 내면의 규칙은 형성되지 않았던 것이다. '교실이나 복도에서 걸어다니기(달리지 않기, 뛰지 않기)' 규칙을 지정해주었을 때, 유아들은 그 이야기를 들은 직후에만 잘 실천하고 다음 날이 되면 다시 교실이나 복도를 뛰어다녔다.

일상생활에서 놀이를 통해 유아 자신의 마음속에 그 동기가 내면화되었을 때, 부적응 행동이 점차 줄어들어 이윽고 소멸하게 되는 것이다. 그렇게 하기 위해서는, 일상생활 속에서 교사와 유아의 꾸준한 노력이 필요하다.

....

2. 〈우리 아이가 달라졌어요〉, 《SBS》, 2005~2015

이러한 점을 고려하여 이 책은 유아교육기관에서 자주 발생하는 유아들의 행동 유형을 11가지 범주로 나누어서 일상생활에서 놀이로써 교육할 수 있는 방법을 모색하고자 했다. 구체적 범주는 정리정돈 잘하기, 질서 지키기, 바른 식습관 만들기, 청결하게 생활하기, 공격적 행동 줄이기, 친구와 함께 놀며 사회성 기르기, 주목받고자 하는 욕구 채워주기, 자존감 높이기, 주의집중력 키우기, 한글에 관심 가지기, 수학적 감각 기르기이다. 그리고 11가지의 각 장마다 유아들에게 적용할 수 있는 10가지 놀이 사례를 통해, 유아들이 생활교육을 '교사의 지시'가 아닌 '내가 하고 싶은 것'이자 '내가 지키면 재미있는 것'이라고 받아들일 수 있도록 설계했다.

'10년의 법칙'이라는 말이 있다. 어떤 분야에서 십 년 동안 최선을 다하면, 높은 수준의 경지에 올라 그 능력을 인정받고 성공할 수 있다는 법칙이다. 어느 분야이든 큰 성공을 거두기 위해서는 일만(一萬) 시간의 노력이 필요하다는 '일만 시간의 법칙'도 같은 이야기이다.

어느 분야에서든, 경력은 성공의 매우 중요한 요소이다. 하지만 단순히 시간을 들이는 것뿐만 아니라, 그 시간에 내가 어느 정도 노력을 했는지 또한 중요하다. 유아들의 다양한 행동 유형을 보다 더 잘 교육하기 위해 끊임없이 관심을 가지며 연구하고 노력한다면, 경력이 쌓이는 것에 발맞추어 생활교육 분야에서 더욱 성장할 계기가 될 것이다.

04

교사는 유아의 성장을
어떻게 도울 것인가?

우리는 유아들의 다양한 행동 유형을 교육하고자, 계속 시도해본다.

신체적 공격성을 나타내는 유아의 뒤를 졸졸 따라다니면서 다른 친구를 때리지 않도록 지도하기도 하고, 교실 영역에서 놀이 후 정리하지 않는 유아의 손을 잡고 "우리 함께 정리해볼까?"라고 제안해보기도 한다. 양치질을 싫어하는 유아 옆에서 본보기를 보이며 구석구석 이 닦기를 함께 하기도 한다.

교사는 1명이라도 한 학급의 유아들은 많게는 20명(전남 기준)에 다다르며, 각 유아마다 다양한 행동이 동시다발적으로 발생한다. 결국 교사는 체력적으로, 정신적으로 점점 지쳐간다. 교사도 힘들지 않고, 아이들도 즐겁게 할 수 있는 생활교육 방법이 있다면 얼마나 좋을까.

다행스럽게도, 교사와 유아가 쉽게 풀어낼 수 있는 방법이 있다. 그것도 서로가 즐거운 방법으로 말이다.

유아 행동의 주요 원인은 생물학적 요인과 환경적 요인으로 나누어볼 수 있다.

생물학적 요인은 우리가 알다시피 타고난 것, 즉 인간이 생물학적으로 갖고 태어난 선천적 요인을 의미한다. 인간 행동의 많은 부분은 유전적으로 결정되어 있고, 유전적 결정인자는 학습에도 영향을 미친다(Thomas, 1985). 그중에서도 기질과 성별에 대해 알아보자.

영유아기 행동특성의 관련 변인 중 첫 번째인 기질(temperament)은 유아 자신만의 행동양식으로, 출생 시 가지고 태어나는 유전적 성향이며, 이러한 기질적 특성은 성인에 이르기까지 지속되는 경향이 있다. 기질의 유형은 까다로운 기질, 순한 기질, 느린 기질로 나누어볼 수 있다(유영신·유연옥, 2015)[3].

두 번째 변인은 성별이다. 일반적으로 남아가 신체적 공격과 언어적 공격을 여아보다 많이 하는 것으로 나타난다. 남아는 여아보다 서로 때리고 치는 등 거친 놀이를 더 많이 하며, 공격적 행동을 더 많이 수용하는 경향이 있다(김민정·도현심, 2001).

환경적 요인은 부모의 훈육방식, 물리적 환경, 지적 환경, 정서적 환경, 사회적 환경으로 나누어볼 수 있다.

유아의 일차적 사회화가 시작되는 곳은 가정이다. 특히 부모는 유아가 신뢰감과 안정감을 형성하고, 사회화를 진행하는 데 가장 중요한 역할을 한다. 부모의 훈육방식이 유아의 발달 및 행동 적응에 많은 영향을 미친다는 것은 이미 여러 연구 결과를 통해 알려져 있다.

물리적 환경은 대·소집단 활동과 개별 활동공간 면적의 적절성, 교실에서의 교구 배치, 교실과 화장실 사이 거리, 놀잇감의 종류와 양, 하루 일과 시간표, 실외 놀이터의 구조 등을 들 수 있다.

유아들의 기분을 좋게 하는 교실 환경은 유아들이 좋은 행동을 하도록 이끈다. 반면, 자존감이나 자존심을 상하게 하는 교실 환경은 유아들의 부정적 행동을 이끈다. 유아들의 욕구나 감정을 존중하는 태도를 보이는 것이 중요하다. 우선 미소를 짓고, 부드러운 어조로 이야기해보자. 그리고 유아들의 욕구에 경

----

3. 까다로운 기질의 유아는 생물학적 기능이 불규칙적이며, 환경으로부터 주어지는 자극이나 욕구 좌절에 대한 반응 강도는 강하다. 순한 기질의 유아는 수면, 음식섭취, 배설 등의 일상생활습관에 있어서 대체로 규칙적이며 긍정적 기분을 표현한다. 새로운 자극에도 강한 반응을 보이지 않고 환경의 변화에 대한 적응력 역시 높다. 느린 기질의 유아는 까다로운 기질보다는 규칙적이지만, 순한 기질보다는 불규칙적이다. 이들은 새로운 상황에 대한 적응이 늦고 낯선 사람이나 사물에 부정적 반응을 보이는데, 이러한 점은 까다로운 기질과 유사하다. 하지만 까다로운 기질과 달리, 반응 강도가 약하고 활동성이 적다.

청하며 귀 기울여보자. 자유놀이 시간에 유아들이 하는 놀이를 관찰하고 유아 개인별로 격려의 말을 건네보자. 그러면 유아들은 자신과 자신의 놀이를 존중 받는다고 느낄 것이다. 부정적 행동을 하지 않아도 관심을 받을 수 있기 때문에, 그런 행동의 빈도가 당연히 줄어들게 된다.

유아들이 또래나 성인(부모, 교사 등)과 좋은 관계를 형성하기 위한 사회적 유능감을 기르는 것도 중요하다. 이는 서로의 생각에 대해 솔직하게 질문하는 대화 방식(예: "주미는 왜 그렇게 생각했니?"), 유아들의 선택에 대한 존중(예: 유아가 애착 인형을 유치원에 가져온 것을 이해해주고, 마음이 진정될 때까지 가지고 있도록 존중하는 것), 유아들의 개별적 특성에 대한 차이를 이해하고 존중하는 자세 등을 통하여 기를 수 있다.

유아들에게 단계적으로 지도하는 방법만이 생활교육의 정답은 아니다. 만일 '나-전달법'의 3요소를 대화 안에 포함시키려고 방금 내 말에서 그중 어떤 요소가 빠졌는지, 내가 내 감정을 잘 표현하고 있는지를 늘 점검하면서 이야기해야 한다면 어떨까? 머릿속에 우리 반 아이들 숫자만큼의 폴더를 만들어놓고 적용하려다 그만 힘들어서 포기하게 될지도 모른다.

'우리 반 유아의 성장을 위한 첫걸음은 무엇일까?', '오늘은 내가 유아에게 어떤 것 한 가지를 도와줄 수 있을까?'처럼 어렵지 않게 할 수 있는 작은 것부터 고민해보는 것이 중요하다. 그 유아의 입장에서 생각해보며 진심으로 다가간다면, 그리고 교육공동체인 교사·유아·학부모가 서로 협력한다면, 올바른 습관을 형성하기 위한 생활교육은 결코 불가능하지 않다.

"어떤 문제를 정확하게 설명하는 것은 그 해답을 찾는 일보다 훨씬 더 중요하다." 알버트 아인슈타인이 남긴 말이다.

주위를 곤란하게 하는 행동을 '문제 행동', 그런 행동의 원인을 '그 유아의 문제'라고 단정 짓기 쉽다. 그러나 교사나 부모는 유아의 행동을 바라보는 스스로의 인식을 점검해보고, 유아가 그런 행동을 하는 이유를 이해해야 한다.

유아의 행동이 우리를 곤란하게 할 때, 우리는 그 상황의 해결방법부터 고민하곤 한다. 그러나 우리는 그보다 먼저 유아의 입장에 서서 왜 그런 행동을 했는지 생각해보고 원인부터 파악한 후, 그에 따른 해결방법을 모색해야 한다. 병원에 가면 문진을 통해 병이 무엇인지부터 파악하고, 감기 환자에게 감기약을 처방하고 위장병 환자에게 소화제를 처방해주는 것처럼.

이번 장에서는 유아들의 다양한 행동 유형에 대한 전반적인 이해와 함께 '놀이'의 가치로 연결하기, 나만의 관찰기록 방법 만들기, 문제 행동의 원인(목적) 파악하기, 가설 세우기, 신뢰를 기반으로 한 학급 분위기를 형성하기 등의 방법에 대해 알아보자.

다양한
행동 유형과
접근방법

01

발달과정에 따라
자연스럽게 나타나는 '문제 행동'

부정적 행동 유형을 보이는 유아에게 흔히 사용하는 '문제 행동'이라는 단어. 이 말을 들으면 왠지 그 유아가 보통 아이들과는 다른, 특별히 문제가 있는 '문제아'인 것처럼 느껴진다. 함부로 사용하기가 참으로 조심스러운 말이다. 그러나 일명 '문제 행동'은 유아의 발달과정상 자연스럽게 나타나는 행동이며, 성장하면서 저절로 사라지기도 한다.

대부분의 유아들은 1~2가지 부정적 행동을 복합적으로 가지고 있다. 이러한 행동이 전혀 없는 유아란 없다. 행동의 빈도, 수준(깊이)에 따라 차이가 있을 뿐이다. 행동으로 많이 혹은 적게 나타나느냐, 그리고 그 행동이 눈에 잘 띄느냐와 겉으로 잘 보이지 않느냐의 차이 말이다. 그러니 우리는 '문제 행동'이라는 단어를 되도록 지양하고, 유아의 부정적 행동을 지적하기 이전에 우리가 그 행동에 대해 느끼는 부정적 감정을 없애는 것부터 필요하다. 교사인 나, 또는 부모인 나부터 아이를 '정리 안 하는 문제 유아', '공격성이 심한 문제 유아', '고집부리는 문제 유아'라고 낙인찍기보다, 그런 행동이 자연스러운 발달과정 중에 나타나는 행동임을 인식하는 것이 중요하다.

문제 행동의 사전적 정의를 살펴보면, 말 그대로 '문제'가 있는 것처럼 보인다. 그러나 유아들은 지금 완성된 것이 아니라, 아직 과정의 단계인 것이다. 유아교육기관에서의 그런 행동은 적응능력을 갖추어가는 중에 생기므로, 유아가 적응할 수 있도록 다양한 환경 변인을 조정해주어 자연스러운 발달을 돕는 것이 교사와 부모의 역할일 것이다.

일반적으로 유아들의 행동을 변화시키는 데 있어서 최종목표는, 그 행동을 감소시키거나 소거시키는 것이기 마련이다. 하지만 이러한 목표로 접근하다 보면, 유아들을 교사나 부모에게 무엇인가를 지시받아야만 하고 정해진 규칙을 따라야만 하는 수동적 존재로 인식하기 쉽다. 유아들에게 자율성과 주도성 및 창의성을 길러주기 위해, 우리는 유아들이 스스로를 능동적 존재이자 무엇이든 할 수 있는 존재로 인식하도록 도와야 한다.

● 생활교육의 목표는 유아들이 자기 조절 능력을 기르는 것이다.

유아 생활교육의 목표를 '유아들이 스스로 자신의 문제를 해결할 수 있도록 하는 것' 혹은 '민주적 분위기에서 유아들이 스스로 할 수 있는 일을 하도록 자기 조절 능력을 기르는 것'으로 설정하면 어떨까. 이렇게 목표를 설정한다면, 유아 행동의 변화는 스스로를 통제하면 자연스럽게 따라오는 결과로 나타날 것이다.

그런 분위기를 조성하기 위해서 가장 중요한 것은, 유아들의 욕구와 권리를

1. 김춘경·이수연·이윤주·정종진·최웅용, 『상담학 사전』, 학지사, 2016

인정해주는 것이다. 유아들에게 나타나는 여러 유형의 행동들이 성장과 발달의 자연스러운 과정임을 믿고, 유아중심 교육관을 펼쳐나가야 한다.

● 유아들에게 맞는 물리적 환경 구성만으로도 예방이 가능하다.

유아들이 활동하는 물리적 환경은 매우 중요하다. 줄을 설 때나 기차놀이를 할 때 공간이 너무 좁으면, 유아들은 서로를 밀치고 앞다퉈 공간에 들어가려고 싸우게 된다. 작품 전시대가 너무 높으면, 유아들은 자기나 또래의 작품을 감상하기 어려울 뿐만 아니라 높은 책상이나 의자에 올라가서 보려고 해 위험해질 수 있다.

교사는 우리 반 아이들의 연령에 따른 일반적 발달단계를 알아야 한다. 아직 소근육이 발달되지 않은 유아들에게 젓가락을 바르게 잡으라고 요구하거나, 정교한 퍼즐을 맞추게 하는 것은 좌절감을 심게 될 수 있다. 즉 해당 발달단계에서 요구하는 특성과 욕구 및 행동이 있기 때문에, 교사의 기대는 각 유아의 능력에 비추어 설정되어야 한다. 교사나 부모의 기대나 환경이 유아의 연령에 부적절할 때, 부적응 행동이 일어날 수 있다.

유아들은 계속해서 사회적 행동을 배우고 있기 때문에, 교사는 끊임없이 발생 가능한 잠재적 문제상황에 민감하게 반응해야 한다. 진영이와 병우가 서로 가까이 있을 때 자꾸 싸움이 일어나거나 서로 장난감을 뺏으려고 한다면, 교사는 이러한 상황을 인지하고 있어야 한다. 쌓기영역에서 공룡 장난감이나 동물 모형을 서로 가지고 놀려고 한다면, 놀잇감의 수량이 적절한지와 문제가 발생하는 원인이 무엇인지 미리 파악함으로써 많은 갈등상황이나 부정적 행동을 미리 피할 수 있다. 유아들의 부정적 행동은 그 유아가 본래 타고난 문제가 아니라 환경적 부분에 의해, 발달 특성에 따라 발생할 수 있으므로, 이에 대한 올바른 인식이 가장 중요하다고 하겠다.

02

'놀이'의 가치로
연결하기

2019 개정 누리과정에서는 '유아의 놀이가 중심이 되는 교육과정'을 강조하고 있다. 놀이는 유아의 일상에서 자연스럽게 나타나며, 유아가 세상을 경험하고 배워가는 방식이다. 유아는 놀이하며 다른 사람과 관계를 맺고, 세상의 중요한 구성원으로 성장해간다.

유아는 온몸의 감각과 기억을 통해 자연과 세상을 만난다. 유아가 놀이하며 보여주는 독특한 움직임, 표정, 재미있는 말과 이야기, 그림이나 노래 등은 모두 놀이의 과정이자 배움의 결과물이다. 유아는 놀이하며 다른 사람과 관계를 맺고 세상의 중요한 구성원으로 성장해나간다[2].

진정으로 원하는 놀이를 하고 있을 때 유아들의 모습을 자세히 살펴보아라. 입꼬리는 씰룩거린다. 마치 레이저가 나올 듯한 두 눈으로 놀잇감을 뚫어져라 살핀다. 코는 벌렁벌렁 크기가 커졌다가 작아지기를 반복한다. 집중하느라 위아래 입술은 꼭 다물려 있다. 두 손은 여러 놀잇감을 이리저리 조합하느라 바쁘다. 놀이에 빠져든 유아가 지금 재미있어 하는지 아닌지는 누가 보아도 한눈에 알 수 있다.

······························

2. 교육부·보건복지부, 「2019 개정 누리과정 해설서」, 교육부·보건복지부, 2019, p.13

경기도교육청에서 발간한 장학자료 「놀이 2017」에서는 유아들의 놀이 안에 주도성, 즐거움, 선택, 과정지향, 몰입의 요소가 있다고 말한다[3].

● 주도성

유아들은 자신의 의지대로 주도적으로 활동할 때 즐거움을 느끼며, 이것이 놀이라고 여긴다.

"야! 우리 엄마아빠 놀이 하자."
　"선생님, 기린 먹이를 만들어서 먹이고 있어요~"
　"쿵~쾅! 쿵~쾅! 공룡이 나간다. 비켜라!"
　유아들은 누군가의 지시를 받지 않고 스스로 주도적으로 놀이를 시작한다. 어떤 유아는 매일 엄마아빠 놀이만 한다. 어떤 유아는 매일 공룡놀이를 한다. 하지만, 놀이의 소재는 같아도 내용이 다르다. 어떤 날은 엄마랑 아빠랑 아기가 식탁에 앉아서 음식을 먹기도 하고, 어떤 날은 세 가족이 함께 물건을 사러 마트에 가기도 한다.

● 즐거움

유아들은 즐거움을 느끼고 즐거운 경험 속에서 부정적 감정을 해소한다.

"놀이할 때는 너무 신나서 머리카락이 막 서는 것 같아요."
　"그냥 재미있는 게 놀이예요."
　경기도 교육청의 장학자료 「놀이 2017」의 이 인터뷰에 의하면, '놀이란 곧 즐거운 것'이라는 공식이 성립된다.

....
3. 경기도교육감, 「놀이 2017」, 경기도교육청, 2017, p.18

● 선택

유아의 흥미와 요구를 반영하여 놀이를 선택할 때, 유아는 활동에 더욱 몰입하게 되고 자신의 결정능력을 존중받았다고 느낀다.

"나 이제 그만하고, 공룡 퍼즐 맞출래."

"주말에 동물원에 다녀왔어요. 그 동물원을 제가 만드는 중이에요."

"나는 요리를 잘하니까 엄마 할게."

"어서 오세요. 여기는 병원입니다."

놀이를 계속할까, 그만두고 다른 놀이를 할까? 네모블록으로 성을 만들까, 동물원을 만들까? 엄마 역할을 할까, 아기 역할을 할까? 유아 스스로 선택할 때, 유아는 놀이에 더욱 몰입하게 된다.

● 과정지향성

유아들이 좌절하지 않고 다시 시도하며 실패 속에서도 배우게 한다.

"야, 이거 봐. 이제 곧 무너진다~"

"아, 다시 해볼래. 집이 너무 작아!"

유아들은 쌓기영역에서 자기 키만큼 높이 쌓아올리며 열심히 만든 블록 작품을 즐겁게 보다가도, 주저 없이 무너뜨리고 다시 새롭게 만든다. 이렇듯 유아는 놀이 안에서 결과를 중요시하지 않고 놀이과정 그 자체를 즐긴다.

"분홍색, 파랑색 네모블록으로…. 여기는 큰 동물이 들어가야 하니까 집을 크게 만들어줘야 돼. 그리고 여기는 작은 동물들이 잠을 자야 하니까 작게 만들어야지. 자리가 부족하네. 어떻게 하지?"

놀이를 하면서 유아들은 혼잣말을 많이 한다. 자신의 사고과정을 언어로 표현하는 것이다. 유아는 동물의 몸 크기별로 집을 만들면서 공간이 부족하다는 것을 스스로 느끼게 된다. 다양한 크기의 동물집을 만들기 위해서 공간을 어떻게 활용해야 할지 스스로 탐구하는 과정도 겪게 된다.

• 몰입

몰입의 과정은 새로운 창조를 경험하고 노력하는 시간이며, 유아들에게 성취감을 갖게 한다.

"친구들, 정리시간이에요."

"벌써요?"

"나 조금밖에 안 놀았는데…."

정리시간에 유아들에게서 자주 보이는 반응이다. 놀이에 몰입했다는 뜻이다. 몰입(Flow)는 칙센트미하이가 처음 도입한 개념으로, 고조되는 삶의 순간에 물 흐르듯 행동이 자연스럽게 이루어지는 느낌을 표현하는 말이다. 이때 정신력을 모조리 요구하므로, 몰입상태에 빠지면 완전히 몰두하여 시간 감각에 변화가 오게 된다. 한 시간이 일 분처럼 빨리 흘러간 듯이 느껴지기도 하고, 마치 시간이 멈춰 있는 것처럼 느껴지기도 한다.

이러한 특성을 갖는 '놀이'를 유아의 다양한 행동 유형을 개선하기 위한 방법으로 사용한다면, 유아들에게서 즐겁게 자발적 배움이 일어날 것이다. 놀이를 통해 신체운동·건강, 의사소통, 사회관계, 예술경험, 자연탐구라는 5개 영역의 발달을 도울 수 있고, 발달과정에서 나타나는 부정적 행동도 지도할 수 있다. 이것이야말로 일석이조, 꿩 먹고 알 먹기인 셈이다.

03

세심하게 관찰하고,
나만의 방법으로 기록하라

[사례1]

주미와 우현이가 놀고 있다.

그러다가 주미가 운다.

"으앙~ 선생님! 쟤가 때렸어요!"

[사례2]

"야, 내가 먼저 인형 잡았잖아!"

"아니야. 내가 먼저 잡았어~!"

병우와 현이는 같은 인형을 서로 갖겠다

며 각자 붙잡고 싸우고 있다.

교실에서는 여러 가지 갈등상황이 발생한다. 이러한 행동에는 다양한 배경사건과 선행사건이 있다. 배경사건은 그 행동이 일어난 배경이 된 사건이고, 선행사건은 그 행동이 일어나기 직전에 발생하여 직접적으로 영향을 준 사건이다. 교사는 상황을 해결하기 위해 유아들에게 무슨 일이, 왜, 어떻게 일어났는지를 물어보고 이야기를 듣는다.

[사례1]은 교사가 문제를 인지한 시점에서만 본다면, 때린 유아가 잘못한 경우이다. 그러나 유아와 이야기를 해보니 주미가 먼저 우현이를 밀었고, 그에 대한 반응으로 우현이도 주미를 밀었다고 한다.

[사례2]에서 병우는 자신이 먼저 인형을 잡았으니 자기 것이라고 현이에게

말한다. 헌이 역시 자기가 인형을 먼저 잡았다고 말한다. 일어난 상황을 보니, 헌이는 인형의 발을 잡고, 병우는 인형의 몸통을 잡고 있다. 교사는 평소에 놀이상황을 관찰하여 '병우는 친구가 가지고 있는 놀잇감을 빼앗아가는 행동을 반복한다는 것'을 알고 있었다면, 상황을 판단하는 데 도움이 되었을 수 있다. 그렇다면 위의 상황에서는 병우와 헌이가 인형을 거의 동시에 잡거나, 병우가 헌이의 인형을 욕심내는 것일 수 있다.

교사는 평소에 유아를 잘 관찰하여 놀이 성향, 또래관계, 흥미나 호기심을 보이는 분야를 미리 파악해두면 문제상황이 발생했을 때 큰 도움이 될 것이다. 유아 사이의 갈등은 비슷한 문제상황에서 반복되기 때문이다. 그러나 한 교사당 담당하는 유아 수의 비율이 매우 높은 현실에서는, 우리 반의 모든 유아를 지속적으로 깊이 있게 관찰하는 것이 어렵다. 어떻게 하면 평소에 유아들을 잘 관찰할 수 있을까?

● 매일 관찰할 유아를 2~3명으로 선정한다.

전라남도 기준으로 만 5세 학급의 정원은 20명이다. 한 명의 교사가 스무 명이다 되는 유아 모두를 하루 동안 관찰하는 것은 어렵다. 모든 유아를 관찰해야 한다고 생각한다면 '언제 다 관찰하지?'라는 걱정에 가슴이 꽉 막히고 부담스러운 느낌이 든다.

이에 대한 대안으로, 우리 반 유아 명단을 보며 2~3명씩 임의의 조를 짜본다. 예를 들어 2명씩 조를 짠다면, 유아 1~2은 7월 6일, 유아 3~4은 7월 7일, 유아

유아명	관찰일
유아 1	2020.7.6.(월)
유아 2	
유아 3	2020.7.7.(화)
유아 4	
유아 5	2020.7.8.(수)
유아 6	
유아 7	2020.7.9.(목)
유아 8	
유아 9	2020.7.10.(금)
유아 10	
유아 11	2020.7.13.(월)
유아 12	

5~6은 7월 8일….

그러면 20명의 유아를 한 번씩 관찰하는 데 약 10일이 소요된다. 30일을 10일로 나눗셈하면 3번이다. 즉 1달마다 각 유아당 3일 정도 행동을 관찰할 수 있다.

유의할 점은 각 학급의 유아 정원에 따라 관찰 유아 수는 조정할 수 있으며, 관찰할 유아를 미리 정했더라도 특별한 사건이 생긴 유아로 관찰대상을 변경할 수 있다는 것이다.

● 매일 관찰할 유아를 1명으로 조절할 수도 있다.

유아교육기관의 행사 및 업무로 인해 2~3명을 관찰하는 것도 힘들고 버거운 날이 있다. 그럴 때는 계획을 수정하여, 1명의 유아만 집중적으로 관찰할 수 있다. 이처럼 '관찰'이라는 것이 교사에게 있어서 부담이 아니라 하루 일과 중의 습관이 되게끔, 활동이나 유아와의 놀이시간 등을 고려하여 교사 각자의 스타일에 따라 변경 가능하다. 반드시 이렇게 해야 된다는 지침이 있는 것이 아니므로, 내가 편한 방식이나 내가 지속할 수 있는 방식으로 기록을 계속 누적해나가는 것이 무엇보다 중요하다.

● 놀이 관찰 시, 한 영역을 정하여 관찰한다.

유아를 지정하는 것이 아니라, 자유놀이의 1개 영역을 지정해서 그곳에서 일어나는 놀이를 기록하고 유아 간의 상호작용을 관찰하는 방법이다. 예를 들어 우리 학급에 쌓기, 미술, 수·조작, 역할, 음률, 언어, 과학의 총 7개의 영역이 있다면, 영역별로 하루씩 날짜를 정하여 그 영역 안에서 놀이한 유아들을 대상으로 관찰하는 방법이다. 이 방법은 한 영역 안에서 놀이의 처음과 끝 상황을 알 수 있기 때문에 문제 행동의 원인·과정·결과를 한눈에 알 수 있다는 장점이 있다. 7개의 영역이라면 1달에 3일 정도로 각 영역을 번갈아가면서 관찰할 수 있다.

영역	관찰일
쌓기	2020.7.6.(월)
미술	2020.7.7.(화)
수 · 조작	2020.7.8.(수)
역할	2020.7.9.(목)
음률	2020.7.10.(금)
언어	2020.7.13.(월)
과학	2020.7.14.(화)

　이때 흥미영역별뿐만 아니라, 각 반의 놀이 주제가 진행되는 영역별로 관찰할 수도 있다는 데 유의한다.

● 포스트잇이나 핸드폰 정도 크기의 메모장을 사용한다.

포스트잇은 크기와 색, 모양이 다양하다. 유아별로 색깔을 지정할 수도 있고, 성별에 따라 색깔을 구분하여 사용할 수도 있다. 부정적 행동은 보라색, 긍정적 행동은 노란색으로 행동 유형에 따라 색깔을 지정할 수도 있다. 또한 포스트잇은 떼었다 붙였다 할 수 있다는 장점이 있기 때문에, 관찰을 기록한 후에 발달평가에 붙여 표시할 수도 있고, 놀이를 지원하기 위한 놀이 기록에 붙여 표시할 수도 있다. 지수와 선희의 상호작용 내용이라면, 처음에는 지수에게 붙였다가 나중에 필요할 때 선희에게 붙여놓아 보기 쉽게 할 수도 있다. 내가 사용해 본 결과 가로 10㎝×세로 7.7㎝ 또는 가로 10.2㎝×세로 15.2㎝ 사이즈가 유아들의 관찰용으로 제일 적절했다. 유아들 사이의 주고받는 대화를 기록해야 상황 파악이 가능하기 때문에, 너무 작은 크기보다는 중간 이상의 크기를 추천한다.

　포스트잇 대신 핸드폰 크기의 메모장을 사용할 수도 있다. 요즘은 받침대가 붙은 메모장도 있어, 편하게 기록할 수 있다.

● 시간과 장소를 기록한다.

관찰을 할 때는 날짜와 시간, 장소(교실의 어느 영역, 복도 등)를 반드시 기록해두는 것이 중요하다. 그래야 다시 기록을 살펴봤을 때, 유아의 발달 변화 정도나 자주 일어나는 시간, 장소를 구분할 수 있다.

● 행동이나 상황의 핵심 단어만 기록한다.

> 상은이와 주미는 쌓기영역에서 자석이 붙은 기차를 가지고 놀고 있다. 기차를 이리저리 붙여보고, 기찻길을 길게 이어보았다. 그러다가 서로 기차를 많이 가져가겠다고 싸움이 일어났다.

이렇게 산문 형태로 기록하다 보면 너무 글이 길어지고, 순간순간 지나가는 상황을 모두 기록하기에 무리가 있다. 그렇기 때문에, 한눈에 보고 이해할 수 있도록 핵심 단어만 기록한다.

> 상은, 주미 / 쌓기 / 자석 기차, 기찻길 만듦 → 기차 많이 가져가겠다고 싸움 발생

핵심 단어만 기록하면 나중에 다시 볼 때도 바로 이해할 수 있고, 기록할 때 부담도 줄어든다.

04

질문을 던져라:
네가 진짜 원하는 게 뭐야

병원에서는 환자의 증상에 따라 병의 종류를 파악하고 각기 알맞은 처방전을 내준다. 유아 생활교육도 마찬가지이다. 정리정돈을 하지 않는 경우, 공격성이 심한 경우, 주의 집중이 짧고 산만한 경우, 편식하는 경우, 질서를 지키지 않는 경우 등 각 행동의 원인에 맞는 해결방안을 찾아야 한다.

• 유아는 '문제 행동'을 통해 자신의 의사를 표현하는 것이다.

『특수아 행동지도[4]』에 따르면, 유아의 이른바 '문제 행동'은 의사소통을 위한 행위라고 여겨진다. 유아는 이러한 행동을 통해서 무엇인가를 얻으려고도 하고, 상황을 회피하고 싶다는 자기 의사를 표현하기도 하는 것이다. 이를 교육학적 용어로 '문제 행동의 기능'이라고 한다. 이는 관심 얻기, 관심 회피하기, 선호하는 활동 및 물건 얻기, 싫어하는 활동 및 물건 회피하기, 감각자극 얻기, 감각자극 회피하기로 분류된다.

....
4. 조윤경 외, 『특수아 행동지도』, 공동체, 2017

● 관심 얻기

경서가 채연이의 블록을 손으로 밀어서 넘어뜨렸다. 채연이는 "야, 블록이 무너졌잖아!"라며 울음을 터뜨렸다. 이를 보고 있던 교사는 두 유아 옆으로 다가가 "무슨 일이니?"라고 물어보았다.

이러한 행동은 교사나 또래 친구의 관심을 끌기 위해 발생하기도 한다. 교사나 또래 친구가 놀라는 얼굴 표정이나 관심을 보이며 질문하는 것, 진정시키거나 달래러 자신의 주변에 머무는 것 등이 그 예이다. 경서는 채연이와 함께 놀고 싶은 마음에 관심을 끌기 위해서 장난감을 넘어뜨렸을 수도 있고, 교사의 관심을 얻으려고 친구를 괴롭히는 행동을 했을 수도 있다.

● 관심 회피하기

과학영역에서 경서와 민수는 곤충을 가지고 놀고 있다. 가위바위보에서 이긴 사람이 곤충을 한 마리씩 가져가기로 했다. 경서가 계속 이기자 민수는 "나 안 해!"라면서 소파에 앉았다. 그때 지나가던 채연이가 민수에게 "민수야! 나랑 놀자!"라며 다가가자, 민수는 채연이를 밀어버렸다. 뒤로 넘어진 채연이는 울음을 터뜨렸다.

놀이를 하면서 자꾸 지자, 화가 난 민수는 소파에 앉아 있었다. 그때 지나가던 채연이가 말을 걸자, 다짜고짜 밀어버리는 행동을 했다. 유아는 다른 사람의 관심을 원치 않을 때 이러한 행동을 보이기도 한다. 기찻길을 만들고 있던 유아는 지나가다 그 놀이를 구경하려고 멈춘 친구를 향해 "보지 마!"라며 장난감을 던지는 경우도 있다.

- 선호하는 활동 및 물건 얻기

등원 시간에 채연이와 아빠는 유치원 출입구에 도착했다. 아빠가 유치원 초인종 벨을 눌렀다. 채연이는 그 자리에서 "내가~! 내가 할 거야!"라고 소리를 지르면서 울고, 아빠를 쳐다보며 발을 쿵쿵거렸다. 그 모습을 본 아빠는 "채연이도 눌러봐."라고 이야기했고, 채연이는 초인종을 누른 후 웃는 얼굴로 유치원에 들어왔다.

채연이는 초인종을 누르기 위해 울며 떼를 썼다. 원하는 것을 얻기 위한 행동이 고집부리기 및 떼쓰기로 나타난 것이다. 유아들은 자기가 좋아하는 TV프로그램을 보기 위해서, 먹고 싶은 과자나 사탕을 먹기 위해서, 마트에서 원하는 장난감을 사기 위해서 종종 드러누워서 떼를 쓰거나 큰 소리로 운다. 이러한 상황에서 유아가 바라는 대로 물건이나 상황을 제공해주면, 그러한 행동이 지속될 것이다.

- 싫어하는 활동 및 물건 회피하기

동화책 『배고픈 애벌레[5]』를 보고, 애벌레가 되어보는 신체표현 활동시간이다. 경서는 신체표현에 익숙하지 않으며 움직이는 것이 싫다. 그래서 신체표현 활동을 하는 도중, 가까이 있던 주미나 그 옆의 다른 친구들을 밀었다.

경서는 특정한 활동이나 상황을 견디지 못하고 피하기 위해, 다른 친구들을 미는 행동을 보였다. 만약 교사가 이에 대한 반응으로 신체표현 활동에 참여시키

....
5. 에릭 칼, 『배고픈 애벌레』, 더큰 theknn, 2007

지 않고 일정시간 동안 다른 곳에서 앉아 있도록 한다면, 경서는 자신의 목적을 달성했기에 이러한 행동이 강화될 것이다. 그리고 경서는 앞으로도 싫어하는 활동이 있다면 이러한 행동을 시도하거나 지속시킬 가능성이 높아진다.

저녁에 엄마가 "잠잘 시간이야."라고 말하면, 유아는 자기 싫어서 울거나 때를 쓰기도 한다. 유아는 유치원에서 활동을 하다가 그만하고 싶어지면, 옆의 친구를 쿡쿡 찌르거나 괴롭히는 행동을 보일 수도 있다.

● 감각자극 얻기

채연이는 평소에 손톱을 이로 물어뜯는 습관이 있다. 채연이의 손가락을 살펴보니, 여기저기 상처가 나 있고, 손가락 살 안으로 손톱이 파묻힌 것을 볼 수 있었다.

다른 사람의 행동에 상관없이 그 행동 자체가 유아에게 직접적 강화가 되어 나타나기도 한다. 예를 들어 손톱을 물어뜯거나 손가락을 빠는 행동은, 입의 물리적 자극에 의해 강화가 된다. 이병인 외(2013)에 따르면, 유아마다 자신이 편안함이나 쾌감을 느끼는 고유한 최저자극 수준이 있다고 한다[6]. 자기 통제의 수단이나 단순한 놀이의 일종으로, 반복해서 물건을 던지기, 몸 흔들기, 손톱 물어뜯기, 다리 떨기 등을 하기도 한다.

....
6. 조윤경·김형미·유연주·장지윤, 『특수아 행동지도』, 공동체, 2017, p.98

감각적으로 예민한 유아들은 소리, 빛, 온도, 촉감 같은 특정 자극이 자신이 감당할 수 있는 범위를 벗어나면 이 자극으로부터 벗어나고자 '문제 행동'을 하기도 한다(조윤경 외, 2017). 친구들이 노래를 부르는 소리가 너무 크다며 양손으로 귀를 막거나, 소리를 듣지 않으려고 더 큰 소리를 지를 수 있다.

> 유아들이 함께 동요《산도깨비》를 부르고 있다. 경서는 두 손으로 귀를 막으며 고개를 내젓는다. 그다음 시간, 신체 활동 '터널 놀이'의 시작을 알리는 호루라기 소리가 들린다. 경서는 역시 두 손으로 귀를 막으며 소리를 지른다.

유아들의 내면 욕구, 즉 행동 이면에 존재하는 '진짜로 원하는 것'이 무엇인지를 교사나 부모가 알아차려주는 것이, 행동 개선을 위해 가장 중요하다.

05

두 개 이상의
가설을 세워라

레고놀이 중 지원이는 두준이가 가지고 놀던 경찰관 인형을 빼앗았다. 두준이가 "이리 내! 내 꺼야!"라면서 인형을 다시 가져가자, 지원이는 "싫어~!" 하며 울면서 그 자리에 계속 서 있었다. 두준이는 교사를 쳐다보며 "선생님, 지원이가 자꾸 제 것을 가져가요."라고 이야기했다.

지원이의 '친구의 장난감을 뺏는 행동(공격적 행동)'은 4가지의 원인을 짐작할 수 있다. 첫째, 경찰관 인형을 갖기 위한 행동일 수 있다. 둘째, 두준이와 함께 놀고 싶기 때문일 수 있다. 셋째, 교사의 관심을 끌고 싶어서일 수 있다. 넷째, 자신의 놀이가 재미없어져 새로운 관심사가 필요했기 때문일 수 있다.

유아들의 행동에는 여러 가지 복합적 이유가 있는 경우도 많다. 행동을 개선하려면 그 행동의 원인에 대한 여러 가설이 먼저 필요한 것도 바로 이 때문이다. 유아들의 행동을 이해하기 위해선 가설 설정과 검증 과정이 필수적이다.

『특수아 행동지도』에 따르면, 유아 행동에 대한 검증 가능한 가설에는 반드시 유아의 이름, 선행사건, 배경사건, 문제행동 기술, 문제 행동의 기능(원인이나 이유)이라는 요소가 포함되어야 한다. 가설 설정의 각 요소를 알아보고, 가설을 세우는 연습을 해보자[7].

- 가설 필수요소 1: 유아의 이름

가설은 유아의 이름을 포함해야 한다. 개별적 특성에 맞추어 이루어져야 하므로, 누구의 행동인지 밝혀야 한다.

- 가설 필수요소 2: 선행사건, 배경사건

종류	내용
선행사건	해당 행동 바로 직전에 바로 그 환경에서 발생한 사건으로, 해당 행동과 관련이 있는 사건이다. (친구가 자기가 좋아하는 장난감을 가지고 놀고 있어서 뺏은 경우, 이야기 나누기 시간에 앉아 있는 시간이 길어져 옆에 친구를 쿡쿡 찌르는 경우)
배경사건	해당 행동이 선행사건과는 별다른 연관성이 없고, 훨씬 전에 있었던 배경사건이 행동에 영향을 미치는 경우가 있다. 평소와는 다르게 일어난 사건이 행동에 영향을 미쳤는지 살펴보아야 한다. (전날 평소보다 늦은 시간에 잠들어 수면이 부족한 경우, 예방접종 후 미열이 있고 피곤한 경우, 엄마한테 야단을 맞고 와서 유아교육기관에서 기분이 안 좋은 경우)

가설에는 선행사건과 배경사건이 모두 포함되어야 한다. 해당 행동의 바로 직전에 일어난 사건뿐만 아니라, 간접적으로 관련된 사건도 포함되어야 하는 것이다.

---

7. 조윤경 외, 『특수아 행동지도』, 공동체, 2017

● 가설 필수요소 3: 해당 행동 기술

유아의 행동은 관찰 가능한 행동을 표현하는 동사로 정의해야 한다. '지원이는 방해행동을 한다.'라고 정의하기보다는 '지원이는 친구에게 비키라고 이야기하며 두 손으로 밀친다.', '지원이는 친구의 팔을 장난감 블록으로 때린다.', '지원이는 자리에 멈춰서 소리를 지른다.'처럼 유아를 관찰할 때 직접적으로 보이는 언어와 행동을 나타내는 동사를 사용하여 정의해야 한다.

행동을 정의할 때 유아의 행동 의도나 심리적 상태를 추측하는 단어를 사용하기보다는 명확하게 정의해야 한다. '지원이는 자유놀이 시간에 자기 마음대로 하고 싶어서 친구의 놀이를 방해한다.', '두준이는 화가 나서 친구를 때린다.'라고 정의한다면, 유아의 감정상태를 이미 설명했으므로 행동을 관찰할 때 선입견이 포함되어 결과를 정확하게 해석할 수 없게 된다. 따라서 유아의 관찰 가능한 행동을 객관적으로 서술해야 한다.

유아의 행동을 자세하게 묘사하는 상세설명은 필수다. 유아의 표정, 자세, 손동작, 목소리 톤 등의 특정 행동을 구성하는 요소가 모두 포함되어야 한다.

※ 잠깐만요! 이해하기 쉬운 행동 유형 정의

유형	정의
파괴 행동	유아 자신이나 주변 사람의 건강·안전·생명에 부정적 영향을 미치거나 위협하는 행동으로, 다른 행동보다 최우선적으로 즉각 교육을 통해 개선해야 하는 행동 (예: 물기, 꼬집기, 때리기, 눈 찌르기, 머리를 벽이나 책상에 박기, 할퀴기 등의 공격행동과 자해행동)
방해 행동	교수와 학습, 일상생활, 놀이를 방해하는 행동 (예: 교실 뛰어다니기, 교실에서 소리 지르기, 울기, 떼쓰기, 다른 사람 밀기, 물건 빼앗기, 거부하기 등)
주의분산 행동	유아 자신과 다른 사람의 주의를 분산시키거나, 일상적으로 일어나는 교육기관의 교육적 전략에 반하는 행동 (예: 손이나 몸 흔들기, 손뼉 치기, 반항 언어[8] 사용하기 등)

● 가설 필수요소 4: 행동의 기능(원인이나 이유)

행동을 함으로써 추정되는 기능(관심 얻기 혹은 회피하기, 원하는 것이나 활동 얻기 혹은 싫어하는 것이나 활동 회피하기, 감각자극 얻기 혹은 회피하기)을 밝혀야 한다.
이를 토대로 위에서 제시된 지원이의 사례에 여러 가지 가설을 세워보면 다음과 같다.

▨ : 유아명   ▨ : 선행사건   ▨ : 배경사건   ▨ : 문제 행동   ▨ : 추정 기능

▶ 지원이는 자신이 선호하는 장난감을 친구가 가지고 놀고 있으면 **장난감을 획득하기 위해 뺏는 행동을** 한다.

▶ 지원이는 자유놀이 시간에 선호하는 영역에서 놀고 있으면 **친구와 함께 놀이를 하기 위해** 친구의 장난감을 뺏는다.

▶ 엄마에게 야단을 맞고 등원하는 날이면 지원이는 **자유놀이 시간에 교사 또는 친구의 관심을 얻기 위해** 장난감을 뺏는다.

▶ 지원이는 자유놀이 시간에 놀이가 무료해지면 **새로운 놀이를 시작하기 위해** 친구의 장난감을 뺏는다.

---

8. 반향 언어(反響言語): 다른 사람의 언어를 무의식적으로 되풀이하는 증상

결국,
신뢰가 답이다

모든 관계의 기본은 신뢰이다.

신뢰를 뜻하는 영어 단어 trust의 어원은 '편안함'을 의미하는 독일어 trost라고 한다. 우리는 누군가를 믿을 때 마음이 편안해진다. 이는 교사-유아, 유아-유아, 교사-학부모 사이의 관계에서도 마찬가지이다. 신뢰로 뭉쳐진 학급은 분위기가 평안하고, 안전사고가 일어나는 횟수도 현저히 낮으며, 긍정적 에너지가 뿜어져나온다.

● 사소한 것 하나라도 약속을 지킨다.

"선생님, 나랑 여기서 식당놀이 해요."

"그래, 민주야. 선생님이 세희랑 놀고 조금 있다가 갈게."

유아들은 자유놀이를 하면서 교사를 영역으로 초대하는 경우가 많다. 만일 다른 유아와 놀이를 하다가 잊어버려서 초대 약속을 지키지 않았다면, 민주는 선생님에게 자신이 중요한 존재가 아니라고 느끼게 될 것이다. '내일 놀면 되지.'라고 생각할 수도 있지만, 유아들은 작은 약속이 깨지는 경험을 계속 하게 되면 더 이상 그 교사를 신뢰하지 않는다.

"선생님, 오늘 공놀이 하기로 했잖아요. 왜 안 해요?"

"내일 하자."

"선생님, 약 발라주세요."

"조금 있다가 해줄게."

"선생님, 개미 보러 나가기로 했잖아요."

"오늘은 못 간단다. 다음에 가자."

　유아들과 교사는 한 공간에서 지내면서 많은 상호작용이 일어난다. 유아들과 하기로 한 일은 무슨 일이 있어도 그날 지키려고 노력해야 한다. 그래야만 유아들이 교사를 '믿을 수 있는 어른'으로 생각하고 따르게 된다. 교사에 대한 신뢰가 쌓이면 유아의 마음이 안정되고, 마음이 안정되면 부정적 행동이 줄어든다.

● 연간 생활교육 목표를 세우고, 일관된 훈육태도를 보여준다.

유아들이 복도를 달리는 것에 대해, 교사가 어떤 날은 엄격히 대하지만 어떤 날은 모른 척 지나간다면 어떨까? 유아들은 규칙이란 일관된 것이 아니고, 교사의 기분이나 불특정한 잣대에 따라 달라진다고 느끼게 될 것이다. 규칙이나 훈육태도가 그날그날 다르게 변하면, 교실 분위기가 불안정해진다. 일관성을 가지려면, 올해 우리 반의 생활교육 목표나 나의 교육관을 뚜렷하게 세우는 것이 좋다. 최우선적으로 생각하는 생활교육의 목표를 적어보고, 유아들과 함께 그 목표를 위한 우리 학급의 규칙을 정한다. 그리고 그 목표를 일관되게 지켜야 한다.

　다음은 올해에 세운 우리 반 생활교육 목적 및 목표이다.

유아가 긍정적 자존감과 문제해결능력 및 도덕적 자율성을 형성하여 올바른 인성과 민주 시민의 기초를 형성한다.

이를 실현하기 위한 목표는 다음과 같다.
가. 자신에 대한 자기 이해와 긍정적 자존감을 기른다.
나. 자율적 문제해결능력을 기른다.
다. 배려심과 책임감을 가지고 도덕적 자율성을 기른다.

거창하지 않더라도 '올해 우리 반의 생활교육 목표는 무엇일까?'라고 구체적으로 생각하여 한 줄이라도 노트에 적은 교사의 학급과, 그렇지 않은 학급은 다를 수밖에 없다. 지금이라도 생각해보자. 나는, 올해 우리 반 아이들을 어떤 유아들로 자라게 도울 것인가.

● 유아들의 의견을 적극적으로 경청해주고, 반영한다.

생활교육 목표를 설정할 때, 유아들과의 협의과정 또한 매우 중요하다. 교사가 중요하다고 여기는 것을 아이들에게 일방적으로 주입시키면, 아이들이 스스로 생각할 기회를 빼앗을 뿐만 아니라 어른들이 정해놓은 규칙을 타율적으로 지키게 하는 것에 불과하기 때문이다. 다른 사람이 자신의 행동을 규제하는 한 아이들은 자신의 행동을 스스로 규제하는 자세를 배울 수 없다. 또한 교육과정 내용 선정, 일과 운영방법(우유 간식을 언제 먹을 것인지, 이야기 나누기는 언제 할 것인지, 놀이시간은 얼마나 될 것인지 등)에서 유아들의 의견을 적극적으로 경청하고 반영해준다면, 유아들 또한 교사가 제시한 약속이나 규칙을 존중해줄 확률이 크다. 인간관계의 기본 법칙, '황금률의 법칙'을 기억하라. "당신이 대접받고 싶은 대로 남을 대접하라. 당신이 원하는 것을 남에게 먼저 주어라. 그러면 당신도 그것을 받게 될 것이다."

• 사전에 하루일과 중 평소와 다르게 바뀌는 일과에 대해 설명해준다.

유치원은 등원, 자유놀이, 대·소집단 활동, 점심시간, 이 닦기, 평가라는 기본적 하루 일과 루틴이 반복된다. 그 일과 안에서 어떤 날은 외부 강사가 와서 다도교육을 실시하기도 하고, 이야기 할머니가 유치원에 오시기도 하며, 행사로 인해 점심시간이 앞당겨지기도 뒤로 미뤄지기도 한다. 유아들이 하루 일과에 대해 미리 아는 것은 안정감을 갖고 신뢰를 형성하는 데 중요하다. 교사만 알고 있는 것이 아니라, 우리 학급의 변경된 일정에 대해서 유아들과 공유하고 자세하게 설명해주어야 한다.

교사가 다음 날 일찍 출장을 떠나게 되어 유아들이 다른 교사와 수업을 하게 된다면, 유아들에게 미리 "선생님이 내일은 나주로 출장을 가는 날이어서, 다른 선생님이 오셔서 수업을 하게 될 거예요."라고 언급해주면 좋다.

• 유아들의 약속을 지키지 못할 때, 이유를 자세히 말하고 양해를 구한다.

유치원의 상황과 일정에 따라 유아들과 한 약속을 어쩔 수 없이 지키지 못할 때도 있다. 그럴 때는 유아들에게 왜 약속을 지키지 못하게 되었는지 이유를 자세히 설명해주어야 한다. 공놀이를 하기로 했던 날에 못 하게 되었다면 "오늘은 다도교육이 늦게 끝나서, 공놀이를 할 시간이 지나가버렸네요. 친구들과 약속을 꼭 지키고 싶었는데 미안해요. 내일 공놀이 시간을 조금 더 많이 가지면 어떨까요?"라고 유아들에게 정중하게 이야기한다. 유아들은 약속을 지키고 싶었지만 지키지 못한 교사의 미안함을 느끼고, 흔쾌히 "네~", "괜찮아요~", "내일 더 많이 놀면 돼요."라고 기특하게 이야기해준다.

유아들과 정한 약속을 교사도 일관되게 지키려고 노력하는 모습을 보여야 한다. 이를 통해 유아들도 은연중에 다른 사람과 약속을 하면 반드시 지켜야 하며, 지키지 못했을 때는 상대방에게 미안한 감정을 전달해야 한다는 것을 배우고, 약속의 중요성을 깨닫게 된다.

정리정돈·질서　　식습관·청결　　사회성　　자존감　　주의집중·학습

이번 장에서는 유아교육기관에서 자주 나타나는 행동 유형을 11가지로 나누고, 놀이를 통해 올바른 생활습관을 형성하는 방법에 대해 알아보고자 한다.

1장과 2장은 기본생활습관의 필수영역인 정리정돈과 질서 습관을, 3장과 4장은 유아의 건강 영역과 관련된 식습관과 청결 습관을 다루었다. 5장과 6장은 유아들의 사회적 적응력 향상을 위한 공격성 조절과 사회성 양성, 7장과 8장은 유아들의 자아존중감과 긍정적 자아개념 형성을 위한 관심과 자존감에 관한 장이다. 9장과 10장과 11장은 주의집중, 한글 교육, 수학 교육에 대해 다루었다. 주의집중력은 모든 활동과 놀이의 근간이며, 이를 향상하여 신중함·순발력·인내력 등을 기를 수 있다. 한글과 수학 교육은 기본생활습관의 필수 행동 유형은 아니지만, 기본생활습관 형성을 위한 밑바탕이 되므로 제시하였다. 유아가 자신의 이름 글자를 인식하고 있으면 자기 물건을 쉽게 찾을 수 있고, 분류 개념을 형성하고 있으면 놀잇감을 비슷한 물건끼리 묶어 쉽게 정리할 수 있다.

일상생활 속에서 놀이로 생활습관 교육이 이루어진다면, 유아들에게 보다 의미 있고 즐거운 배움의 경험이 될 것이다. 지금부터 그 실천 방법을 함께 공유하고자 한다.

일부 놀이를 진행할 때 도움이 될 만한 동영상을, 저자의 개인 유튜브채널 'NABI쩡블리'와 연동하여 페이지 오른쪽 상단에 QR코드를 삽입하였다. 사진을 찍듯이 휴대폰 카메라로 담으면 자동으로 동영상페이지가 열린다.

START!
놀이중심
유아 생활교육

01

정리정돈을 잘해요

1. 행동 유형
- 자신의 옷과 신발 정리를 어려워하는 행동
- 물건을 잘 챙기지 못하고 흘리고 다니는 행동
- 자유놀이 시간에 미술영역에서 놀이 후, 정리하지 않고 쌓기영역으로 이동하는 행동
- 활동이 끝난 후 색연필, 사인펜, 크레파스, 가위 등 사용한 물건을 정리하지 않는 행동
- 내 물건과 친구의 물건을 구분하지 못한다.

2. 원인
- 스스로 해본 적이 없다.
- 자기가 할 수 없다고 생각한다.
- 정리는 하기 싫은 일이라고 생각한다.
- 공통속성에 따라 같은 것끼리 짝짓기, 관련짓기 등의 경험이 부족하다.

3. 지도 방법
유아가 쉽게 할 수 있는 것부터 정리하도록 권한다.

만 3세 유아에게 처음부터 스스로 지퍼를 잠그는 것은 어렵다. 지퍼의 맨 밑에, 양쪽 줄의 이가 서로 맞물리는 부분끼리 교차하도록 끼우는 부분이 있기 때문이다. 처음에는 교사가 지퍼의 맨 밑 시작점을 맞물려주고, 유아에게 지퍼에 달린 손잡이를 잡고 지퍼를 스스로 올리게 하는 것부터 지도하자. 반복하다 보면 유아는 점차 지퍼를 맞물리는 것부터 직접 하고 싶어 하게 되고, 이때 교사가 자세히 방법을 알려줄 수 있다. 유아는 눈과 손의 협응[1]이 발달함에 따라 점점 다양한 것들을 스스로 할 수 있게 된다.

또한 유아에게 사방에 널려 있는 장난감을 모두 정리하는 것은 너무 힘들게 느껴진다. 교실 전체가 아니라 교실영역 중의 한군데를 정해 "미술영역을 정리해보자."라고 권유해보자. 또는 그중에서도 쉽게 정리를 시작할 수 있는 공간부터 선택해 "미술영역에 있는 색종이 바구니를 정리해볼래?"라고 권하는 것도 좋다.

정리를 했을 때, 구체적으로 칭찬해준다.

막연하게 "잘했어."가 아니라 "두준이가 가지고 놀던 블록을 바구니에 깔끔하게 넣었구나."라고 행동을 구체적으로 칭찬해주어야 한다. 그렇게 하면 유아는 자신의 어떠한 행동을 칭찬받았는지 인식하고 앞으로도 그 행동을 유지하고자 할 것이다. 교사는 정리하는 유아의 모습을 사진이나 동영상으로 촬영해놓는다. 친구들의 정리하는 모습을 보면서 서로 칭찬해주며, 그 이유를 함께 이야기 나눈다. 이를 통해 유아들은 정리하는 것을 가치 있게 받아들이고 정리 습관을 내면화할 수 있게 된다.

---

1. 협응(協應, coordination) : 근육, 신경, 운동기관 등의 움직임의 상호조정 능력. 머리, 어깨, 팔, 손가락 등을 시각적 탐사와 연결해 움직이는 신체 조절 능력. 교육심리학 용어사전 참조

정리할 수 있는 환경을 만들어준다.

정리를 할 때, '정리'를 주제로 한 동요를 틀어주거나 교사나 부모가 함께 정리를 도우며 모두가 참여하는 분위기를 만드는 것도 중요하다. 유아가 옷이나 신발 정리를 즐겁게 할 수 있도록, 유아에게 옷걸이나 신발장 자리를 선택하게 해주자. 교사는 바구니에 정리할 놀잇감의 사진을 붙이고 이름을 써넣어서 물건의 자리를 구분하기 쉽게 도와줄 수 있다. 유아는 자기 물건에 이름을 직접 붙여봄으로써 내 물건임을 표시하고, 친구의 것과 내 것을 구분하는 경험을 할 수 있다. 동화책 표지 사진을 축소하여 책꽂이에 붙인 후, 유아가 동화책의 자리를 찾아 정리해보게끔 해보자.

긍정적 경험을 통해, 정리란 즐거운 일이라는 생각을 갖도록 한다.

유아가 어지럽힌 장난감들 중에서 원하는 장난감을 선택하여 정리해보도록 게임 형식으로 진행하거나, 동요 《그냥 두고 갔더니》를 부르면서 정리되지 않은 장난감과 책의 기분을 역할놀이로 느끼게 해볼 수 있다. 유아들이 신발 정리를 잘한 친구를 '신발 정리왕'으로 직접 뽑아보게 하여, 친구들의 신발 정리하는 모습을 유심히 관찰하도록 환경을 조성해본다.

완벽하게 정리해야 한다는 압박감을 주지 않는다.

완벽히 깔끔하게 정리해야 한다는 교사의 지나친 기대는, 유아에게 정리에 대한 압박감을 줄 수 있다. 서투르더라도 정리하려고 노력하는 유아의 모습을 긍정적으로 바라보고, 그 노력에 대해 언급해주자. 그리고 유아가 할 수 있는 수준에 맞춰서 하나하나 옆에서 친절하게 가르쳐주자. 교사는 유아가 기대만큼 잘하지 않더라도 재촉하지 않고, 꾸준히 지켜보는 인내심을 가져야 한다.

유아가 직접 옷걸이 색깔과 신발장 자리를 선택하는 경험은 매우 중요하다. 유아들은 사소한 것이라도 자신이 선택하기를 원한다. 원하는 것을 스스로 선택하는 경험을 자주 한 유아는 자신감과 자존감이 향상된다. 신발장 이름표는 새로운 학년이 시작되기 전에 교사가 미리 준비해서 붙여놓는 경우가 많다. 하지만 교사가 미리 정한 자리를 유아에게 알려주기보다, 유아 스스로 원하는 곳을 선택하면 유아가 기억하기도 쉽고 자신의 선택에 대한 책임감도 기를 수 있다.

놀이를 위해 유아들을 두 팀으로 나눌 때 다음과 같은 방법이 있다.

※ 잠깐만요! 두 팀을 나누는 방법

놀이명	방법
주먹가위	"주먹가위~ 주먹가위~ 가위바위보!"라고 외치고 주먹과 가위 둘 중에 하나만 낸다. 주먹 낸 유아끼리, 가위 낸 유아끼리 같은 팀이 된다.
손바닥 뒤집기	손등과 손바닥 중에서 하나만 내밀어, 같은 부위를 보이는 유아끼리 같은 팀이 된다.
대표 유아가 친구 데려오기	대표 유아 2명이 앞으로 나온다. 가위바위보에서 이긴 유아부터 자신의 팀으로 데려오고 싶은 친구 1명을 부른다. 진 유아가 남은 친구들 중에서 자신의 팀으로 1명을 데리고 온다. 팀이 모두 정해질 때까지 가위바위보를 반복한다.
	※ 대표 유아를 선정하는 방법 - 대표 유아를 선정할 때 긍정적인 행동을 구체적으로 언급해주면서 그 유아의 행동을 격려해준다. "오늘 아침에 인사를 바르게 한 민지와 영지가 나와볼까요?"

01 노래 들으면서 모두 제자리에

종, 정리할 때 들을 음원

"민수야, 정리해야지.", "상은아, 정리 시간이다."라고 교사가 유아의 뒤를 쫓아 다니면서 정리를 하도록 요구하기보다는, 노래를 들려줌으로써 자연스럽게 '이 노래가 나오면 정리하는구나.'라고 유아들 스스로 내면화할 수 있도록 만드는 것이 좋다.

 놀이를 통해 경험한 배움 요소

- 신체운동·건강: 건강하게 생활하기 - 자신의 몸과 주변을 깨끗이 한다.
- 자연탐구: 생활 속에서 탐구하기 - 일상에서 모은 자료를 기준에 따라 분류한다.

▍해보세요

1 약속한 정리 시간이 되면, 종을 한 번 친다.

- "잎새반 친구들, 이제 정리시간이에요."라고 이야기한 후, 종을 한 번 친다.
- 유아들은 종소리를 듣고 정리시간임을 인식한다.

2 정리할 때 듣는 노래를 계속 반복적으로 들려준다.

- 유튜브에서 '모두 제자리 반복'이나 '정리송'을 검색하면 《모두 제자리》, 《정리송》 등 정리할 때 듣기 좋은 노래를 찾아 반복 재생할 수 있다.
- 정리가 마무리될 때까지 음악을 반복 재생한다.

3 유아들과 함께 정리한다.

- 음악을 들으며, 유아들과 함께 교사가 정리에 즐거운 마음으로 참여하는 시범을 보인다.

▍이럴 땐 이렇게

- 유아들에게 정리 시간을 미리 알려주는 것은 중요하다. 유아들과 정리할 시간을 언제로 할지 토의한 후, 놀이를 시작할 때와 놀이를 하는 도중에 정리할 시간이 언제인지 미리 언급해준다. 유아들은 정리시간을 미리 앎으로써 놀이 내용을 계획하고 안정적으로 놀이할 수 있다.
- 《모두 제자리》, 《정리송》 등을 재생리스트에 저장하고 반복재생을 설정해두면, 정리하는 동안 음악이 끊기지 않고 계속 나온다.
- 놀이를 더 하고 싶다는 유아가 있다면, 모두 모여 이야기를 나누는 시간에 놀이시간 연장에 대해 유아들과 이야기해본다.

02 정리하는 내 모습은 멋져요

[준비물] 유아들이 정리하는 모습을 촬영한 사진 및 동영상, TV

유아들은 자신의 모습이 TV에 나오면 신기해한다. 정리하고 있는 유아의 모습을 사진이나 동영상으로 촬영한 후, 친구들과 함께 감상해본다. 유아들이 스스로 정리하는 모습을 가치 있게 받아들이고, 정리하는 습관을 가질 수 있다.

 놀이를 통해 경험한 배움 요소

- ◆ 신체운동·건강: 건강하게 생활하기 - 자신의 몸과 주변을 깨끗이 한다.
- ◆ 의사소통: 듣기와 말하기 - 자신의 경험, 느낌, 생각을 말한다.

1 정리하는 유아들의 모습이 담긴 사진 및 동영상을 유아들과 함께 본다.

　• 유아들의 정리하는 모습을 구체적으로 이야기해준다.

　　"우리 연우는 쌓기영역에 있는 세모 자석 블록을 바구니에 넣고 있구나."

　　"경서는 인형을 침대에 눕혀주고 있구나."

2 유아들은 정리하는 모습을 보고 난 후 칭찬해주고 싶은 친구에 대해 이야기해본다.

　• 유아들은 칭찬해주고 싶은 친구와 그 이유에 대해 발표해본다.

　　("채연이가 레고블록을 상자에 넣어서 정리했어요. 칭찬해주고 싶어요.")

　　("동원이요. 제가 기차블록을 정리할 때 같이 도와줘서 기분이 좋았어요.")

3 놀잇감을 정리하기 전과 정리한 후의 사진 및 동영상을 비교해보며, 달라진 점을 알아보는 것도 좋다.

　• 놀잇감으로 어지럽힌 교실영역 사진과, 힘을 합쳐 깔끔하게 정리된 교실영역 사진에 대한 유아들의 생각과 느낌을 서로 이야기 나눈다.

　•넓은 공간의 변화를 시각적으로 확인할 수 있어, 매우 유익한 활동이다.

■ 이럴 땐 이렇게

- 교사는 평소에 핸드폰이나 카메라로 놀잇감을 정리하는 유아들의 사진 및 동영상을 촬영해둔다.
- 정리를 제대로 하지 않거나 반대로 매우 열심히 하는 특정 유아의 사진만 찍기보다는, 반 전체 유아의 모습을 한 명씩 찍어 모두의 모습을 감상하는 것이 좋다.

03 내 옷과 신발은 스스로 척척

준비물 유아 이름표(옷걸이용, 신발장용), 다양한 색깔의 옷걸이, 신발장, 네임펜

학기 초에는 유아들이 자기 옷과 친구의 옷을 헷갈려 잘못 입고 가는 경우가 많다. 유아들이 직접 선택한 옷걸이나 신발장 자리에 이름표를 붙여놓으면, 유아 스스로 정리하고 자신의 물건을 찾는 데 큰 도움이 된다.

 놀이를 통해 경험한 배움 요소

- 신체운동·건강: 신체활동 즐기기 - 신체 움직임을 조절한다.
- 사회관계: 나를 알고 존중하기 - 내가 할 수 있는 것을 스스로 한다.

▌ 해보세요

1 [사전활동] 옷걸이용과 신발장용 이름표를 유아들이 직접 만들어본다.
  · 이름표나 실내화사진을 출력한 후, 유아들은 모양대로 가위로 오린다.

2 유아는 자신이 원하는 색깔의 옷걸이를 각자 선택한다.

3 유아는 이름표를 붙인 옷걸이에 자기 옷을 걸고, 옷장에 옷걸이를 건다.
  ① 바닥에 옷을 펼친다.　　② 옷의 양팔이 벌어지도록 옷을 가지런히 정돈한다.
  ③ 옷의 팔 구멍에 옷걸이를 한쪽씩 넣는다.　　④ 옷의 단추나 지퍼를 잠근다.
  ⑤ 옷장에 옷걸이를 건다.

4 유아가 신발과 실내화를 넣고 싶은 자리를 스스로 선택하여 이름표를 붙이고 정리한다.
  ① 신발장 앞에 서서 원하는 공간을 선택한다.
  ② 사전에 만든 신발장용 이름표를 그 자리에 붙인다.
  ③ 자기 신발과 실내화를 직접 선택한 자리에 가지런히 놓는다.

▌ 이럴 땐 이렇게

- 만 3~4세 유아는 이름표에 얼굴 사진도 함께 넣어주면 쉽게 찾을 수 있다.
- 유아들끼리 비슷한 옷을 입고 온 경우, 옷 라벨에 네임펜으로 이름을 써두면 헷갈리는 것을 방지
  할 수 있다.
- 단추가 많은 옷은 위쪽 단추 1~2개만 잠그도록 한다. 단추를 전부 잠그게 하면, 유아가 정리하는
  것에 부담을 느낄 수도 있기 때문이다.

04 놀잇감의 집을 찾아주세요

준비물 놀잇감의 사진과 이름을 붙인 바구니, 동요 《그대로 멈춰라》 음원, 역할영역의 놀잇감

유아들은 놀잇감을 정리 바구니에 한꺼번에 집어넣고 정리를 마무리할 때가 있다. 음식 모형은 음식 모형끼리, 그릇은 그릇끼리, 인형 옷은 인형 옷끼리 같은 종류를 모아서 정리하면 보기 좋을 뿐만 아니라, 필요한 물건을 쉽고 빠르게 찾을 수 있다.

🔔 놀이를 통해 경험한 배움 요소

- ◆ 예술경험: 창의적으로 표현하기 - 노래를 즐겨 부른다.
- ◆ 자연탐구: 생활 속에서 탐구하기 - 물체의 위치와 방향, 모양을 알고 구분한다.

1 역할영역의 놀잇감을 매트 가운데에 펼쳐놓는다.

2 유아들은 동요 《그대로 멈춰라》 노래에 맞추어 춤을 춘다.

3 교사는 '그대로 멈춰라' 부분을 '○○을 찾아라'로 개사해 부르고, 유아들은 조건에 해당하는 물건
을 찾아 알맞은 바구니에 넣는다.

> 즐겁게 춤을 추다가 그대로 멈춰라
> 즐겁게 춤을 추다가 음식을 찾아라
>
> 즐겁게 춤을 추다가 그대로 멈춰라
> 즐겁게 춤을 추다가 그릇을 찾아라

4 찾은 물건을 알맞은 바구니에 넣은 유아는 자기 자리에 앉는다.

5 유아들과 놀이를 반복하여 놀잇감을 즐겁게 정리해본다.

■ 이럴 땐 이렇게

- 역할영역의 놀잇감뿐만 아니라 쌓기영역, 과학영역, 수·조작영역, 미술영역, 음률영역 등 다양한
  영역의 모든 놀잇감 정리에 활용할 수 있다.

> 즐겁게 춤을 추다가 그대로 멈춰라
> 즐겁게 춤을 추다가 세모 블록을 찾아라

- 개사한 가사에 알맞은 놀잇감을 유아 스스로 찾을 수 있도록 충분한 시간을 준다.

05 끼리끼리 차곡차곡 모아요

준비물 그림책 『끼리끼리 차곡차곡(한태희, 소담주니어, 2014)』, 장난감이 섞여 있는 놀이 바구니

유아들은 유치원에 오면 가방을 아무 데나 벗어놓기도 하고, 퍼즐을 맞추다가
그 자리에 그대로 놔두고 다른 영역으로 가서 인형을 가지고 놀기도 한다. 어질
러진 방의 장난감들을 같은 종류별로 끼리끼리 차곡차곡 정리하는 내용인 동화
책 『끼리끼리 차곡차곡』을 함께 읽는다. 그 후, 우리 반에 있는 장난감이 섞인
바구니를 살펴보며 제자리를 찾아본다.

🔔 놀이를 통해 경험한 배움 요소

◆ 신체운동·건강: 건강하게 생활하기 - 자신의 몸과 주변을 깨끗이 한다.
◆ 의사소통: 책과 이야기 즐기기 - 책에 관심을 가지고 상상하기를 즐긴다.

▌해보세요

1 유아들과 함께 그림책 『끼리끼리 차곡차곡』의 표지를 탐색해본다.
  - 책의 앞면(제목, 글쓴이, 그림 그린 이, 출판사, 표지 그림 등), 책등(제목, 출판사 등), 뒷면(그림, 바코드, 가격 등)에 무엇이 있는지 천천히 살펴본다.

2 그림책을 읽어주고, 유아들과 내용을 회상해본다.
  - "엄마가 방에 들어올 때 왜 넘어질 뻔했나요?"
    "민수는 어떻게 정리하기로 했나요?"(책은 책끼리, 블록은 블록끼리, 로봇은 로봇끼리.)

3 교실에서 같은 것끼리 정리가 되지 않은 놀잇감이 담긴 놀이 바구니를 가져온다.
  - "친구들아, 우리 반에도 민수 방처럼 정리되지 않은 장난감들이 있단다."

4 유아들은 바구니 속에서 장난감을 꺼내 같은 종류끼리 같은 자리에 모이도록 정리해본다.

5 유아들과 장난감을 정리해야 하는 이유를 이야기 나눈다.
  - ("제자리에 있지 않으면 가지고 놀고 싶은 장난감을 찾지 못할 수 있어요.")
    ("친구들이 밟아서 부서지거나 망가질 수 있어요.")

▌이럴 땐 이렇게

- 실제로 유아들이 놀이한 후 제대로 정리되지 않은 장난감을 바구니에 모아 담아둔다.
- 학기 초에 정리되지 않은 장난감을 같은 종류끼리 정리해보는 놀이를 반복적으로 실시하여, 정리하는 습관이 생기도록 한다.
- 참고도서: 3세 누리과정 교사용 지도서 - 1.총론, 유치원/어린이집과 친구 - 활동8. 내가 잘 정리해줄게(p.206~208)

06 내 물건에 내 이름을 붙여요

준비물 이름 스티커, 내부가 4~5칸 정도로 구분된 연필꽂이, 유아의 길쭉한 개인용 물품(사인펜, 색연필, 가위, 풀 등), 유아들이 집중하기 좋은 음원

자기 물건과 다른 사람의 물건을 구분하기 위해, 나만의 표시를 하거나 내 이름을 붙여보는 놀이이다. 이름표를 붙이거나 표시를 하면 유아들이 활동을 하다가 색연필, 사인펜 등을 바닥에 떨어뜨리더라도 금방 찾을 수 있다. 사용한 다음 치우는 것을 깜빡 잊고 어딘가에 놔두고 갔을 경우, 친구가 이름을 확인하고 주인에게 찾아주기도 한다.

 놀이를 통해 경험한 배움 요소

- ◆ 신체운동·건강: 신체활동 즐기기 - 신체 움직임을 조절한다.
- ◆ 의사소통: 읽기와 쓰기에 관심 가지기 - 주변의 상징, 글자 등의 읽기에 관심을 가진다.

▌해보세요

  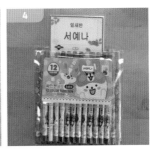

1 유아는 자기 물건에 스스로 이름 스티커를 붙여본다.
  - 교사는 먼저 스티커를 어떻게 붙이는지 시범을 보이고, 어려워하는 유아를 도와준다.
  - 교사는 유아가 스티커를 붙이는 동안 유튜브에서 '집중이 잘되는 클래식'으로 검색해 음악을 틀어주거나, 평소 유아들이 좋아하는 동요를 틀어준다.

2 유아는 이름을 붙인 물건을 연필꽂이에 꽂아본다.

3 연필꽂이를 어디에 놓을지 유아들과 토의한 후, 함께 결정한 자리에 연필꽂이를 정리한다.

4 색연필과 사인펜 케이스를 합체해 정리한다.
  - 케이스끼리 서로 등을 맞댄 후 유아 이름을 사이에 끼우고 양면테이프로 붙인다. 이후에 색연필과 사인펜을 사용할 때, 이 합체 케이스만 준비하면 되니 편리하다.

▌이럴 땐 이렇게

- 이름 스티커는 인터넷에서 검색해 쉽게 주문 제작하여 구매할 수 있다.
- 유아는 스티커를 물건에 붙임으로써 눈과 손의 협응 및 소근육을 발달시킬 수 있다.
- 학기 초에 만 3~4세는 이름을 구분하기 어려울 수 있으므로, 이름 앞에 각자 좋아하는 모양의 기호를 붙여주어 제작한다(♥차경서, ◆오은서 등).
- 사인펜과 색연필 수가 많으면 유아가 한꺼번에 붙이기 힘들어할 수 있다. 유아가 그만하고 싶어 하면 바구니에 정리해놓고 다음 날 다시 붙일 수 있도록 지도한다.
- 연필꽂이를 놓을 곳을 유아들과 토의하면, 유아들이 함께 결정한 사항이므로 잊지 않고 그 자리에 잘 정리하게 된다.

07 제자리에 쏙쏙 정리해요

준비물 장바구니 2개, 리빙박스, 정리하지 않은 놀잇감들, 주사위, 호루라기

제자리에 정리정돈을 하면 원하는 놀잇감을 금방 찾아 놀이할 수 있다. 이것을 반복적 경험을 통해 알게 되면, 유아 스스로 정돈의 필요성을 느끼게 된다. 유아들이 정리를 귀찮거나 지루한 일이 아니라 즐거운 경험으로 느끼도록 게임으로 진행하면 효과적이다. 유아가 정리정돈을 재미있다고 느끼게 되면 습관으로 만들기 쉽다.

놀이를 통해 경험한 배움 요소

- ◆ 신체운동·건강: 건강하게 생활하기 - 자신의 몸과 주변을 깨끗이 한다.
- ◆ 자연탐구: 생활 속에서 탐구하기 - 물체의 위치와 방향, 모양을 알고 구별한다.

▌해보세요

1 평소에 유아들이 정리하지 않은 놀잇감을 리빙박스에 모아둔다.

2 정리되지 않은 놀잇감을 유아들에게 보여주고 이야기 나눈다.
- "어떤 놀잇감들이 있나요?"
  "이것은 어디에 정리할까?"
  "정리하지 않고 그대로 놔두면, 놀이를 할 때 무엇이 불편할까?"

3 유아들은 주사위를 던져 나온 숫자만큼 자신이 정리하고 싶은 놀잇감을 골라, 스스로 고른 장바구니에 넣는다.

4 교사가 호루라기를 불면, 유아는 장바구니 안의 놀잇감을 제자리에 정리하러 간다.

5 정리를 마친 유아는 출발했던 곳으로 돌아온다.
- 먼저 도착한 유아는 다른 유아가 되돌아올 때까지 기다린다.

6 제자리에 맞게 정리했는지 유아들과 확인해본다.
- 잘못 정리했다면, 올바른 위치를 알고 있는 친구가 제자리에 두도록 하거나 교사가 조언하며 모두 함께 정리한다.

▌이럴 땐 이렇게

- 주사위 숫자는 유아들의 수에 대한 관심도에 따라 다르게 할 수 있다. 만 3세는 1~3까지만 있는 주사위, 만 4~5세는 1~6까지 있는 주사위를 사용하면 좋다.
- 빨리 정리하는 것보다 제자리에 정리하는 것이 중요하다는 점을 알려준다.
- 늦게 도착한 유아에게도, 포기하지 않고 끝까지 정리하고 온 행동을 구체적으로 칭찬해준다.

08 또 그러면 안 돼

준비물 음원 《그냥 두고 나갔더니(작곡·작사 김성균)》, 장난감 사진을 붙인 머리띠, 책 표지사진을 붙인 머리띠

재치 있는 가사가 돋보이는 동요 《그냥 두고 나갔더니》를 부르며 하는 놀이이다. 장난감과 책이 정리를 하지 않고 가버린 유아에게 속상한 마음을 표현하며 다음에는 그러지 말라고 요청하는 내용의 노래를 부르면서 놀잇감 정리의 필요성에 대해 생각해볼 수 있다.

 놀이를 통해 경험한 배움 요소

- ◆ 의사소통: 책과 이야기 즐기기 - 말놀이와 이야기 짓기를 즐긴다.
- ◆ 예술경험: 창의적으로 표현하기 - 노래를 즐겨 부른다.

1 유아들에게 동요《그냥 두고 나갔더니》를 들려주고, 장난감 사진과 책 표지사진을 붙인 머리띠를 만든다.

2 장난감과 책 역할을 맡을 유아를 각각 정한다.

3 장난감과 책 입장이 된 유아는 실감나게 연기한다.
   - 유아들은 얼굴 표정과 동작을 이용해 바닥에 두게 되었을 때나 차였을 때를 연기한다.
   - 나머지 유아들은 "또 그러면 안 돼. 또 그러면 안 돼. 또 그러면 난 싫어."라는 가사를 함께 부른다.

4 또 다른 유아들이 장난감과 책 역할을 맡아서 노래를 불러보고 연기해본다.

5 다 함께 장난감과 책의 마음에 대해 이야기 나눈다.
   - "내가 정리가 되지 않은 장난감이라면 기분이 어땠을까?"("화가 나요", "속상해요", "아파요" 등)
   "재미있게 놀고 난 후 놀잇감을 어떻게 하면 좋을까?"

이럴 땐 이렇게

- 동요가 익숙해지도록 자유놀이 시간, 전이 시간에 노래를 충분히 들려준다.
- 교사는 첫 번째 장난감과 책 역할을 맡을 유아를 정할 때, 자기표현을 잘하는 유아가 시범을 보여줄 수 있도록 한다.
- 노래 가사를 그대로 이야기하지 않고, 다른 말로 감정을 표현해도 된다고 안내하면 활동이 더 풍요로워진다.
- 유튜브 채널 깨비키즈에서 동요《그냥 두고 나갔더니》를 주제로 만든 애니메이션을 활용하면 유아들이 내용을 이해하기 좋다.

09 신발 정리왕 뽑기

 준비물 신발 정리왕 칭찬판, 칭찬 스티커

유아들이 신발 정리를 깔끔하게 한 친구의 잘한 점이 무엇인지 생각해보고, 정리왕을 직접 뽑아보는 놀이이다. 신발 정리는 유아가 매일 하는 기본생활습관 중 하나로, 꾸준히 반복적으로 지도해야 한다. 이 놀이를 통해 유아는 정리가 잘된 신발을 자주 관찰함으로써 신발을 바르게 정리하는 방법에 관심을 가지고 실천할 수 있게 된다.

놀이를 통해 경험한 배움 요소

- ◆ 신체운동 · 건강: 건강하게 생활하기 - 자신의 몸과 주변을 깨끗이 한다.
- ◆ 사회관계: 나를 알고 존중하기 - 내가 할 수 있는 것을 스스로 한다.

┃ 해보세요

1 유아들에게 신발을 바르게 정리하는 방법을 알려준다.
  ① 신발을 벗는다.
  ② 자신의 신발장 위치를 찾는다.
  ③ 신발장에 붙은 자기 이름을 확인한다.
  ④ 신발이 밖으로 튀어나오지 않게 끝까지 넣는다.
  ⑤ 신발을 모아 가지런히 정리한다.

2 유아들과 신발장을 보면서, 바르게 정리한 유아를 칭찬해준다.
  • "신발을 바르게 정리한 친구가 있었나요?"
   "어떤 점을 칭찬해주고 싶나요?"

3 유아들에게 신발 정리왕을 뽑을 것임을 안내한다.

4 유아들은 신발 정리를 잘했다고 생각한 친구의 칭찬판에 칭찬 스티커를 붙인다.

5 유아들에게 오늘의 신발 정리왕을 소개한다.
  • "오늘 친구들이 뽑은 신발 정리왕은 도원이구나. 어떻게 해서 신발 정리를 잘할 수 있었니?"
   ("천천히 벗고 가지런히 정리했어요.", "신발이 튀어나오지 않게 끝까지 밀었어요." 등)

┃ 이럴 땐 이렇게

- 일회성으로 그치기보다 신발 정리왕이나 실내화 정리왕을 여러 번 뽑는다.
- 여러 유아가 번갈아가면서 정리왕이 되도록, 교사가 세심하게 관찰하고 지원한다.

10 책의 자리를 찾아주세요

 준비물 그림책 10권, 책꽂이, 그림책 표지그림, 바구니 2개

친구들과 협력하여 책을 바르게 정리해보는 놀이이다. 앞에서부터 전달된 그림책을 뒤에 앉은 유아가 받아들고, 마지막 유아가 그림책 표지그림이 붙어 있는 책꽂이의 자리에 꽂는다. 도서 환경을 새로운 책으로 바꿔주기 전에 먼저 이 놀이를 하면, 유아들이 책을 보고 나서 스스로 제자리에 정리하게 된다.

┌─ 🔔 놀이를 통해 경험한 배움 요소 ─────────────────────
│
│ ◆ 신체운동·건강: 건강하게 생활하기 - 자신의 몸과 주변을 깨끗이 한다.
│ ◆ 자연탐구: 생활 속에서 탐구하기 - 일상에서 모은 자료를 기준에 따라 분류한다.
└──

▌해보세요

1 [사전활동] 책꽂이에 정리할 그림책의 표지그림을 일정한 간격으로 붙인다.
  · 유아들에게 책을 꽂고 싶은 곳에다 직접 표지그림을 붙여보도록 제시할 수 있다.

2 책을 바르게 정리하는 방법에 대해 유아들과 이야기 나눈다.
  · "책을 다 보고 난 후에는 어떻게 해야 할까요?"
   (책이 있던 제자리에 책을 정리한다, 책의 제목이 보이도록 바르게 꽂는다 등)

3 바구니에 그림책을 각각 5권씩 넣고, 유아들을 두 팀으로 나눠 그 뒤에 한 줄로 앉는다.

4 줄의 가장 앞에 앉은 유아가 바구니에서 책을 꺼내어, 뒤에 앉은 유아에게 전달한다.

5 책을 건네받은 유아는 그다음 유아에게 릴레이식으로 책을 전달한다.

6 마지막 유아가 일어서서 책꽂이에서 책의 표지그림이 있는 위치를 확인하고 그 자리에 꽂는다.
  · 책의 제목이 보이도록 앞표지를 앞쪽으로 하여 정리한다.

7 5권의 책을 모두 바르게 정리한 팀이 이긴다.

▌이럴 땐 이렇게

- 빨리 꽂는 것보다 책을 바르게 정리하는 것이 중요하다는 점을 안내한다.
- 그림책 표지에 각각 ①, ②, ③…의 일련번호를 붙이고, 책꽂이의 자리에도 ①, ②, ③… 순서로 일련번호를 붙인다. 그림책 표지에 붙인 번호를 확인하고, 같은 번호가 붙은 책꽂이 자리에 책을 정리하는 놀이로 변형하여 해볼 수 있다.

02
질서를 지켜요

1. 행동 유형
- 줄을 서지 않고 이리저리 돌아다니는 행동
- 한 줄로 서지 않는 행동
- 새치기하는 행동
- 빨리 나가려고 친구를 밀치고 가는 행동
- 놀이터에서 미끄럼틀을 거꾸로 타는 행동
- 복도나 교실에서 뛰어다니는 행동
- 교통 표지판에 관심을 가지는 행동
- 자전거 등의 탈것을 탈 때 안전에 관심이 없는 행동

2. 원인
- 질서 개념 형성이 아직 안 되었기 때문이다.
- 안전을 주의하는 습관이 없기 때문이다.
- 유아들은 자기중심적 사고가 강하여 자신이 첫 번째가 되어야 한다고 생각하며 순서를 기다리는 것을 어려워한다.
- 자전거나 자동차 등 탈 것의 위험성에 대해 잘 알지 못하기 때문이다.
- 유아는 발달 특성상 주변의 사물이나 환경에 대한 호기심이 높고 탐구하려는 충동이 강한 반면, 신체 운동 능력의 발달이 충분하지 않고 상황 판단 및 대처 기술이 미흡하여 성인들에 비해 사고에 노출될 위험이 많다(이순형 외, 2013).

3. 지도 방법

질서교육은 유아의 연령과 능력에 적합해야 한다.

특히 유아의 요구나 발달의 개인차를 인정하여, 일관성 있고 적합하게 지도해야 한다.

놀이를 통해 자연스럽게 습관화되도록 교육해야 한다.

질서 및 안전교육은 일관성 있는 반복적 교육을 통해 내면화된다. 질서 지키는 습관을 기르기 위해서는, 지도내용과 실천과정이 놀이를 통해 동시에 이루어져야 한다.

한 줄로 길게 놓은 네모블록 징검다리 양쪽에서, 유아가 두 팀으로 나누어서 출발한다. 징검다리에서 만나면 각 팀의 맨 앞에 있는 유아 두 명이 가위바위보를 한다. 이긴 팀은 징검다리를 밟고 지나가고, 진 팀은 자리를 양보하고 바닥으로 이동하는 놀이를 하면서 차례대로 줄 서는 경험을 해볼 수 있다.

기차놀이를 통해서도 줄 서기 연습이 가능하다. "경서 기차 출발합니다. 어서 모이세요~"라고 교사가 기준 유아의 이름을 넣어 부르면, 유아들은 그 유아의 뒤쪽으로 줄 서서 앞 사람 어깨 위에 손을 올려 기차를 만든다. 유아들이 자연스럽게 한 줄로 모이는 습관을 기를 수 있다. 이때 기준이 될 유아 역할을 모두 골고루 돌아가면서 해볼 수 있도록 한다.

문지기가 여러 명인 대문놀이를 통해 차례로 줄을 서서 대문을 통과해보거나, 터널놀이를 통해 앞에 있는 친구가 가고 난 다음에 같은 방향으로 차례차례 통과하는 놀이를 해볼 수 있다. 빨간색 깃발을 들면 멈추고, 초록색 깃발을 들면 움직이는 신호등놀이를 통해 지시에 맞게 움직이며 내 몸을 조절하는 경험을 해보는 것도 좋다.

교사나 부모는 유아들의 본보기가 되어야 한다.

만일 교사가 유아들에게는 복도나 교실에서 걸어다니라고 당부하면서도 자신은 뛰어다니는 모습을 보인다면, 유아들은 '왜 선생님은 지키지 않으면서 나만 지키라고 하나?'라는 마음이 들 것이다. 또한 유아의 부모가 횡단보도에서 빨간 신호등일 때 지나간다면 '빨간불이어도 차가 오지 않으면 가도 되는구나.'라는 생각을 심어줄 수 있다. 교사나 부모부터 평소에 질서를 잘 지키는 모습을 보여주어야 한다.

유아 스스로 규칙을 정하고 수용하는 기회를 제공해야 한다.

유아들은 자신이 만든 규칙을 잘 지키려는 경향이 매우 강하다. 갈등상황이 일어났을 때 유아들끼리 서로 의견을 나누고 해결방안을 찾아볼 수 있도록 환경을 만들어주는 것이 좋다.

교실에서 달리던 유아끼리 서로 이마를 부딪혀 빨갛게 되거나 넘어져 다쳤다면, 놀이를 잠깐 멈추고 이 상황을 유아들과 함께 이야기 나눈다. 왜 이러한 일이 발생했을지 다 같이 생각해보고, 안전한 우리 교실을 만들기 위해서 앞으로 필요한 안전규칙을 만들어본다.

만든 규칙을 그림이나 글로 표현해보고, 유아가 지키고자 하는 약속에 손도장이나 네임스티커를 붙인다. 동요《친구야, 쉿!》을 우리 학급에 맞는 안전규칙으로 개사하여 부를 수 있다.

유아가 질서를 지키지 않았을 때, 강압적이거나 지시적으로 지도하지 말아야 한다.

민수가 차례를 지키지 않고 새치기를 했을 때, 스스로 약속이나 규칙을 상기해보도록 하는 것이 더 효과적이다.

• "민수야, 줄을 설 때는 차례를 지키라고 몇 번이나 이야기했니?"
  ⇒ "민수야, 우리가 줄을 설 때는 어떤 약속을 했었지?"

질서를 잘 지켰을 때, 구체적으로 칭찬하고 격려해주어야 한다.

화장실에서 줄을 잘 서 있는 유아의 모습을 발견했다면 "경서가 오늘 화장실에서 차례대로 줄을 서 있더구나."라는 언어적 칭찬과, 미소 짓거나 어깨를 두드려주는 등의 비언어적 칭찬을 해준다.

재난으로 위급상황이 되었을 때는 질서를 지키는 것이 더욱 중요함을 지도한다.

지진이 발생했을 때, 빨리 출구로 나가려고 서로 옆 사람을 밀면 오히려 시간이 더 많이 걸리고 다칠 우려가 있다. 위급한 상황일수록 질서를 지키면, 빠르고 안전하게 이동할 수 있다. 재난안전교육 중 지진대피훈련을 실시할 때 지진에 대해 이야기를 나눈 후, 유아들과 직접 체험을 통해 안전교육을 실시하면 질서의 중요성을 몸소 느끼게 된다.

01 가위바위보! 징검다리 건너기

네모블록 20개 이상

유아들은 네모블록 징검다리를 한 개씩 건너면서 줄을 서는 반복적 경험을 할 수 있다. 또한 친구와 함께 규칙 있는 놀이를 하면서 같은 팀 친구들과 발맞춰 움직여 소속감을 느끼게 된다.

> 🔔 놀이를 통해 경험한 배움 요소
>
> - ◆ 신체운동·건강: 신체활동 즐기기 - 실내외 신체활동에 자발적으로 참여한다.
> - ◆ 사회관계: 더불어 생활하기 - 약속과 규칙의 필요성을 알고 지킨다.

▌해보세요

1 유아들과 함께 네모블록을 한 줄로 길게 징검다리처럼 둔다.
  · 네모블록을 하나 놓고, 일정거리를 띄우고 또 하나를 놓는다.
2 두 팀으로 나누어 줄 서서 징검다리를 양쪽 끝부터 건넌다.
3 두 팀이 서로 만나면, 맨 앞의 유아 두 명이 가위바위보를 한다.
4 [기초편] 이긴 팀은 징검다리를 밟고 지나가고, 진 팀은 자리를 양보하고 바닥으로 이동한다.
  · 팀의 선두를 자주 바꾸어 되도록 많은 유아들이 가위바위보를 해보도록 한다.
5 [응용편]
  ① 가위바위보에서 진 유아는 자기 팀의 맨 뒤로 간다.
  ② 이긴 팀 전체가 네모블록 1칸 앞으로 간다.
  ③ 진 팀의 두 번째 유아가, 이긴 팀과 가위바위보를 한다.
  ④ 놀이를 반복하여 상대 팀의 징검다리 끝에 먼저 도착한 팀이 이긴다.

▌이럴 땐 이렇게

- 징검다리를 건널 때, 유아들에게 양팔을 벌리고 이동하면 넘어지지 않고 균형을 잡을 수 있다는
  것을 안내한다.
- 징검다리를 유아들이 직접 만들어 설치하면 놀이에 더욱 몰입하게 된다.
- 네모블록 대신 유아용 평균대를 사용해도 좋다.
- 징검다리 중간에 장애물을 추가하여 놀이의 재미를 더할 수 있다.
  (파란색 보자기로 물웅덩이 만들기, 유니바 점프하기 등)

02 칙칙폭폭, 기차가 출발합니다

 동요 《장난감 기차(작곡 김영일, 작사 김숙경)》 음원, 정류장 깃발, 전자 호루라기, 궁금이 상자, 모든
유아의 이름이 하나씩 적힌 쪽지들, 밧줄 등

기준이 되는 유아를 중심으로 기차를 만들어봄으로써, 유아들이 자연스럽게 줄
을 서는 습관을 기르는 놀이이다. 교사가 줄을 서는 것을 지시적으로 가르치는
것이 아니라, 놀이를 통해 유아들이 저절로 습득하게 한다. 즐거운 마음으로 기
초 질서를 지키게 된 유아들은 이를 내면화하게 된다. 밧줄을 잡고 빠르게 혹은
천천히 가도록 속도를 조절하면서 이동함으로써 신체 조절력을 기를 수 있다.

> 🔔 놀이를 통해 경험한 배움 요소
>
> ◆ 신체운동·건강: 신체활동 즐기기 - 신체 움직임을 조절한다.
> ◆ 사회관계: 더불어 생활하기 - 약속과 규칙의 필요성을 알고 지킨다.

▌해보세요

1 유아가 궁금이 상자 안에 든 친구의 이름 쪽지를 하나 뽑아, 앞자리에서 운전할 유아를 선정한다.

2 교사의 호루라기 소리가 들리면, 운전하는 유아의 뒤로 유아들이 모인다.

3 앞사람의 어깨 위에 손을 올리고, 모든 유아가 준비되면 출발한다.

　• "우현이 기차가 출발합니다. 어서 모이세요~"

4 동요 《장난감 기차》를 함께 부르면서 움직인다.

5 정류장 깃발에 도착하면 멈추고, 내리고 싶은 유아는 자유롭게 내리고서 다시 출발한다.

　• 기차에서 내린 유아는 정류장 근처에 앉는다.

6 놀이가 익숙해지면, 놀이용 밧줄을 이용해서 기차를 만들어 놀이한다.

▌이럴 땐 이렇게

- 순서를 정할 때, 교사가 임의로 결정하기보다 유아들에게 직접 선두 주자를 뽑게 하면 공평하다고 느낀다.
- 위아래가 뚫린 상자를 끈으로 연결하여 유아들이 몸에 끼워 기차놀이를 해볼 수 있다.
- 색테이프를 이용해 유아들과 함께 기찻길 모양을 바닥에 만들어 놀이해본다.
- 학기 초, 교실 놀이영역을 알아볼 때 활용하면 좋다.
- 기차가 움직일 때, 친구의 어깨를 너무 세게 잡지 않도록 안내한다.
- 교사는 유아의 신체운동능력 발달수준에 따라 적절히 지원하며, 교사의 도움이 필요한 유아의 옆에서 함께 활동하며 도움을 준다.

03 모두 모두 문지기예요

준비물 (없음)

유아들은 "동, 동, 동대문을 열어라~ 남, 남, 남대문을 열어라~"라고 노래를 부르며 하는 전래놀이인 대문놀이를 즐거워한다. 이 놀이를 통해 유아들은 차례차례 줄을 서서 대문을 통과하는 방법을 경험하게 된다. 술래가 여러 명이 되면 통과할 수 있는 문도 여러 개가 되어, 놀이가 더욱 흥미롭게 변형된다.

놀이를 통해 경험한 배움 요소

- ◆ 사회관계: 더불어 생활하기 - 약속과 규칙의 필요성을 알고 지킨다.
  사회에 관심 가지기 - 우리나라에 자부심을 갖는다.

▌해보세요

1 2명의 유아가 문지기가 되어 서로 두 손을 맞잡고 올려 대문을 만든다.

2 나머지 유아들은 한 줄로 서서 함께 전래동요를 부르면서 대문을 통과한다.

   · ("동, 동, 동대문을 열어라~ 남, 남, 남대문을 열어라~ 12시가 되면은 문이 닫힌다~")

3 "문이 닫힌다~" 부분을 노래할 때, 문지기가 손을 내려 그 순간 지나가던 유아를 붙잡는다.

4 잡힌 유아들도 문지기가 되어, 손을 잡아 더 큰 대문을 만든다.

   · 큰 원 모양으로 손잡을 수도 있고, 둘씩 손잡은 대문을 여러 개 이을 수도 있다.

5 다시 동요를 부르며 대문놀이를 한다.

   · 문지기는 계속 늘어나고 대문도 점점 넓어진다.

6 마지막 유아가 잡히면 놀이는 끝난다.

▌이럴 땐 이렇게

- 문지기가 2명으로 고정된 기존 대문놀이를 충분히 경험한 후, 유아들이 익숙해지면 이 놀이를 실시한다.
- 대문을 통과하자마자 바로 뒤돌아서 들어오려는 유아들이 있으면, 서로 충돌하는 상황이 발생한다. 놀이상황에서 '가르침의 순간(Teachable Moment)'을 놓치지 않고 유아들과 함께 이야기를 나누어야 한다.
   "방금 지희와 희재가 부딪힐 뻔했네. 우리가 서로 부딪히지 않고 대문을 통과할 방법은 무엇일까요?"
- 처음 출발할 때는 교사가 맨 앞에 서서, 유아들에게 들어가는 방향과 나오는 방향이 어디인지 시범을 보일 수도 있다.

04 첫 번째는 누구?

준비물 랜덤 플레이통(티슈 케이스나 궁금이 상자), 유아들의 이름이 적힌 쪽지, 탁구공

줄 서기는 강당으로 이동할 때, 급식실에 갈 때, 통학버스를 탈 때 등 유아들의 일상에서 반복적으로 경험하는 일 중 하나이다. 줄을 잘 서는 것만으로도 안전 사고를 미연에 방지할 수 있다. 줄을 설 때 첫 번째 순서를 주기적으로 바꾸어 주면, 유아들은 줄 서기에 대해 긍정적 태도를 가지게 된다.

🔔 놀이를 통해 경험한 배움 요소

- ◆ 신체운동·건강: 안전하게 생활하기 - 일상에서 안전하게 놀이하고 생활한다.
- ◆ 자연탐구: 생활 속에서 탐구하기 - 주변에서 반복되는 규칙을 찾는다.

▌해보세요

첫 번째 순서를 정하는 유형	방법
1 번호 순서대로 바꾸기	• 생년월일이나 이름의 가나다 순서대로 1번부터 번호를 정해준다. • 요일별로 첫 번째가 될 번호를 번갈아 바꾼다. (월요일-1번, 화요일-2번, 수요일-3번, 목요일-4번, 금요일-5번, 다음 주 월요일-6번…)
2 랜덤 플레이통에서 뽑기	• 우리 반 유아들 이름이 적힌 쪽지를 랜덤 플레이통에 넣는다. • 쪽지 중에서 하나를 뽑는다. • 이름이 뽑힌 유아가 오늘의 '줄 서기 반장'이 된다.
3 탁구공 뽑기	• 탁구공에 유아의 이름이나 번호를 하나씩 쓴다. • 궁금이 상자에 탁구공을 모두 넣고, 하나를 뽑아 보여준다.
4 오늘 선두 유아가 내일 선두 될 유아 선택하기	• 오늘 줄의 선두 역할을 맡은 유아가 내일의 선두주자를 선택한다. • 릴레이식으로, 그날의 선두 유아가 다음 날 선두가 될 유아를 직접 고른다.

▌이럴 땐 이렇게

- 줄의 맨 앞에 서는 역할을 번갈아 맡는 것은 유아들에게 공평한 느낌을 경험하게 해준다.
- 번호 순서대로 줄 서기를 하면, 유아들이 놀이를 통해 숫자의 기수적 특성을 자연스럽게 배우게 된다.

  "오늘은 내가 1번이니까 첫 번째야. 내일은 2번이니까 네 차례야."

05 친구야, 쉿! 잘 들어보렴

준비물 동요 《친구야, 쉿!》 음원

일상생활 안전규칙을 동요로 배우면, 유아들은 놀이를 하거나 화장실에 가거나 계단을 오르내릴 때마다 자기도 모르게 흥얼거린다. 안전에 대한 내용을 유아들과 이야기 나누어본 후, 안전 규칙에 대해 스스로 생각해보도록 한다. 유아들과 토의하여 규칙을 정하면, 자신이 만든 규칙이므로 더 잘 지키려고 노력하는 모습을 볼 수 있다.

🔔 놀이를 통해 경험한 배움 요소

• 사회관계: 더불어 생활하기 - 약속과 규칙의 필요성을 알고 지킨다.
• 예술경험: 창의적으로 표현하기 - 노래를 즐겨 부른다.

▌해보세요

1 [사전 활동] 동요 《친구야, 쉿!》을 먼저 충분히 익힐 수 있도록, 자유놀이 시간이나 전이시간에 배경음악으로 들려준다.

2 동요 《친구야, 쉿!》을 노래 부르며, 가사에 맞게 손유희를 해본다.

3 우리가 지켜야 할 안전규칙에 대해 유아들과 토의한다.

· "친구들, 어떤 약속을 추가하면 좋을까요?"

4 가사를 유아들과 정한 안전약속으로 개사한다.

5 유아들과 개사한 내용에 맞게 율동을 만들어본다.

6 새롭게 만든 《친구야, 쉿!》 동요를 유아들과 함께 불러본다.

· "우리가 만든 가사와 동작을 함께 해볼까요?"

친구야 쉿

작곡·작사: 양이슬
개사: ○○반 친구들

친구야 쉿 잘 들어봐 저기 들리는 이야기
놀이터에서 지켜야 할 약속들이 있대
친구야 쉿 잘 들어봐 미끄럼틀을 탈 땐
거꾸로 가지 않고 계단으로 간단다
친구야 쉿 잘 들어봐 그네를 타고 싶을 땐
한 줄로 줄을 서서 차례를 기다리자

▌이럴 땐 이렇게

- 학기 초 3월에 기본 생활습관 형성을 위해 유아들과 함께 해보면 좋다.
- 놀이터 안전 약속을 개사하기 전, 동화책 『언제나 조심조심(생각연필, 도서출판대원, 2020)』 (원숭이 아저씨가 아롱이와 다롱이에게 놀이터에서의 안전을 지키는 방법을 알려주는 내용)을 읽으면 좋다.

06 자전거 면허증 OX퀴즈

준비물 　자전거 퀴즈 PPT, 스케치북 OX판, 자전거 면허증, 유아 사진

자전거 안전수칙에 대해 이야기 나눈 후, OX퀴즈를 통해 배운 내용을 다시 한 번 점검할 수 있는 놀이이다. OX퀴즈를 통과한 유아는 운전면허증을 발급받고 직접 자전거를 운전해보는 연속적 놀이로 연결할 수 있다.

🔔 놀이를 통해 경험한 배움 요소

　◆ 신체운동·건강: 안전하게 생활하기 - 교통안전 규칙을 지킨다.
　◆ 의사소통: 듣기와 말하기 - 상대방이 하는 이야기를 듣고 관련해서 말한다.

▍해보세요

1 자전거를 올바르게 타는 방법에 대해 이야기 나눈다.

2 자전거 안전수칙에 대한 OX퀴즈를 풀어본다.

 · (자전거 전용도로 사진) 이곳에서는 자전거를 탈 수 있다(O).

 · 찻길이나 도로에서 자전거를 타도 안전하다(X).

 · 횡단보도를 건널 때는 자전거를 타고 건넌다(X).

 · (헬멧, 무릎 보호대, 팔꿈치 보호대 사진) 이것은 자전거를 탈 때 필요한 물건이다(O).

 · ('자전거 통행금지' 표지판) 이 표지판은 자전거가 지나갈 수 있다는 표시이다(X).

 · ('천천히' 표지판) 이곳에서 자전거를 빠르게 타야 한다(X).

 · 자전거를 멈추게 하는 손잡이의 이름은 '브레이크'이다(O).

3 퀴즈를 5문제 이상 맞춘 유아에게 유아 자신의 사진을 붙인 자전거 면허증을 발급한다.

4 OX퀴즈에 나왔던 '자전거 통행금지', '천천히' 표지판을 크게 인쇄하여 바깥놀이터에 설치한다.

5 자전거 타기 전, 자전거 면허증을 확인하는 경찰과 자전거 운전자 역할놀이를 해본다.

6 유아들이 해당 표지판이 보이면 자전거를 유의하여 타도록 하는 체험중심 안전교육을 실시한다.

▍이럴 땐 이렇게

- 사전에 유아가 스케치북에 O표, X표를 직접 그리게 하여 준비해둔다.
- 패자부활전을 열어, 5문제 이상 맞추지 못한 유아에게 문제를 다시 풀 기회를 준다.
- 참고: 유튜브, "어어~ 꽝! 자전거, 안전하게 타야죠?", https://www.youtube.com/watch?v=bWRttM67Fc, (2019.06.05)

 행정안전부에서 제작한 영상이며, 유튜브에서 '자전거 안전교육'을 검색해도 찾을 수 있다.

07 약속카드에 꼭 꼭 약속하자

준비물 4절지 2장, 8절지를 ¼ 크기로 자른 종이, 네임펜, 네임스티커

갈등상황이 일어났을 때, 교사가 개입하여 해결책을 제시하기보다는 유아들끼리 서로 의견을 나누고 해결방안을 찾아볼 수 있도록 환경을 만들어주는 것이 중요하다. 유아가 직접 약속을 적어 약속판으로 만들고, 자신이 지키고자 하는 약속에 네임스티커를 붙여보는 놀이이다.

놀이를 통해 경험한 배움 요소

- ◆ 의사소통: 듣기와 말하기 - 자신의 경험, 느낌, 생각을 말한다.
- ◆ 사회관계: 더불어 생활하기 - 약속과 규칙의 필요성을 알고 지킨다.

▎해보세요

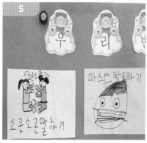

1 교실에서 일어난 문제상황을 이야기한다.
  - "오늘 영훈이가 친구랑 부딪혀서 이마가 빨갛게 된 일이 있었어요. 왜 그런 일이 일어났을까?"
    ("교실에서 달렸어요."/ "앞을 안 보고 갔어요.")
    "그러면 교실에서는 어떤 약속을 지키면 좋을까?"

2 우리 교실에서 필요한 안전규칙에 대해 이야기 나눈다.
  - 교실과 복도에서 걸어 다니기, 친구 놀잇감 빼앗지 않기, 쓰레기는 쓰레기통에 버리기, 의자에
    바르게 앉기, 사용한 놀잇감을 제자리에 정리하기, 음식 먹기 전에 손을 깨끗이 씻기 등

3 유아들은 8절지를 ¼ 크기로 자른 종이 중 원하는 색을 선택하여 가져간다.

4 유아들은 교실에서 지켜야 할 약속을 그림이나 글로 표현한다.

5 완성된 약속카드를 약속판에 붙인다.

6 유아는 약속카드 중 자신이 지키고 싶은 약속을 선택하여 네임스티커를 붙인다.

▎이럴 땐 이렇게

- 교실에서 실제 일어난 문제상황을 주제 삼아 유아들과 토의하면, 왜 약속을 만들어야 하는지 알게
  되고 약속을 지켜야 하는 동기를 부여할 수 있다.
- 4절지 2장을 길게 연결하여 붙이면 약속판 길이로 적당하다.
- 만 3세라면 다양한 상황그림을 제시하여 종이에 붙인 후, 약속 내용을 교사가 받아써 준다.
- 참고: 3세 누리과정 교사용 지도서 1. 총론, 유치원/어린이집과 친구 - 활동 15. 우리 반에서는 어
  떤 규칙을 지켜야 할까요?(p.134~136)

08 멈추세요! 움직이세요! 신호등놀이

준비물 빨간 깃발, 초록 깃발

보행자 신호등에 보이는 빨간색과 초록색의 의미를 생각하면서 할 수 있는 놀이이다. 술래가 빨간색 깃발을 들면 움직임을 멈추고, 초록색 깃발을 들면 움직인다. 술래의 동작을 잘 보고 행동해야 하므로, 높은 집중력과 함께 지시에 맞는 동작을 빠르게 해내며 순발력을 향상시킬 수 있다. 또한, 지시에 맞게 움직이면서 자기 몸을 조절하는 능력도 기를 수 있다.

🔔 놀이를 통해 경험한 배움 요소

◆ 신체운동·건강: 안전하게 생활하기 - 교통안전 규칙을 지킨다.
◆ 사회관계: 더불어 생활하기 - 약속과 규칙의 필요성을 알고 지킨다.

▌해보세요

1 유아들은 동그랗게 모여서 술래를 정한다.

2 술래가 원 가운데에 들어가서 깃발을 들고 선다.

3 나머지 유아들은 노래를 부르며 한 방향으로 돈다.

4 술래가 빨간 깃발을 들면 모두 멈추고, 초록 깃발을 들면 모두 움직인다.

　　· 깃발을 천천히 흔들면 천천히, 빨리 흔들면 빠르게 돈다.

　　· 술래가 원하는 조건에 맞게 움직인다.

　　　("지렁이처럼 기어가세요.", "원숭이처럼 걸어가세요.", "점프하세요." 등)

5 신호 약속을 지키지 못한 유아는 원 밖으로 나온다.

▌이럴 땐 이렇게

- 깃발 만드는 방법

　① 색종이(빨간색, 초록색)와 수수깡 2개를 준비한다.

　　· 수수깡이 잘 부러질 수 있으므로, 수수깡 2개를 이어 붙이거나 행사용 풍선 막대를 활용해도 좋다.

　② 색종이에 유아의 이름을 쓰거나, 유아 각자 자기만의 기호를 표시한다.

　③ 수수깡 윗부분에 테이프를 사용하여 색종이를 붙인다.

- 놀이를 시작하기 전에 신호등에 대한 사전경험을 나누고, 색에 따른 의미를 함께 알아보는 것도 좋다. 놀이가 끝난 후, 신호등이 필요한 이유를 생각해본다.

09 꼼지락꼼지락 터널 통과하기

준비물 일자 터널 2~3개, 호루라기, 신나는 동요 음원(《아기상어》, 《꿀벌의 여행》) 등

터널은 유아들이 좋아하는 놀이자료 중 하나이다. 터널 안을 통과할 때, 앞의 친구를 추월해서 가려고 하면 앞의 친구와 부딪히게 된다. 터널을 안전하게 통과하기 위해서는 차례를 지키고, 기다려야 하는 것이다. 놀이를 통해 유아들은 자연스럽게 질서를 지킬 필요성을 느끼게 된다.

🔔 놀이를 통해 경험한 배움 요소

- ◆ 신체운동·건강: 신체활동 즐기기 - 기초적인 이동운동, 제자리 운동, 도구를 이용한 운동을 한다.
- ◆ 사회관계: 더불어 생활하기 - 약속과 규칙의 필요성을 알고 지킨다.

해보세요

1 안전사고 예방을 위해 터널에서 들어가는 곳과 나오는 곳을 미리 유아들과 정한다.

2 교사의 호루라기 소리가 들리면, 유아는 한 명씩 터널로 들어간다.

3 앞 친구와 충분한 거리를 유지하면서, 다음 유아가 터널 안으로 들어간다.

4 [응용편1] 십자형 터널 놀이

　① 십자형 터널의 입구 4곳 중에서 유아가 원하는 곳으로 들어간다.

　③ 친구와 터널 가운데 지점에서 만나면 가위바위보를 한다.

　③ 이긴 유아는 가고 싶은 방향을 선택한다.

　④ 진 유아는 남은 세 군데 방향 중에서 원하는 곳으로 간다.

5 [응용편2] 터널 까꿍 놀이

　① 터널을 세로 방향으로 세운 후, 차렷 자세로 선 유아의 머리 위에서 내린다.

　③ 터널 안에는 접어서 보관하기 위한 스프링이 들어 있는데, 이를 이용해 터널을 접었다 편다.

　③ 접고 펼 때마다 유아의 얼굴이 보였다가 사라지기가 반복된다.

이럴 땐 이렇게

- 터널을 통과하는 놀이를 충분히 한 후, 유아들이 제안하는 터널놀이도 해볼 수 있다.

　• 뒤로 누워서 통과하기: 앞으로 통과할 때는 팔과 다리의 힘을 사용했는데, 뒤로 통과할 때는 등
과 엉덩이와 발의 미는 힘을 사용하는 모습을 볼 수 있었다.

　• 터널과 함께 구르기: 터널 안에서 자신의 몸을 이용해서 좌우로 구른다. 터널 자체가 움직이기
때문에 밖에서 구경하는 유아도 즐거워한다.

10 지진대피훈련을 해요

준비물 사이렌 소리 음원, 가방이나 방석

지진대피훈련은 재난안전교육에 반드시 포함되어 있을 정도로 중요한 훈련이다. 왜 지진이 일어나는지, 지진이 났을 때 어떻게 해야 하는지 이야기 나누기한 후, 직접 대피훈련을 해본다. 위기상황일수록 질서를 지키는 것이 더욱 중요하다. 교실 밖으로 대피할 때 친구를 밀거나 서로 나가려고 하지 않고, 질서를지켜 한 사람씩 나가면 더 빨리 안전하게 이동할 수 있다는 점을 알려준다.

🔔 **놀이를 통해 경험한 배움 요소**

- 신체운동·건강: 안전하게 생활하기 - 안전사고, 화재, 재난, 학대, 유괴 등에 대처하는 방법을 경험한다.
- 의사소통: 듣기와 말하기 - 상황에 적절한 단어를 사용하여 말한다.

▌ 해보세요

1 지진에 대해 유아들과 함께 알아본다.

2 지진이 일어났을 때 대처할 방법에 대해 이야기 나눈다.
   ① 가방, 이불, 방석 등으로 머리와 몸을 보호한다.
   ② 책상, 탁자, 식탁 밑처럼 안전한 곳으로 이동한다.
   ③ 다리를 꼭 붙잡는다.
   ④ 흔들리지 않고 조용해지면, 잠시 기다렸다가 밖으로 나온다.

3 지진 상황을 재연하여 연습해볼 것임을 유아에게 알린다.

4 교사가 사이렌 소리를 울리면, 유아는 자기 가방을 가져와서 머리를 보호한다.

5 유아는 교실 책상 밑, 피아노 밑, 탁자 밑 등 안전한 곳으로 숨는다.

6 사이렌 소리가 멈추면 유아들은 차례차례 줄을 서서 교실 밖으로 대피한다.

7 지진대피훈련을 평가한다.

▌ 이럴 땐 이렇게

- 실제 사이렌 소리를 들려주면 지진대피훈련을 실감나게 진행할 수 있다.
- 유아들이 재난상황에 대해 너무 두려워하지 않도록 안내한다.
- 지진 발생 시 취해야 할 안전한 자세를 교사가 직접 시범을 보이며 안내한다.
- 참고: 3세 누리과정 교사용 지도서 5. 건강과 안전 – 활동 7. 바닥이 흔들리면 어떻게 할까
  요?(p.187~189)

03

바른 식습관을 만들어요

1. 행동 유형
- 채소류, 과일류, 콩류, 김치를 잘 먹지 않는 행동
- 인스턴트식품이나 과자만 즐겨 먹는 행동
- 좋아하는 음식만 많이 먹는 행동
- 우유나 땅콩 등 특정 음식에 알레르기가 있는 경우
- 음식을 자주 흘리거나 손으로 먹는 행동

2. 원인
- 이유식을 먹이는 생후 4~6개월 이후는 분유나 모유가 아닌 식품을 처음 경험하는 시기로, 매우 중요하다. 이때 다양한 식품을 경험하지 못했거나, 잘못된 조리법으로 만든 이유식을 섭취했다면 편식[2]을 하게 될 수 있다.
- 좋아하는 음식만 자주 먹거나, 다양한 음식을 먹어보지 못해서일 수 있다.
- 먹기 싫은 음식을 억지로 강요당하여 먹고 나서, 구토나 복통 등을 일으킨 경험이 있을 수 있다.
- 간식을 지나치게 많이 먹었다면, 공복감을 느끼지 못해 식욕이 감소할 수 있다.
- 부모가 편식을 하는 경우, 부모가 싫어하는 식품을 경험할 기회가 적어 유아에게도 편식이 유발될 수 있다.
- 음식의 색감이나 질감에 거부반응을 보일 수 있다.
- 숟가락이나 젓가락 사용법이 서투르기 때문일 수 있다.

3. 지도 방법

유아기의 식습관은 평생 지속될 수 있어, 이 시기부터 바른 식습관이 형성되어야 한다.

유아기는 지속적 성장과 활동량의 증가로 인해 영양 섭취가 매우 중요한 시기이다. 유아에게 필요한 에너지 요구량은 나이, 성별, 신체 발달, 기초대사량, 활동량 등에 따라 다르지만, 일반적으로 3~5세는 1,400㎉를 필요로 하는 것으로 추정된다(신은수·강금지·유희정, 2009[3]).

알레르기 음식에 대한 사전 조사가 이루어져야 한다.

우유를 마시면 설사를 하는 유아도 있고, 땅콩을 먹으면 빨간 두드러기가 나고 숨이 잘 안 쉬어지는 유아도 있다. 입학 전 면접이나 사전 설문조사를 통해 '유아가 알레르기 반응을 일으키는 음식'을 미리 파악하는 것이 중요하다.

요리나 음식 관련 놀이를 통해 음식과 친숙해질 수 있는 기회를 자주 마련한다.

요리활동을 통해 유아가 음식에 관심을 갖도록 유도하고, 유아 스스로 참여하여 즐거움을 느낄 수 있게 한다. 유아는 만들고 꾸민 음식을 자랑스러워하며, 평소에 싫어하던 재료도 맛볼 기회를 가지게 되어 자연스럽게 섭취할 수 있다.

과일과 채소의 특징에 관심을 가지고, 그와 관련되어 유아 자신의 경험·생각·느낌을 친구에게 수수께끼로 내는 빙고놀이를 해볼 수 있다. 처음에는 개별적으로 일대일 퀴즈를 내다가, 익숙해지면 모둠으로 협력하여 문제를 내고

....

2. 특정 음식을 잘 먹지 않거나 특정 식품군을 전혀 먹지 않으려는 행동

3. 권정윤·안혜준·송승민·권희경, 『유아생활지도』, 학지사, 2013, p.251

맞힐 수 있다.

동요 《무지개 야채》를 들으며 조건에 해당되는 색을 가진 과일과 야채를 찾아보기, 손유희 '맛있는 박수'를 하며 음식과 음식이 아닌 것을 구분해보기, 얇고 딱딱한 미역을 물에 넣고 변화과정 관찰하기, 앞면에 오이 그림과 뒷면에 당근 그림이 붙어 있는 카드를 우리 팀이 고른 그림이 더 많이 보이도록 뒤집기, 다양한 과일과 채소 모형을 그릇에 숟가락으로 옮기기를 해볼 수 있다.

유아가 특정 음식을 싫어할 때는 단계를 나누어 접근하도록 한다.

숟가락을 대는 것부터 시작해서 냄새를 맡게 하고, 조금 맛을 보거나 입에 넣고 씹어보는 순서로 천천히 진행한다.

싫어하는 음식을 조금씩 먹여 점차 길들도록 지도하고, 식사 전처럼 배가 고플 때 먹인다. 잘게 썰거나 조리 방법을 바꾸어서 식감에 변화를 주고 먹여본다. 유아교육기관이나 가정에서, 유아 주위의 사람들이 유아가 싫어하는 음식을 맛있게 먹어 보이는 것도 좋다. 이 과정에서 주의할 점은, 싫어하는 유아에게 음식을 무리하게 먹이면 오히려 더한 편식을 조장하기 쉬우므로 조심스럽게 접근해야 한다는 것이다.

유아에게 식사시간이 즐겁게 느껴지도록 한다.

유아가 좋아하는 그릇이나 예쁜 그릇을 사용하고, 식욕을 자극할 만큼 경쾌한 음악을 틀거나 색깔이 알록달록한 식탁보를 깔아주는 것도 한 가지 방법이다.

평소에 바깥놀이나 대근육 신체활동을 통해 식욕을 회복하거나 에너지를 소비하도록 한다.

유아의 운동량을 증가시켜 에너지의 균형을 유지하고 식욕을 증진시킨다.

유아가 평소에 바깥놀이를 통해 넓은 공간에서 많이 걷거나 뛰도록 하고, 가능한 한 재미있게 자발적으로 참여할 수 있는 대근육 신체활동을 실시하도록 한다.

간식은 규칙적 시간에 적당한 양을 먹도록 하고, 가능한 한 인스턴트식품 섭취를 줄인다. 인스턴트식품 간식에 익숙해지면, 식사를 기피하여 편식성향을 보이거나 지나친 당질 섭취로 비만이 될 수 있다.

유아의 편식을 너무 걱정하여 입맛 자체를 강제로 바꾸려고 하면 역효과를 부를 수 있다. 편식에 대해 교사나 부모가 신경을 쓸수록 유아는 음식에 대해 거부감을 갖게 되고 점차적으로 편식이 더 심해질 수 있다. 우선 체중과 키를 재보아 발육이 나쁘지 않으면, 너무 걱정할 필요는 없다. 성장함에 따라서 섭취하는 식품의 종류가 증가하고 선호하는 맛도 변하기 때문이다[4].

※ 잠깐만요! 편식 관련 동화책 추천 TIP

『밥 한 그릇 뚝딱!』, 글 · 그림 이소을, 상상박스, 2009
『편식대장 냠냠이』, 글 미첼 샤매트, 그림 호세 아루에고·아리안 듀이, 보물창고, 2008
『방귀 공주의 비밀』, 글 장기선, 그림 최은영, 아람교육, 2017
『도와줘요 보글냠냠 요리사』, 글 조재은, 그림 김언희, 애플비, 2011
『마법식당(나와라, 황금똥!)』, 글 · 그림 김진희, 비룡소, 2017
『당근 먹는 티라노사우루스』, 글 스프리티 프라사담 홀스, 그림 카테리나 마놀레소, 풀과바람, 2016

....
4. 두산백과(doopedia), "편식", https://terms.naver.com/entry.nhn?docId=1157973&cid=40942&categoryId=32097

01 친구랑 과일·채소 빙고놀이

준비물 과일과 채소 모형 8종류(포도, 당근, 사과, 배, 오렌지, 무, 감자, 배추), 3x2칸 빙고판, 노란 바구니, 신호 벨이나 호루라기

유아들이 놀이로 과일이나 채소를 자주 접하면 식탁에서도 친숙해질 수 있다. 과일과 채소의 특징에 관심을 가지고, 그와 관련된 자신의 경험·생각·느낌을 토대로 하여 친구에게 수수께끼를 내고 맞히는 놀이이다.

🔔 놀이를 통해 경험한 배움 요소

- 신체운동·건강: 건강하게 생활하기 - 몸에 좋은 음식에 관심을 가지고 바른 태도로 즐겁 게 먹는다.
- 자연탐구: 탐구과정 즐기기 - 궁금한 것을 탐구하는 과정에 즐겁게 참여한다.

▌해보세요

1 [사전활동] 과일이나 채소의 실물을 탐색해본다.

　• 오감(五感)을 활용하여, 과일과 채소의 특징을 알아본다.

　• 과일과 채소의 어떤 점이 우리 몸에 좋은지도 설명한다.

2 두 유아가 각자 빙고판을 가지고, 원하는 과일과 채소를 바구니에서 가져와 칸마다 놓는다.

3 문제를 먼저 낼 유아를 정한다.

4 유아가 자기 빙고판의 과일·채소 중 하나에 관해 수수께끼를 낸다.

　• ("이것은 채소야. 땅속에서 자라.", "주황색이고 길쭉해.", "먹으면 눈이 좋아져. 이것은 무엇일까?")

5 신호벨 소리가 울리면, 두 유아는 정답이라고 생각하는 모형을 동시에 든다.

　• 정답을 맞히면, 노란 바구니에 그 모형을 담는다.

　• 틀렸으면 각자 빙고판의 원래 자리에 모형을 다시 내려놓는다.

6 역할을 바꾸어 문제를 낸다.

7 자신의 빙고판에서 과일·채소가 전부 사라지면 "빙고~!"라고 외친다.

　• 먼저 빙고판을 비우는 유아가 이긴다.

▌이럴 땐 이렇게

- [사전활동]에서 반으로 자른 과일과 자르지 않은 과일을 준비하여 유아가 과일의 겉과 속을 비교
  하여 탐색해볼 수 있도록 한다.
- 익숙해지면 3x3칸 빙고판으로 칸을 늘려서 해볼 수 있다.

02 모두 함께 과일 · 채소 빙고놀이

준비물 과일과 채소 모형 8종류(포도, 당근, 사과, 배, 오렌지, 무, 감자, 배추 등), 3x2칸 빙고판, 노란 바구니, 호루라기

짝꿍과 하는 과일 · 채소 빙고놀이가 익숙해지면, 모둠으로 협력하여 해볼 수 있다. 다른 팀의 유아가 낸 수수께끼에 맞는 정답을 친구들과 토의하여 결정하는 것은, 민주적으로 의사를 결정하는 좋은 경험이 될 것이다.

🔔 **놀이를 통해 경험한 배움 요소**

- 사회관계: 더불어 생활하기 - 친구와의 갈등을 긍정적인 방법으로 해결한다.
- 자연탐구: 탐구과정 즐기기 - 탐구과정에서 서로 다른 생각에 관심을 가진다.

▌해보세요

1 유아들을 4팀으로 나눈 후, 빙고판 주변에 팀별로 앉는다.
- 각 팀 인원은 학급 전체 인원에 따라 조정하며, 자리마다 미리 번호를 붙인다.

2 각 모둠의 유아들은 원하는 과일·채소 모형을 1개씩 모둠 빙고 판에 둔다.
- 자리 번호 순서대로, 모둠 내에서 모형 종류가 겹치지 않도록 골라온다.
  "모둠의 1번 유아들 나오세요. 앞에 놓인 과일·채소 중에서 원하는 것을 가져갑니다."

3 한 모둠의 1번 유아가 일어나서, 자기 모둠의 과일·채소 중 1개에 관한 수수께끼를 낸다.
- ("이것은 과일이야. 보라색이고 안에 씨가 있어. 알갱이가 아주 많아. 이것은 무엇일까?")

4 다른 모둠 유아들은 모둠 친구들과 정답을 토의한다.
- 호루라기가 울리면, 정답이라고 생각하는 과일·채소를 동시에 위로 든다.

5 문제를 낸 유아는 정답을 말하면서 정답 모형을 보여준다.
- 맞힌 모둠은 노란 바구니에 그 모형을 넣는다.
- 틀린 모둠은 빙고판 자리에 모형을 그대로 둔다.

6 각 모둠의 유아들이 번호순으로 돌아가며 수수께끼를 낸다.

7 빙고판의 과일·채소를 모두 없앤 팀이 "빙고~!" 하고 외치면 게임이 끝난다.

▌이럴 땐 이렇게

- 교사는 한 유아가 정답을 결정하기보다는, 같은 팀 유아들이 서로 토의하여 모두가 합의하는 정답을 결정할 수 있도록 격려하고 지원한다.

03 몸에 좋은 음식을 찾아요

준비물 과일·채소·인스턴트식품·과자 등이 그려진 놀이판(몸에 좋지 않은 음식을 누르면 방귀소리가 남)

어린이급식지원센터[5]에서 순회 방문교육으로 하는 활동이다. 위생·안전 및 영양 교육 중 원하는 교육을 신청하면, 날짜를 조정하여 유아교육기관에 방문해 준다. 지역사회와의 연계를 통한 교육으로 활용하면 매우 유용하다.

🔔 놀이를 통해 경험한 배움 요소

◆ 신체운동 · 건강: 건강하게 생활하기 - 몸에 좋은 음식에 관심을 가지고 바른 태도로 즐겁게 먹는다.
◆ 자연탐구: 생활 속에서 탐구하기 - 일상에서 모은 자료를 기준에 따라 분류한다.

....
5. https://ccfsm.foodnara.go.kr, 「어린이 식생활안전관리 특별법」에 근거하여 설립된 기관.

 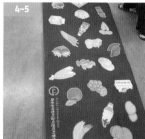 

1 유아가 좋아하는 음식에 대해 이야기 나눈다.

2 유아들이 좋아하는 음식을. 몸에 좋은 것과 그렇지 않은 것으로 나누어본다.

　• 바나나, 복숭아, 아이스크림, 초콜릿, 딸기, 옥수수, 사탕, 고구마, 당근, 우유, 케이크, 감자 등을
　　기준에 맞게 분류한다.

　"우리가 이야기한 음식 중에서 몸에 좋은 음식은 어떤 것일까요?"

　"몸에 좋지 않은 음식은 어떤 것일까요? 왜 그렇게 생각했나요?"

3 몸에 좋지 않은 음식을 조금만 먹어야 하는 이유를 알아본다.

　• 소화가 잘 되지 않는다, 영양소의 불균형이 생긴다 등

4 유아는 1명씩 놀이판 출발선 앞에 선다.

5 놀이판에서 몸에 좋은 음식을 찾아 발로 밟는다.

　• 놀이판에서 몸에 좋지 않은 음식을 밟으면 방귀소리가 난다.

6 놀이를 회상하고 평가한다.

　• "우리 몸을 건강하게 해주는 음식은 어떤 것들이 있었나요?"

▌ 이럴 땐 이렇게

- 인터넷에 '어린이급식관리지원센터'를 검색하면 홈페이지가 나온다. 홈페이지 오른쪽 하단의 해
  당지역 탭을 클릭하면, 그 지역의 급식관리지원센터 홈페이지로 연결된다. '교육신청' 탭에서 신청
  하거나, 전화상담으로 우리 유아교육기관에 맞는 교육이 있는지 확인한 후 신청하면 된다.

04 싹둑싹둑 컵 샐러드

준비물 그림책 『난 토마토 절대 안 먹어(로렌 차일드. 국민서관, 2001)』, 일회용 투명컵, 바나나 ½토막, 방울토마토 3개, 귤 ½개, 식빵 ½조각, 요플레 생크림맛, 작은 과자류, 꽃이용 포크, 도마, 빵칼, 앞치마 등

유아들이 좋아하지 않는 음식에 나만의 이름을 붙이고 의미를 부여하면, 그런 음식도 맛있게 먹게 되는 경우가 있다. 그림책 『난 토마토 절대 안 먹어』의 롤라는 절대 안 먹겠다고 하던 토마토에 '달치익쏴아'라는 이름을 지어준 후, 좋아하게 된다. 유아들이 이 동화처럼 과일과 채소에 맛있어지는 마법의 이름을 붙이고 컵 샐러드를 만들어보는 놀이이다.

🔔 **놀이를 통해 경험한 배움 요소**

- ◆ 신체운동 · 건강: 건강하게 생활하기 - 몸에 좋은 음식에 관심을 가지고 바른 태도로 즐겁게 먹는다.
- ◆ 의사소통: 책과 이야기 즐기기 - 책에 관심을 가지고 상상하기를 즐긴다.

▌ 해보세요

1 [사전활동] 그림책 『난 토마토 절대 안 먹어』를 함께 읽고, 내용을 회상한다.

　• "롤라가 싫어하는 음식은 어떤 것들이 있었나요?"

　"오빠는 롤라가 싫어하는 음식에 어떤 이름을 붙여주었나요?"(당근-오렌지뿅가지뿅, 콩-초록방울 등)

2 다양한 과일과 채소를 탐색해보며, '맛있어지는 마법의 이름'을 붙여준다.

　• 방울토마토-방구르르, 바나나-슈슈슝바, 귤-알알이 등

3 준비된 재료를 컵 안에 넣고 샐러드를 만들어본다.

　① 식빵을 손으로 잘게 찢어서 일회용 컵에 넣는다.

　② 바나나, 방울토마토, 귤을 도마 위에 놓고 먹기 좋게 자른 다음 컵에 넣는다.

　③ 꽂이용 포크에 과일을 원하는 순서대로 꽂는다.

　④ 요플레를 과일 위에 뿌린다.

　⑤ 손톱 정도로 작은 크기의 과자나 초콜릿을 토핑으로 얹는다.

　⑥ 맛있게 먹는다.

4 요리를 마친 후 느낌을 이야기해본다.

▌ 이럴 땐 이렇게

- 유아들의 선호도가 낮은 과일과 야채를 파악하여, 요리 재료에 포함한다(오이, 파프리카 등).
- 놀이하기 전에 빵칼을 사용할 때의 안전 약속을 이야기 나눈다.
- 싫어하는 과일이나 채소를 먹으려면 단계를 밟아가야 한다. 알아보며 친해지기 → 냄새를 맡거나 만져보기 → 먹어보기 순서로 접근하는 것이 좋다.

05 무지개 야채를 찾아라

준비물 동요 《무지개 야채(티피하파, 키드키즈)》 음원, 다양한 색깔의 과일이나 야채 모형, 바구니 여러 개

동요 《무지개 야채》를 들으면서 조건에 해당되는 색을 가진 과일과 야채를 찾아보는 놀이이다. 다양한 과일과 야채의 색에 따른 분류를 통해, 색과 영양소에 대해 호기심을 가지고 탐구해보는 좋은 경험이 될 것이다.

🔔 놀이를 통해 경험한 배움 요소

- ◆ 예술경험: 건강하게 생활하기 - 몸에 좋은 음식에 관심을 갖고 바른 태도로 즐겁게 먹는다.
- ◆ 자연탐구: 생활 속에서 탐구하기 - 일상에서 모은 자료를 기준에 따라 분류한다.

▌해보세요

1 동요 《무지개 야채》를 함께 듣고 불러본다.
  • "야채의 여러 가지 색을 표현한 노래가 있단다. 함께 들어볼까요?"

    아삭아삭 토마토는 무지개의 빨간색
    오독오독 당근은 무지개의 주황색….

2 주변의 다양한 색깔을 가진 야채나 과일에 대해 이야기 나눈다.
  • "토마토 말고 빨간색 야채(과일)는 무엇이 있을까요?"

3 매트 가운데에 야채(과일) 모형을 흩어놓는다.

4 빨간색 과일과 야채를 찾도록 안내한다.
  • "잎새반 친구들, 빨간색 야채(과일)를 찾아볼까요?"
  • 찾은 야채(과일)는 '빨간색'이라는 글자를 붙여둔 바구니에 넣는다.

5 주황색 야채(과일)를 찾도록 안내하고, '주황색'이라는 글자를 붙여둔 바구니에 넣게 한다.
  • 노란색, 초록색 등 여러 가지 색으로 제시하여 놀이한다

▌이럴 땐 이렇게

- 다양한 색의 과일과 야채마다 몸에 좋은 영양소를 각각 다르게 가지고 있다는 것을 먼저 이야기
  나눈 후 활동하면 좋다.
- 놀이할 때 동요 《무지개 야채》를 BGM으로 틀어준다.
- 노래에는 나오지 않지만, 다른 색깔을 추가하여 과일과 야채를 찾을 수 있다.

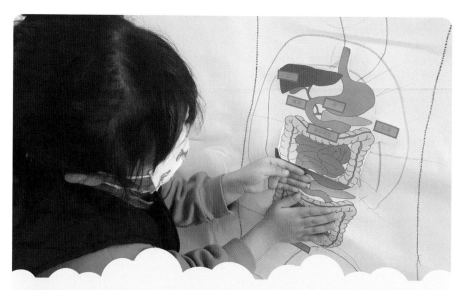

06 우리 몸속 소화과정을 알아보아요

준비물 그림책 『방귀공주의 비밀(장기선, 아람출판사, 2017)』, 전지, 색연필, 사인펜, 매직, 크레파스

『방귀공주의 비밀』은 음식의 소화과정을 다룬 이야기이다. 아름다운 공주님은 고약한 냄새의 방귀를 많이 뀌어 청혼을 하러 온 왕자님들이 모두 도망쳤다. 임금님의 부탁을 받은 젊은이가 채소 위주의 식단과 천천히 먹는 습관을 통해 공주의 문제를 해결한다.

🔔 놀이를 통해 경험한 배움 요소

- ◆ 신체운동 · 건강: 건강하게 생활하기 - 몸에 좋은 음식에 관심을 가지고 바른 태도로 즐겁게 먹는다.
- ◆ 예술경험: 창의적으로 표현하기 - 다양한 미술 재료와 도구로 자신의 생각과 느낌을 표현한다.

▌해보세요

  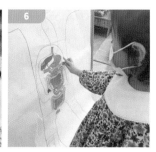

1 그림책 『방귀공주의 비밀』을 읽어준다.

2 동화를 회상하며, 음식의 소화과정을 유아들과 함께 알아본다.
  • "우리가 먹은 음식이 어디로 이동했나요?"(식도, 위, 작은창자, 큰창자 등)
    "방귀공주의 방귀는 왜 냄새가 심했나요?"
    "방귀 공주가 어떤 음식을 먹으니, 소화가 잘 되었나요?"(채소 위주)

3 전지에 누워 모델이 될 유아 2명을 정한다.

4 나머지 유아들은 모델 친구 몸의 형태를 따라 그려본다.

5 얼굴과 눈·코·입도 그리고, 몸 안의 소화과정을 그림이나 글로 표현한다.
  • 만 3세는 소화과정의 사진이나 그림을 교사가 출력하여, 유아에게 붙여보도록 한다.

6 다 그린 그림을 보고 친구들과 이야기 나눈다.

▌이럴 땐 이렇게

- 완성된 그림을 전시할 곳을 유아들과 함께 토의한다.
- 유튜브에서 '방귀공주의 비밀'을 검색하여 아람에서 제작한 동화 애니메이션을 활용할 수 있다.
- 확장활동으로 '건강한 똥' 책 만들기를 해본다. 색지를 똥 모양으로 자른 후, 소화가 잘되는 음식들
  을 그림과 글로 표현해본다.
- 참고: 5세 누리과정 교사용 지도서 5. 건강과 안전 - 활동 7. '방귀공주의 비밀'(p.134~136)

07 아잉~, 맛있는 박수 짝짝!

준비물 (없음)

유아들과 함께 '음식(먹을 수 있는 것)'과 '음식이 아닌 것(먹을 수 없는 것)'을 구분해보는 손유희이다. 유아들이 단어를 서로 주고받으면서 놀이하므로 '상호작용 손유희'라고도 한다. 반드시 음식 이름만 이야기해야 하는 놀이가 아니며, 유아들이 음식과 음식이 아닌 것을 자유롭게 말하면서 즐겁게 분류개념을 확인하도록 진행한다.

 놀이를 통해 경험한 배움 요소

◆ 의사소통: 듣기와 말하기 - 상대방이 하는 이야기를 듣고 관련해서 말한다.
◆ 자연탐구: 탐구과정 즐기기 - 탐구과정에서 서로 다른 생각에 관심을 가진다.

▍해보세요

1 유아들과 교사가 함께 동그랗게 앉는다.

2 음식과 음식이 아닌 것에 대해 이야기 나눈다.

• "음식은 어떤 것들이 있나요?"(사과, 바나나, 아이스크림, 밥, 국, 김치, 오이 등)

"우리 교실에서 음식이 아닌 것은 무엇이 있을까요?"(시계, 책상, 텔레비전, 매트, 장난감 등)

3 교사가 "맛있는 박수!"라고 놀이 명칭을 부르면, 유아들은 "냠냠!" 하고 박수를 두 번 친다.

4 교사가 음식을 한 가지 말하면, 유아들은 "냠냠!" 하고 박수를 두 번 친다.

5 교사가 음식이 아닌 것을 한 가지 말하면, 유아들은 "아잉~" 하고 두 팔과 어깨를 흔든다.

6 교사 옆에 앉은 유아가 음식과 음식이 아닌 것 중에 한 가지를 말하고, 유아들은 그 분류에 따라 다르게 반응한다.

• "빵!"("냠냠!", 박수 두 번)

• "의자!"("아잉~", 두 팔과 어깨 흔들기)

7 그 옆의 유아로 이어지고, 마지막 유아까지 순서대로 돌아가면서 반복한다.

▍이럴 땐 이렇게

- '음식'에 관한 주제 외에도 '곤충 박수', '동물 박수', '교통기관 박수'로 변형하여 놀이할 수 있다.

  예: 곤충 박수 "거미!"("짝짝!", 박수 두 번), "미끄럼틀!"("아잉~", 두 팔과 어깨 흔들기)

  동물 박수 "원숭이!"("짝짝!", 박수 두 번), "장미!"("아잉~", 두 팔과 어깨 흔들기)

08 나도 냠냠, 친구도 냠냠

준비물 유아들의 얼굴 사진, 그릇, 여러 가지 과일과 채소 모형, 숟가락 2개, 종

소근육을 조절하여 음식 모형을 옮기고, 숟가락을 바르게 사용해보는 경험을 해볼 수 있다. 내 얼굴 사진이 붙은 그릇에 과일과 채소 모형을 옮기면서, 유아들은 원래 먹지 않았던 음식들에도 조금씩 친숙해진다. 이 놀이를 통해 유아들은 다양한 과일과 채소에 관심을 가지게 된다.

 놀이를 통해 경험한 배움 요소

- 신체운동·건강: 건강하게 생활하기 - 몸에 좋은 음식에 관심을 가지고 바른 태도로 즐겁게 먹는다.
- 의사소통: 듣기와 말하기 - 자신의 경험, 느낌, 생각을 말한다.

▌해보세요

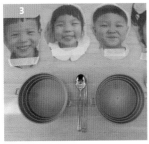

1 과일과 채소 모형을 함께 관찰한다.

2 숟가락 사용법에 대해 알아본다.

  · 유아들이 숟가락 사용 경험을 이야기한다.

  · 교사가 바른 사용법의 시범을 보여준다.

  "숟가락은 어떻게 잡을까요?"

3 놀이를 할 유아 2명이 각자 자기 얼굴 사진을 그릇에 붙인다.

4 유아 2명씩 차례로 나와, 과일과 채소 모형을 숟가락으로 그릇에 옮겨본다.

  ① 시작 신호가 들리면, 바구니에 있던 과일과 채소 모형을 그릇에 옮긴다.

  ② 그릇을 가득 채운 유아는 종을 친다.

5 자신의 그릇에 담은 과일과 채소에 대해 이야기 나눈다.

▌이럴 땐 이렇게

- 우리 반 유아들의 얼굴 사진을 코팅한 후, 사진 밑부분에 까슬이를 길게 붙인다. 그릇 옆부분에는 보슬이를 붙이면, 유아가 직접 그릇에서 자신의 사진을 떼거나 붙일 수 있다.
- 유아들이 숟가락을 바르게 잡고 음식을 옮기는 과정에 의의가 있으므로, 서두르며 담는 것이 아니라 바르게 잡고 담도록 격려한다.
- 익숙해지면 숟가락 대신 젓가락을 사용하여 해볼 수 있다. 만 3세는 에디슨 젓가락을 사용해도 좋다.
- 참고: 3세 누리과정 교사용 지도서 5. 건강과 안전 – 활동 6. 숟가락 젓가락으로 옮겨요(p. 140~142)

09 미끌미끌 미역놀이

준비물 궁금이 상자, 스테인리스 볼(스테인리스 재질의 안이 깊은 식기) 4개, 마른 미역

얇고 딱딱했던 미역을 물에 넣으면 점점 커지면서 부드러워진다. 유아들은 미역의 변화과정을 보면서 "미역은 마술사 같다."라고 이야기한다. 놀이를 하고 난 후, 급식실에서 미역국이 나오면 유아들이 예전보다 관심을 보이고 맛있게 먹는 모습을 볼 수 있다.

 놀이를 통해 경험한 배움 요소

- ◆ 의사소통: 듣기와 말하기 - 상황에 적절한 단어를 사용하여 말한다.
- ◆ 자연탐구: 생활 속에서 탐구하기 - 물체의 특성과 변화를 여러 가지 방법으로 탐색한다.

1 유아가 마른 미역이 든 궁금이 상자 안을 손으로 만져본다.
- 냄새를 맡거나 만져본 느낌을 친구들에게 이야기한다. ("바다 냄새가 나.", "풀 향기가 나.", "딱딱해.", "바스락거려.", "세게 잡았더니 부서졌어." 등)

2 교사는 마른 미역을 꺼내 보여주며, 미역에 대한 사전경험을 이야기 나눈다.
- "미역을 먹어본 적 있나요?"
  "미역은 바다에서 나는 채소로, 칼슘이 많아서 뼈를 튼튼하게 해주고 피를 맑게 해준단다."

3 미역을 물에 넣는다면 어떻게 될지 상상해본다.

4 모둠끼리 모여 스테인리스 볼에 미역을 넣고 나서, 물을 넣는다.

5 친구들과 미역이 변하는 모습을 보며 이야기 나눈다.
- ("와, 이것 봐. 미역이 춤추는 것 같아.", "점점 커져.", "슬라임 만지는 느낌이야.")

6 미역이 다 불면, 유아는 손으로 미역을 만져본다.
- 마른 미역과 불린 미역의 차이점을 알아본다.

▌ 이럴 땐 이렇게

- 미역은 물에 넣으면 금방 불어나기 때문에, 그 과정을 관찰하면서 유아들이 신기해한다.
- 유아들이 불어난 미역을 관찰하는 동안, 교사는 모둠 친구들과 생각을 나눠보는 과정을 격려해준다.
- 물에 불어난 미역을 유아의 얼굴이나 팔, 다리에 붙여본다.
  (예: 얼굴에 붙여 수염 만들기, 팔에 붙여 팔찌 만들기 등)
- 놀이가 끝난 후, 빨랫줄에 미역을 걸어 젖은 미역을 말리는 과정을 관찰해볼 수 있다.

10 오이일까, 당근일까? 카드 뒤집기

준비물 | 앞면(오이 그림)과 뒷면(당근 그림)이 있는 뒤집기 카드 판 20장, 호루라기

앞면에는 오이 그림, 뒷면에는 당근 그림이 붙어 있는 카드를 뒤집는 놀이이다. 사전에 오이와 당근 실물을 충분히 탐색하게 한다. 그 후, 두 팀으로 나누어 정해진 시간 동안 우리 팀의 그림이 더 많이 보이게 뒤집는 놀이를 한다.

> 🔔 **놀이를 통해 경험한 배움 요소**
>
> * 신체운동 · 건강: 신체활동 즐기기 - 실내외 신체활동에 자발적으로 참여한다.
> * 사회관계: 더불어 생활하기 - 친구와의 갈등을 긍정적인 방법으로 해결한다.

▍해보세요

1 [사전활동] 오이와 당근 실물을 관찰하고 탐색한다.
   - 다른 과일과 채소로 대신해도 좋다.

2 오이 팀과 당근 팀의 두 팀으로 나눈다.
   - 유아가 둘 중 좋아하는 음식을 각자 선택하여 팀을 나눌 수도 있다.

3 카드를 섞어서 오이와 당근 그림이 같은 개수만큼 보이게 가운데에 펼쳐놓는다.

4 각 팀에서 한 명씩 가운데로 나와, 호루라기 신호에 맞춰 동시에 카드를 뒤집는다.
   - 각자 우리 팀의 그림이 보이도록 뒤집는다.

5 일정한 시간(약 1분) 후, 다시 호루라기가 울리면 자기 자리로 돌아간다.

6 어느 팀의 그림이 더 많이 보이는지 세어본다.

7 [응용편] 익숙해지면 팀 전체 유아가 한꺼번에 나와서 한다.

▍이럴 땐 이렇게

- 뒤집기 카드 판 만드는 법
   ① 우드록과 오이, 당근 그림을 가로세로 15㎝ 정도 크기로 자른다.
   ② 오이, 당근 그림을 코팅하여 우드록 양면에 하나씩 붙인다. 이때 그림 밑에 음식 이름을 함께
      써주면, 유아들은 그림과 글자를 함께 기억해 자연스럽게 한글에 익숙해진다.
- 마지막에 정리할 때, 우드록 카드를 앞쪽 바구니에 먼저 정리하는 팀이 이기는 게임을 해볼 수
   있다.

청결하게 생활해요

1. 행동 유형

- 세수, 목욕, 양치질을 하기 싫어하는 행동
- 속옷 갈아입기, 손톱 깎기, 머리 손질하기 등에 관심이 없는 행동
- 옷에 묻은 이물질에 지나치게 반응하여 자주 갈아입으려는 행동
- 바지에 대소변을 가리지 못하고 자꾸 실수를 하는 행동
- 옷이나 얼굴, 주변을 더럽히는 행동

2. 원인

- 청결한 모습에 대한 격려 부족으로 유아가 청결함을 중요하게 인식하지 않기 때문이다.
- 부모나 교사 등 주변의 성인이 말로만 청결한 습관을 지도하고, 행동의 모범을 보이지 않았기 때문이다.
- 배변훈련을 할 시기(보통 18~36개월 사이)에 적절한 배변훈련을 하지 않았기 때문이다.
- 지나치게 청결에 집착하는 경우라면, 배변훈련을 할 때 유아가 준비되지 않았음에도 불구하고 강압적 양육태도를 겪었기 때문일 수 있다.
- 마음속에 있는 불만을 옷을 더럽히거나 지저분한 놀이를 통해 해소하거나, 관심을 끌기 위해 일부러 더럽히는 경우가 있다(김경희, 2007).

3. 지도 방법

유아의 흥미를 충분히 고려하여 스스로 좋은 습관을 형성하겠다는 동기를 유발시킨다.

유아 스스로 참여할 수 있도록 주위의 환경을 조성해주는 것이 좋다. 씻는 것을 싫어하는 유아에게는 청결하게 행동하도록 격려하고 칭찬한다. 스스로 손을 씻거나 양치질을 하면 충분히 칭찬을 해주고, 거울을 보면서 깨끗한 모습을 확인할 수 있게 해준다.[6]

유아들이 좋아하는 경쾌한 리듬으로 손 씻는 방법을 재미있게 풀어낸《손씻기 송》을 함께 불러본다. 또한《우리 모두 다같이》동요를 개사하여 '우리 모두 다 같이 손뼉을' → '우리 모두 다 같이 세수해' 등 세수하는 모습, 손 씻는 모습, 양치질하는 모습으로 불러봄으로써 청결에 대한 흥미와 관심을 이끌어낼 수 있다.

부모나 교사 등 주변의 성인들이 청결한 습관의 모범을 보여야 한다.

유아들의 행동은, 바람직한 것이든 그렇지 못한 것이든 주변 성인의 행동을 모방하는 데서 비롯된다. 교사가 점심을 먹고 이를 닦지 않는 모습을 자주 보인다면, 유아는 "선생님은 왜 이 안 닦아요?"라고 물을 것이다. 청결습관의 좋은 모델이 일상 속에서 유아에게 주어질 때, 유아는 비로소 좋은 습관을 몸에 지니게 된다.

청결한 습관을 기를 수 있는 다양한 놀이 및 활동을 실시한다.

유아는 화장실에 다녀온 후, 간식을 먹기 전과 후, 장난감을 가지고 놀고 난

---

6. 김경희, 『아동생활지도: 사례중심으로』, 창지사, 2007

후, 바깥놀이터에서 놀고 난 후에 손을 씻는다. 손을 씻을 때, 물로만 씻기보다 비누나 세정제를 함께 사용하면 세균 감염을 줄일 수 있다. '후추 세균 물리치기' 놀이를 통해 이 과정을 눈으로 직접 확인할 수 있다. 우선 물을 채운 접시에 후춧가루를 뿌린다. 물로만 씻은 왼손 검지와 손세정제로 씻은 오른손 검지를 접시에 넣은 후, 손가락에 붙은 후추의 양을 비교한다. 물로만 씻은 왼손 검지에 후춧가루가 훨씬 더 많이 붙는 것을 볼 수 있다.

세균 그림을 붙인 탱탱볼을 피해 다니는 '세균을 피해라' 피구놀이, 『앗, 따끔!』 동화를 읽고 예방접종을 맞지 않으려는 주인공 준혁이가 사자·돼지·거북이·다람쥐·카멜레온·악어 등으로 변하는 동극놀이를 해볼 수 있다.

청결 행동을 반복함으로써 청결 습관이 내면화되도록 지도해야 한다.

습관은 하나의 행동을 여러 번 반복함으로써 형성되고 내면화된다. 일관성을 가지고 규칙적으로 지도해야 하는 것이다.

양치질을 할 때, 칫솔을 입에 물고만 있거나 대충 2~3번 왔다 갔다 하고 바로 물로 헹구는 유아들이 있다. 올바른 양치습관을 기르기 위해 『치카치카 군단과 충치 왕국』 동화를 들려주고, 충치송을 부른다. 그런 다음, 치아 모형을 가지고 이 닦기 순서를 직접 연습해본다. 앞니 바깥쪽을 닦고, 앞니 안쪽을 닦는다. 칫솔을 돌려가며, 어금니 바깥쪽과 안쪽을 닦는다. 칫솔을 직각으로 세우고, 어금니의 넓은 윗부분을 닦는다. 마지막으로 혀도 깨끗이 닦는다.

가정과의 연계를 통한 청결습관 지도가 필요하다.

청결한 습관은 부모에 의해 강화되는 경우가 많다. 몸이나 옷이 더러워지면 울거나, 옷을 너무 자주 갈아입는 등 지나치게 청결한 유아는 부모와의 상담을 통해 원인을 찾아보고, 적절한 청결습관을 가질 수 있도록 함께 지도한다. 반대로 지나치게 씻지 않는 유아는 또래관계에 부정적 영향을 미칠 수 있으므로, 이에 관해서 부모와 상담하고 등원할 때 깨끗한 모습을 하고 오도록 안내한다(권정윤 외, 2013).

올바른 화장실 사용방법과 순서를 인식할 수 있도록 지속적으로 돕는다.

유아교육기관에 처음 입학했거나, 부모가 계속 화장실 뒤처리를 해주어 스스로 끝까지 해본 경험이 없는 유아는 화장실 사용법을 잘 모를 수 있다. 등원 첫 날에 반드시 해야 할 것 중 하나는 바로, 유아들과 함께 화장실의 위치를 살펴보는 것이다. 그다음, 화장실을 바르게 사용하는 방법 및 순서를 여러 단계로 나누어 자세히 알려주어야 한다.

청결을 유지하기 위한 여러 물건을 우리 주변에서 찾아보는 놀이도 있다. 화장실에 있는 물건들(비누, 슬리퍼, 변기, 휴지통, 세면대, 휴지 등)을 한 명씩 돌아가면서 이야기한다.

감정을 조절하지 못해 자기 자신이나 주변을 더럽힌다면, 정서를 안정시킬 방법을 찾는다.

부정적 감정을 해소하거나 관심을 끌기 위해 스스로의 몸이나 주변을 더럽히는 유아도 있다. 유아가 어떤 것에 불만이 있는지 파악하여 정서적 안정을 찾도록 노력한다.

01 랄랄라 손씻기 송

준비물   동요 《손씻기 송(작사 안영은, 작곡 박희준)》 동영상, 손씻기 송 가사판

'범국민 손씻기 운동본부'에서 제작한 손씻기 영상이다. 경쾌한 리듬으로 손씻기 방법을 재미있게 풀어낸 가사가 돋보인다. 유아들은 노래를 부르며 손씻기 운동을 즐겁게 따라 한다.

놀이를 통해 경험한 배움 요소

- 신체운동 · 건강: 건강하게 생활하기 - 자신의 몸과 주변을 깨끗이 한다.
- 예술경험: 창의적으로 표현하기 - 노래를 즐겨 부른다.

▌해보세요

1 동요 《손씻기 송》 율동 동영상을 함께 본다.
  · 놀고 난 후에는 손에 병균들이 있으므로, 손바닥·손등·손톱까지 비누칠을 하고 깨끗이 손을 씻
    는 과정을 재미있는 가사로 풀어낸 동요이다.

> 흔들흔들 손 꼬물꼬물 손
> 활짝 펴서 보았더니
> (어~ 병균들아 저리 가!)
> 흔들흔들 손(손) 꼬물꼬물 손(손)
> 놀고 나서 씻었나요
> …

2 유아들과 가사를 함께 읽어본다.
  · 만 3세 유아라면 교사가 가사를 이야기하듯이 읽어준다.

3 율동을 따라 하면서, 함께 손씻기 송을 불러본다.

4 [응용편] 화장실에서 손을 씻을 때, 손씻기 송을 생각하며 올바른 손씻기 방법을 실천해본다.
  (비누칠하기, 손바닥과 손등과 손톱까지 깨끗이 씻기 등)

▌이럴 땐 이렇게

- 유튜브에서 '재미나라 손씻기 송'을 검색하면 재미나라(한솔교육)에서 제작한 영상을 볼 수 있다.
- 손씻기 송 가사판을 미리 B4 사이즈로 크게 뽑아 교실 벽면에 부착해둔다. 자유놀이 시간에도 미
  리 음원을 들려주어, 손 씻는 방법이 자연스럽게 익숙해질 수 있도록 한다.

02 우리 모두 다 같이 세수해

> 준비물 '우리 모두 다같이[7]' PPT, 동요 《우리 모두 다같이》 음원, 사진자료(세수하는 모습, 손 씻는 모습, 양치질하는 모습 등)

유아들과 몸을 깨끗이 하는 방법에 대해 이야기 나누고, 노래를 개사하여 불러보는 놀이이다. 양치하기, 세수하기, 빗질하기, 손 씻기, 발 씻기, 옷 갈아입기 등을 동작으로 표현하면서 유아들의 창의적 표현력도 높일 수 있다.

🔔 놀이를 통해 경험한 배움 요소

- ◆ 신체운동 · 건강: 건강하게 생활하기 - 자신의 몸과 주변을 깨끗이 한다.
- ◆ 예술경험: 창의적으로 표현하기 - 신체나 도구를 활용하여 움직임과 춤으로 자유롭게 표현한다.

....

7. 표준국어대사전에 기반한 규범에 맞는 표기는 '다 같이'이나, 동요 제목은 '다같이'가 공식명칭이며 노래 부를 때도 붙여서 불러야 리듬이 맞기에 띄어쓰기를 별도로 적용함

1 동요 《우리 모두 다같이》를 듣고 불러본다.

> 우리 모두 다같이 손뼉을(짝짝)
> 우리 모두 다같이 손뼉을(짝짝)
> 우리 모두 다같이 즐거웁게 노래해
> 우리 모두 다같이 손뼉을(짝짝)

2 '우리 모두 다같이' PPT를 보며, 가사를 바꾸어 불러본다.
 · "우리 몸을 깨끗이 할 수 있는 방법은 무엇이 있을까요?"
   "노랫말 '손뼉을' 대신에 '세수해'를 넣어볼까요?"

3 노래를 부르며, 가사에 맞게 몸을 움직여본다.
 · 세수해 - 세수하는 동작, 손 씻어 - 손 씻는 동작, 양치해 - 양치질하는 동작, 발 씻어 - 발 씻는
   동작, 옷 입어 - 옷 입는 동작 등

4 질병을 예방하기 위하여 몸을 깨끗이 하는 것이 중요함을 이야기 나눈다.

■ 이럴 땐 이렇게

- '우리 모두 다같이' PPT는 4세 교사용 지도서에 수록된 것을 활용할 수 있다.
  참고: 4세 누리과정 교사용 지도서 5. 건강과 안전 – 활동 8. 깨끗하고 튼튼하게(p.100~102)
- PPT를 만들 때 세수하는 모습, 양치질하는 모습, 옷 입는 모습 등에 반 유아들이 해당 행동을 하는
  사진을 활용하면, 유아들의 흥미를 더욱 높일 수 있다.
- 노래를 미리 유아들과 익혀놓으면, 놀이할 때 쉽게 개사할 수 있다.

03 충치 왕국에 치카치카 군단이 간다!

준비물 | 그림책 『치카치카 군단과 충치 왕국(이소을, 상상박스, 2011)』 , 동요 《충치송》 음원

『치카치카 군단과 충치 왕국』은 올바른 양치 습관을 길러주는 동화책이다. 지니와 비니는 밥풀 우주복을 입고 입 속 여행을 시작한다. UFO을 타고 온 충치 세균들은 음식찌꺼기를 먹고 충치 똥을 싸며, 입 안에 충치왕국을 세우려고 한다. 양치질을 하자, 치카치카 군단이 힘을 모아 충치 세균과 싸워서 이기게 된다. 이 동화를 통해서 유아들은 이 닦는 것의 중요성을 알게 된다.

 놀이를 통해 경험한 배움 요소

- 신체운동 · 건강: 건강하게 생활하기 - 자신의 몸과 주변을 깨끗이 한다.
- 의사소통: 책과 이야기 즐기기 - 책에 관심을 가지고 상상하기를 즐긴다.

▌ 해보세요

1 그림책 『치카치카 군단과 충치 왕국』 표지를 보며 이야기 나눈다.
- "표지에 어떤 그림이 그려져 있나요?"
  "어떤 이야기가 나올까요?"

2 유아들에게 동화를 들려준다.

3 동화의 내용을 회상하며 이야기 나눈다.
- "입 속에 있는 튼튼이 왕국은 어떤 모습인가요?"
  "충치 세균들이 튼튼이 왕국을 공격한 이유는 무엇이었나요?"
  "튼튼이 왕국을 어떻게 지켜냈나요?"

4 《충치송》을 들으며, 따라 불러본다.
- 동화책 뒷표지의 QR코드를 찍어 접속하거나, 유튜브에서 '충치송'을 검색하면 된다.

5 이 닦기의 필요성에 대해 이야기 나눈다.
- "왜 이를 닦아야 할까요?"("음식 찌꺼기가 있으니까요.", "이가 검게 변해요.", "충치 세균이 자라요." 등)

6 [응용편] 『치카치카 군단과 충치 왕국』을 생각하며 올바른 양치질을 실천해본다.

▌ 이럴 땐 이렇게

- 《충치송》은 '이 닦지 마~ 이 닦지 마~ 이 닦지 마~'라는 가사가 반복되어, 유아들이 오히려 '아니야~ 난 이 닦을 거야. 충치 싫어~'라고 스스로 이야기하는 모습을 볼 수 있다.
- 충치 군단과 치카치카 군단으로 나누어 역할 놀이를 할 수 있다.

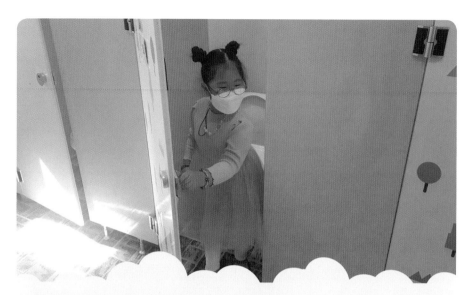

04 화장실을 바르게 사용해요

 준비물 | 화장실 사용방법 및 순서에 대한 그림

등원 첫 날, 유아들과 함께 화장실의 위치를 살펴본다. 그다음 화장실 사용방법 및 순서를 알아보고, 실제로 화장실에서 활동을 한다. 낯선 기관에서 유아들은 화장실 가기를 꺼려해 실수하는 경우가 많으므로, 안정감을 느낄 수 있도록 아늑한 환경을 조성해주는 것도 좋다.

🔔 놀이를 통해 경험한 배움 요소

- ◆ 신체운동·건강: 건강하게 생활하기 - 자신의 몸과 주변을 깨끗이 한다.
- ◆ 의사소통: 듣기와 말하기 - 자신의 경험, 느낌, 생각을 말한다.

▌해보세요

1 화장실 사용방법 및 순서 그림을 보고 이야기를 나눈다.

① 화장실용 실내화를 신는다.
② 겉옷(바지나 치마)을 내린다.
③ 속옷을 내린다.
④ 변기에 앉는다(또는 변기에 가까이 간다).
⑤ 소변(대변)을 본다.

⑥ 휴지를 필요한 만큼 사용한다.
⑦ 물을 내린다.
⑧ 다시 옷을 입는다.
⑨ 손을 씻는다.
⑩ 실내화를 제자리에 정리한다.

2 화장실에 차례로 줄을 선다.

3 실제로 화장실에서 직접 활동을 한다.

▌이럴 땐 이렇게

- 화장실 벽면에 올바른 화장실 사용방법에 대한 그림 자료를 붙여주어, 유아가 스스로 바르게 화장실을 사용할 수 있도록 한다.
- 유아들이 좋아하는 그림이나 유아들이 만든 작품을 화장실 문이나 벽에 전시해, 화장실을 사용할 때 안정감을 느끼게 해준다.
- 유아가 화장실을 가고 싶을 때는 참지 말고 "선생님, 화장실에 가고 싶어요!"라고 이야기할 수 있도록 지도한다.
- 참고: 3세 누리과정 교사용 지도서 1. 총론 유치원/어린이집과 친구 – 활동 7. 화장실에 가고 싶어요(p.75~77)

05 치카푸카 이를 닦아요

준비물 치아 모형 및 칫솔 모형

양치질할 때, 어떤 유아들은 칫솔을 입에 물고만 있거나, 입 안에서 2~3번 대충 왔다 갔다 하고 나서 다 했다며 바로 물로 헹구기도 한다. 이를 바르게 닦지 않으면 입 안에 세균이나 음식찌꺼기가 그대로 남아 충치가 생기기 쉬우므로, 유아가 올바른 양치질 습관을 가질 수 있도록 지도한다.

 놀이를 통해 경험한 배움 요소

◆ 신체운동 · 건강: 건강하게 생활하기 - 자신의 몸과 주변을 깨끗이 한다.
- 질병을 예방하는 방법을 알고 실천한다.

▌해보세요

1 이가 아팠던 경험을 이야기 나눈다.
  - "충치가 왜 생길까요?"(이를 제대로 닦지 않아서, 음식을 먹고 바로 이를 닦지 않아서 등)
    "이를 건강하게 하려면 어떻게 해야 할까요?"

2 동영상을 보며 이 닦기 순서를 알아본다.

    ① 앞니 바깥쪽(윗니, 아랫니)을 닦는다.
    ② 앞니 안쪽(윗니, 아랫니)을 닦는다.
    ③ 어금니 바깥쪽과 안쪽을, 칫솔을 돌려가며 닦는다.
    ④ 어금니의 넓은 부분을, 칫솔을 직각으로 세워 닦는다.
    ⑤ 혀도 깨끗이 닦는다.

3 교사가 치아 모형과 칫솔 모형을 사용해 이를 닦는 시범을 보인다.

4 유아들도 이 닦는 연습을 한다.
  - 연습을 끝낸 유아가 다음 연습할 친구를 직접 선택한다.

5 연습할 순서가 아닌 유아들은 동그랗게 모여 앉아서, 친구들이 이 닦는 모습을 함께 관찰한다.

▌이럴 땐 이렇게

- 유튜브에서 '누리놀이 이를 닦아요'를 검색하여, 이 닦기 순서에 대한 동영상을 활용할 수 있다.
- 자유놀이 영역에 치아 모형과 칫솔 모형을 비치하여, 자유롭게 이 닦기 연습을 하도록 한다.
- 치아 건강을 위한 '양치질 333 법칙'을 알려줘도 좋다. 하루 3번, 식후 3분 이내, 3분 이상 양치질 하는 것이다. 치아를 더욱 깨끗이 관리하려면 아침에 일어난 후와 자기 전까지 총 5번 해야 한다.

06 앗! 따끔! 동극놀이

준비물 그림책 『앗! 따끔!(국지승, 시공주니어, 2009)』, 동물 머리띠(사자, 돼지, 거북이, 다람쥐, 카멜레온, 악어 등),
인물 머리띠(준혁이, 엄마, 의사, 간호사, 버스 기사 등), 모형 주사기, 화이트보드

『앗! 따끔!』은 몸이 아프지만 병원에 가기 싫어서 이리저리 핑계를 대는 준혁이와 엄마의 대화를 재미있게 풀어낸 그림책이다. 병원이 무서워서 여러 가지 동물로 변신했던 준혁이는, 막상 주사를 맞고 나니 생각만큼 아프지 않다는 것을 알게 된다.

 놀이를 통해 경험한 배움 요소

- 신체운동 · 건강: 건강하게 생활하기 - 질병을 예방하는 방법을 알고 실천한다.
- 예술경험: 창의적으로 표현하기 - 극놀이로 경험이나 이야기를 표현한다.

▌해보세요

1 그림책 『앗! 따끔!』을 읽어준다.

2 동화의 내용을 유아들과 회상하고, 실제로 예방주사를 맞으러 갔던 경험을 이야기 나눈다.

　• "준혁이는 어떤 동물이 되었나요?"

　　"준혁이는 왜 동물로 변했을까요?"

　　"주사를 맞고 준혁이는 어땠나요?"

3 동극에서 맡을 역할을 함께 정한다.

　• 동화에 나오는 역할을 화이트보드에 적어, 유아들이 한글에 관심을 가지게 한다.

　• 유아가 하고 싶은 역할 머리띠를 직접 선택한다.

4 동극을 한다.

5 평가를 한 후, 동극을 다시 한 번 한다.

　• 유아들이 동극을 공연한 친구들의 잘한 점을 구체적으로 칭찬해준다.

　• 관객과 연기자의 역할을 바꾸어 다시 공연한다.

▌이럴 땐 이렇게

- 2명의 유아가 같은 역할을 하고 싶어 하면, 둘이 같이 하거나 2차 공연에서도 할 수 있다고 안내한다.
- 동물들로 변할 때, 준혁이 역할은 동물 뒤에서 함께 연기를 한다.
- 동극이 끝난 후, 머리띠·소품·그림책을 역할 영역에 놓아두어 자유롭게 놀이할 수 있도록 한다.

07 후추 세균 물리치기

준비물 종이접시(大~中 사이즈), 후추, 비누나 손세정제

유아들은 화장실에 다녀온 후, 간식을 먹기 전이나 후, 장난감을 가지고 놀고 난 후, 바깥놀이터에서 다녀온 후 손을 씻는다. 그러나 손을 씻을 때, 물로만 대강 씻고 다 씻었다고 하는 유아가 종종 있다. 물로만 씻었을 때와 비누를 사용해서 씻을 때, 손에 남아 있는 세균은 어떻게 다른지 확인해보는 놀이이다.

🔔 **놀이를 통해 경험한 배움 요소**

- ◆ 신체운동 · 건강: 건강하게 생활하기 - 질병을 예방하는 방법을 알고 실천한다.
- ◆ 자연탐구: 탐구과정 즐기기 - 궁금한 것을 탐구하는 과정에 즐겁게 참여한다.

█ 해보세요

 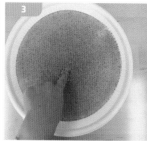 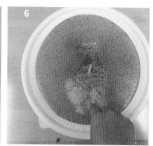

1 종이접시 안에 물을 ⅔ 정도 채운다.

2 유아가 접시에 후춧가루를 충분히 뿌린다.
  • "후춧가루는 우리 손에 묻어 있는 세균이라고 하자."

3 접시 안에 유아의 왼손 검지를 천천히 넣는다.

4 손에 묻은 후춧가루를 유아들에게 보여준다.
  • 후춧가루가 손가락에 많이 묻는다.

5 오른손 검지에 비누나 손세정제를 묻힌다.

6 그 손가락을 접시에 넣어보고, 후춧가루의 변화를 관찰한다.
  • 후춧가루가 손가락을 피해서 바깥으로 퍼진다.

7 왼손과 오른손 손가락에 묻은 후춧가루의 양을 비교한다.

8 손을 씻을 때 비누로 씻는 것이 중요함을 이야기 나눈다.

█ 이럴 땐 이렇게

- 교사가 앞에서 시범을 보인 후, 유아들이 개인별이나 모둠별로 활동해볼 수 있다.
- 관찰하면서 유아들끼리 생각, 경험, 의견을 서로 나누도록 교사가 분위기를 형성한다.
- 손가락 대신 면봉에 세정제를 묻혀서 놀이해볼 수 있다. 면봉을 물속에 넣으면, 후춧가루가 멀리 퍼지는 것을 확인할 수 있다.
- 참고: 유튜브, "비누의 능력! 그것이 알고 싶다 [2화] ┃ 힘내라 어린이! 힘내라 대한민국!", https://www.youtube.com/watch?v=D3ZQk0ee0l4&t=5s, (2020.05.02)

08 피해라, 잡아라! 세균 탱탱볼 놀이

준비물 세균 그림을 붙인 탱탱볼

탱탱볼에 세균 그림을 붙여 만든 '세균 공'을 피해서 도망 다니는 피구 놀이이다. 공을 던지는 유아, 공을 피하는 유아 모두 신나게 놀이한다. 공을 잘 붙잡아다른 친구를 살린 유아는 영웅이 되기도 한다.

🔔 놀이를 통해 경험한 배움 요소

- ◆ 신체운동 · 건강: 신체활동 즐기기 - 신체 움직임을 조절한다.
- ◆ 사회관계: 더불어 생활하기 - 친구와 서로 도우며 사이좋게 지낸다.

▌해보세요

1 [사전활동] 세균 탱탱볼을 유아들과 함께 만든다.
   · 세균 그림을 인터넷에서 찾아 출력하거나, 유아들이 직접 그려 탱탱볼에 붙여본다.

2 두 팀으로 나눈다.

3 팀 대표끼리 가위바위보로 안쪽과 바깥쪽 중 어디 들어갈지 선택한다.

4 한 팀은 안쪽에, 나머지 한 팀은 바깥쪽에 선다.

5 바깥쪽 유아들이 안쪽 친구에게 세균 탱탱볼을 던진다.

6 안쪽 유아들은 공을 피한다.
   · 몸에 공을 맞으면, 바깥으로 나온다.
   · 안쪽 유아가 공을 잡으면, 바깥으로 나간 친구 1명을 들어오게 할 수 있다.

7 정해진 시간이 지나면, 몇 명의 유아가 남았는지 수를 센다.

8 바깥쪽 팀과 안쪽 팀을 바꾸어 다시 피구를 한다.

▌이럴 땐 이렇게

- 바닥에 피구 공간을 색테이프로 표시해주면 유아들이 공간의 경계(바깥쪽, 안쪽)를 쉽게 구분할 수 있다.
- 바깥쪽 유아들이 서로 공을 던지겠다고 다투는 경우가 종종 있는데, 공 던지는 순서를 정하여 번갈아가면서 공평하게 던지도록 한다.
- 친구의 얼굴에 공을 맞추지 않도록 주의한다.

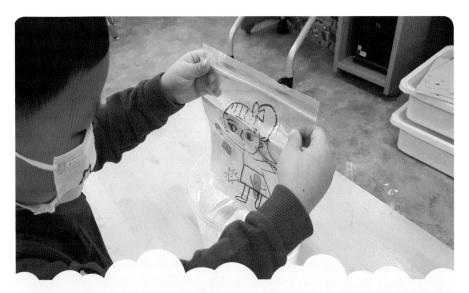

09 깨끗이 목욕을 해요

준비물 지퍼백(15x10㎝), 크고 투명한 통, A4크기 종이 ½장, 매직, 색연필, 세균 그림자료

유아들은 이 놀이를 통해, 손을 씻거나 목욕을 하고 나면 우리 몸에 붙은 세균
이 사라진다는 것을 간접경험 할 수 있다. 유아들은 이 과정을 관찰하면서 손
씻기나 목욕을 해야 할 필요성을 느끼게 된다.

🔔 놀이를 통해 경험한 배움 요소

- ◆ 신체운동 · 건강: 건강하게 생활하기 - 자신의 몸과 주변을 깨끗이 한다.
- ◆ 자연탐구: 탐구과정 즐기기 - 주변 세계와 자연에 대해 지속적으로 호기심을 가진다.

▌해보세요

1 A4크기 종이를 절반으로 자른다.

2 A5크기가 된 종이에, 유아가 생각하는 세균의 모습을 그린다.

　• 세균을 그리기 어려워한다면, 테두리가 그려진 세균 그림을 제공한다. 또는 유아들이 세균의
　모습을 설명하면 교사나 다른 유아가 그려줄 수 있다.

3 유아는 지퍼백에 매직으로 자기 몸을 그린다.

4 지퍼백 안에 세균 그림을 넣고 꽉 잠근다.

5 투명한 통에 물을 담는다.

6 지퍼백을 천천히 통 속의 물에 넣는다.

7 통 위쪽에서 내려다보면, 세균이 사라져 깨끗해진 몸을 관찰할 수 있다.

▌이럴 땐 이렇게

- 지퍼백 위에 자기 몸을 그리는 대신 자신의 손을 대고 따라 그린 후, 손에 있는 세균이 사라지는
실험으로 변형해도 좋다.

- 물을 담은 통의 위쪽에서 보면 세균이 안 보이지만, 통의 정면에서 보면 세균이 그대로 보인다. 물
속에 넣었을 때 세균이 보이지 않는 이유는, 물의 경계층에서 보는 각도에 따라 다르게 보이는 '전
반사'의 원리 때문이다.

- 참고; 유튜브, "[엄마표놀이] 코로나바이러스 예방 | 여름철 위생교육 | COVID-19 | Corona virus | 홈스
쿨링 | homeschooling | 집콕놀이", https://www.youtube.com/watch?v=n9Cz6lm_Zmo, (2020.06.05)

10 화장실에 가면, 화장실에 가면

 준비물　화장실에 있는 물건들의 사진을 출력해 모양대로 오린 종이

화장실에 있는 물건들을 생각해보며 이야기하는 놀이이다. 앞 친구가 말하지 않았던 것을 중복되지 않게 이야기해야 하므로, 친구의 말을 귀 기울여서 잘 듣게 된다. 또한 겹치지 않도록 다양한 생각을 이야기해야 하므로, 창의력과 사고력 향상에 도움이 된다.

🔔 놀이를 통해 경험한 배움 요소

- ◆ 자연탐구: 탐구과정 즐기기 - 탐구과정에서 서로 다른 생각에 관심을 가진다.
- ◆ 의사소통: 듣기와 말하기 - 상대방이 하는 이야기를 듣고 관련해서 말한다.

▌해보세요

1 유아들은 동그랗게 모여 앉는다.
- 화장실에 있는 물건 사진을 여러 개 준비하여 원 안에 흩어둔다.

2 다 같이 박자에 맞춰 "화장실에 가면~, 화장실에 가면~" 하고 노래를 부른다.

3 한 유아가 먼저 화장실에 있는 물건을 말한다.
- 화장실에 있는 물건 사진을 찾아, 손에 들고 말하도록 해도 좋다.

4 이어서 한 명씩 순서대로 다른 물건을 이야기한다.
- ("비누도 있고~", "슬리퍼도 있고~")
- 변기, 칫솔 소독기, 휴지통, 물, 세탁기, 손 씻는 곳(세면대) 등

5 [응용편] 익숙해지면, 앞 친구의 말을 반복하고 나서 다른 물건을 새로 생각해내 이어 말한다.
- "(다 함께) 화장실에 가면~, 화장실에 가면~"

  ("비누도 있고~")

  ("비누도 있고~, 슬리퍼도 있고~")

  ("비누도 있고~, 슬리퍼도 있고~ 휴지통도 있고~")
- 친구가 말한 순서대로 하지 않거나 빼고 말한 경우, 처음부터 다시 시작한다.

▌이럴 땐 이렇게

- 사전 활동으로 유아들이 화장실에 있는 물건을 그림으로 그려서 준비할 수도 있다.
- 다 함께 부르는 부분에서, 양팔을 리듬감 있게 흔들며 부르면 더 재미있다.
- 다른 주제로도 확장하여 놀이할 수 있다. (예: "과일가게에 가면~")

05 공격적 행동을 줄여요

1. 행동 유형

- 자신의 의도대로 되지 않을 때 때리거나 무는 행동(신체적 공격성)
- 친구를 놀리거나 비난하는 행동(언어적 공격성)
- 원하는 놀잇감을 차지하기 위해 때리는 행동(도구적 공격성)
- 친구가 실수로 한 행동에 보복하기 위해 때리는 행동(우발적 공격성)
- 거친 몸싸움을 자주 하는 행동(표현적 공격성)

2. 원인

- 왕성하게 타고난 힘과 기운을 충분히 발산하지 못하거나, 자신의 활동에 제한을 받으면 공격성이 나타날 수 있다.
- 부모의 과잉보호에 익숙한 유아는 자기 욕구를 절제하는 방법을 배우지 못해, 욕구가 만족되지 못하면 쉽게 분노하고 공격적 행동을 보인다.
- 언어 발달이 느린 경우, 문제 상황이 발생했을 때 자신의 생각이나 감정을 말로 표현하기보다는 때리기, 꼬집기 등의 공격적 행동을 나타낼 수 있다.[8]
- 사회적 기술이 부족하여 자신의 요구를 원활하게 해결할 줄 모르기 때문이다.
- 일상생활에서 형제자매가 싸우고 욕하는 모습이나, TV나 유튜브 등 매체에서 폭력적 장면을 자주 관찰하여 학습된 경우도 있다.

....
8. 박정옥, 김태인, 『아동생활지도』, 양서원, 2016.

3. 지도 방법

공격적 행동을 꾸준히 관찰하고 기록한다.

유아의 공격적 행동을 지도하기 위해서는 공격적 행동의 대상이 누구인지, 어떤 공격유형(언어적/신체적/도구적/우발적/표현적)인지, 언제 어디서 일어나는지, 원인은 무엇인지 등을 파악하기 위해 꾸준히 관찰하는 것이 중요하다.

화를 조절할 수 있는 다른 방법들에 관하여 지도한다.

이러한 유아들은 대개 좌절을 극복할 수 있는 인내와 자기 통제력이 또래에 비해 부족하기 때문에, 공격적 행동으로써 좌절감을 표출한다. 유아가 다른 유아를 때리는 경우 행동을 즉시 중단시키고, 화를 가라앉히고 자신의 감정을 다스릴 수 있도록 공간을 만들어주고 기다려준다.

※ 유아 스스로 감정을 다스리거나 화를 푸는 방법
- 친구를 때리고 싶거나 장난감을 던지고 싶을 때, 마음속으로 숫자를 5까지 세며 때리고 싶은 마음을 참아본다.
- 교사에게 화가 난 자신의 감정 상태를 말하고 도와달라고 이야기한다.
- 나만의 화 푸는 방법을 소개하고, 친구들의 화 푸는 방법을 알아본다.

다른 친구의 놀이 중인 장난감으로 놀고 싶어서 공격적 행동을 나타낸 경우, 친구에게 놀잇감을 사용하고 싶다고 의사를 밝히도록 지도한다.

자기 의사를 표현하지 않고 다짜고짜 놀잇감부터 빼앗는 유아에게 "친구야, 나도 공룡 인형을 가지고 놀고 싶어."라고 이야기하도록 지도해보자. 문제 상황을 해결할 수 있는 언어를 알려주는 것이 효과적이다. 친구가 이렇게 말하면, 장난감을 가지고 놀던 유아는 "자, 이거." 하며 건네준다.

장난감을 가진 유아가 "나도 필요한데….".라고 반응할 때는, 차례를 기다릴 수 있도록 지도해야 한다. 놀잇감을 원하는 유아가 "그러면 너 다 가지고 놀고 나서 나에게 줘."라고 이야기하도록 하고, 기다리는 동안 할 수 있는 활동을 찾도록 하거나 교사가 함께하며 다른 놀이를 지지해준다.

평소에 공격성을 다스릴 수 있도록, 부정적 감정이나 넘치는 에너지를 분출할 수 있는 놀이를 한다.

밧줄 양쪽 끝에서 서로 잡아당기게 하거나, 이불 가운데 한 명의 유아가 앉고 나머지 친구들이 잡아당기는 이불썰매 놀이를 하며 대근육을 많이 사용할 수 있다. 달팽이집처럼 생긴 놀이판의 밖에서 안으로, 안에서 밖으로 달리며 유아가 곡선에 따라 자신의 신체를 조절하면서 달리기도 한다. 유아들은 대근육을 조절하고 마음껏 달리는 잡기놀이를 하면서, 마음속에 잠재된 부정적 감정이나 에너지를 해소하는 경험을 하게 된다. 친구들과 함께 밧줄로 만든 달님에게 소원을 빌며 속마음을 털어놓음으로써, 유아들은 위로를 받고 정서적 안정감을 느낄 수 있게 된다.

하고 싶다고 상상했던 영웅적 생각과 행동을 영웅놀이를 통해 표현하여 자아 존중감을 느끼도록 돕는다.

유아들은 주변에서 자신보다 커다란 어른들과 높은 건물이나 커다란 자동차를 보며, 상대적으로 자신이 약한 존재라고 생각한다. 반면에 덩치가 큰 괴물이나 공룡은 힘센 존재로 생각한다. 유아들이 괴물이나 티라노사우루스 흉내를 내는 것은, 약한 존재를 벗어나고 싶은 심리를 반영한 놀이라고 할 수 있다. 그림책 《괴물들이 사는 나라》를 읽은 후, 종이봉투로 괴물 가면을 만들어 괴물놀이를 하거나, 우리 반의 괴물 왕을 뽑는 놀이를 할 수 있다. 이러한 가상의 괴물놀이를 통해, 유아들은 내면의 공격성을 해소하게 된다.

공격적 행동을 보이기 전에 예방하는 환경을 조성한다.

공격적 행동이 발생한 후에 지도하는 것보다, 미리 예방하는 것이 훨씬 효과적이다.

① 또래들과 긍정적 상호작용이나 바람직한 행동을 했을 때, 교사나 또래의 관심을 제공하고 그 행동에 대해 구체적으로 격려해준다.

② 분노를 사회적으로 승인받을 수 있는 방법으로 표현하는 것은 매우 중요하다.

언어로 분노를 표현하기	• 평소에 감정을 표현하는 의사소통을 자주 나누도록 한다. • 서로 의견이 충돌했을 때는 대화로 풀어나가는 습관을 기른다.
신체로 분노를 표현하기	• 화가 날 때 할 수 있는 행동을 가르쳐준다. 베개 때리기, 대근육 활동하기(달리기, 점프하기 등), 점토 놀이, 종이 찢기, 춤추기, 음악 듣기 등.

③ 공격적 행동을 따라 할 경우, 유아가 모방하는 모델을 제거해주는 것이 좋다. 유아의 TV나 유튜브 시청 습관을 파악하여, 매체를 통해 공격성을 학습하지 않도록 한다. 가정환경 등 주변환경에 의한 경우라면, 부모상담 등을 통해 유아가 공격적 행동을 모방하지 않도록 협조를 구한다.

01 마음을 다스리는 장소를 만들어요

교실의 어느 아늑한 공간, 게시대, 조화 화분, 유아용 텐트, 색종이, 도화지 등

유아들이 화가 난 감정을 가라앉히고 스스로를 통제하는 연습을 할 수 있는 공간을 만들어보는 놀이이다. 교실 속에 작은 개인공간을 따로 만들어, 화가 났을 때나 혼자 있고 싶을 때 편안하게 사용할 수 있도록 한다.

🔔 **놀이를 통해 경험한 배움 요소**

◆ 사회관계: 나를 알고 존중하기 - 나의 감정을 알고 상황에 맞게 표현한다.
◆ 예술경험: 창의적으로 표현하기 - 다양한 미술 재료와 도구로 자신의 생각과 느낌을 표현한다.

▍해보세요

1 교실에서 개인공간을 만들 곳을 정한다.
- "우리 교실에서 화가 났을 때나 쉬고 싶을 때 어디로 가면 좋을까요?"
- 유아들의 가장 많은 선택을 받은 장소로 선정한다.

2 그 공간의 이름을 유아들과 함께 정한다.
- "우리가 쉬는 곳의 이름을 무엇이라고 하면 좋을까요?"
   (화가 난 마음을 쉬고 오는 마음 쉼터, 마음을 즐겁게 하는 마음 놀이터 등)

3 유아들은 정해진 장소 이름을 도화지에 쓰고, 공간을 꾸며본다.
- 마음을 진정시킬 수 있는 물건을 교실에서 함께 찾아본다.
   유아용 텐트, 커튼, 침대, 역할영역 음식, 그리거나 색종이로 만든 꽃, 함께 그린 재미있는 그림 등

4 완성된 공간을 함께 감상해본다.

▍이럴 땐 이렇게

- 만 3세는 알맞은 장소나 명칭을 정하는 것이 어려울 수 있으므로, 교사가 미리 생각한 곳이나 명칭을 제안할 수 있다.
- 여러 유아들이 한꺼번에 이용하고 싶어 할 경우를 대비하여 마음 놀이터 앞에 '대기 명단'을 준비해둔다. 다른 친구가 먼저 사용하고 있을 때는 자신의 이름을 대기 명단에 써놓고 기다린 후 이용하게 한다.
- 사후 활동으로, 마음 놀이터를 이용하고 난 후 변화된 기분에 대해 친구들 앞에서 이야기해본다.

02 나만의 화 푸는 방법을 소개해요

준비물 그림책 『소피가 화나면, 정말 정말 화나면(몰리 뱅, 책읽는곰, 2013)』, 색연필, 사인펜, 신호 종

유아가 화가 났을 때, 다른 사람에게 피해를 주지 않고 화를 푸는 방법을 찾는 것은 중요하다. 유아는 친구들과 화를 푸는 방법에 대해 서로 이야기함으로써, 화나는 감정은 누구에게나 생길 수 있으며 그러한 감정을 해소할 수 있는 여러 가지 방법이 있음을 알게 된다.

 놀이를 통해 경험한 배움 요소

- ◆ 의사소통: 책과 이야기 즐기기 - 책에 관심을 가지고 상상하기를 즐긴다.
- ◆ 사회관계: 나를 알고 존중하기 - 나의 감정을 알고 상황에 맞게 표현한다.
- ◆ 예술경험: 창의적으로 표현하기 - 다양한 미술 재료와 도구로 자신의 생각과 느낌을 표현한다.

▮ 해보세요

1 [사전활동] 그림책 『소피가 화나면, 정말 정말 화나면』을 읽어본다.

2 유아들은 내가 화났을 때 푸는 방법을 이야기한다.

   • 화가 나는 상황에 대해 이야기한다.

   • "내가 화가 났을 때 친구들은 어떤 행동을 하나요?"

    (소리를 지른다, 운다, 발을 쿵쿵 구른다, 이불을 뒤집어쓴다 등)

3 유아들이 화를 푸는 나만의 방법을 그림이나 글로 표현한다.

4 교실을 돌아다니며 짝을 지은 유아들은 자신만의 화 푸는 방법을 소개한다.

   ① 유아가 2명씩 만난 후, 짝꿍끼리 마주 보고 앉는다.

   ② 가위바위보로 먼저 이야기할 유아를 정한다.

   ③ 한 유아의 이야기가 끝나면 다른 유아가 말한다.

   ④ 일정시간이 지나면 교사는 신호 종을 친다.

   ⑤ "(두 손가락으로 2를 표시하면서) 방금 짝꿍이 되지 않았던 친구와 만나보세요."

5 유아들의 활동지를 코팅하여 책으로 만든다.

   • '잎새반이 화나면, 정말 정말 화나면' 표지와 함께 카드링으로 엮는다.

   • 언어영역에 게시하여 유아들이 볼 수 있도록 한다.

▮ 이럴 땐 이렇게

- 화났을 때 다른 사람에게 피해를 주지 않는 방법으로 풀어야 함을 지도한다.
- 활동지 표지를 만들 때, 학급의 모든 유아들의 화난 표정을 사진으로 찍어 표지그림으로 쓸 수 있다.

03 점점 앞으로! 줄다리기

준비물 두께 8㎜ 길이 3m 가량의 여러 가지 색깔 빗줄, 전자 호루라기

유아들은 몸을 활발하게 움직이면서 부정적 감정을 해소한다. 줄을 서로 잡아 당기거나 뺏기지 않기 위해 꽉 잡는 반복적 놀이를 통해, 유아들은 공격적 에너 지를 발산하고 대근육의 발달을 도울 수 있다.

 놀이를 통해 경험한 배움 요소

- ◆ 신체운동 · 건강: 신체활동 즐기기 - 기초적인 이동 운동, 제자리 운동, 도구를 이용한 운동 을 한다.
- ◆ 사회관계: 더불어 생활하기 - 약속과 규칙의 필요성을 알고 지킨다.

▌해보세요

1 유아들이 각자 마음에 드는 색깔의 밧줄을 선택한다.

2 교사가 호루라기를 불어 신호하면, 같은 색깔 밧줄을 가진 유아 2명씩 모인다.
 • 같은 색 밧줄을 든 친구가 없는 유아는 좋아하는 색 밧줄을 든 친구와 만나도 된다.

3 2명의 유아는 밧줄의 양쪽 끝을 잡고 서로 당긴다.
 • 2개의 밧줄 중에 어느 것을 당길지는 친구와 이야기하여 선택한다.
 • 밧줄 2개를 모두 사용해서 더 두껍거나 더 긴 줄로 만들 수도 있다.

4 유아들은 밧줄을 잡아당기며 점점 서로 가까워지고, 가운데로 다가가게 된다.
 • 자기 쪽으로 밧줄을 더 많이 가져온 유아가 이긴다.
 • 승패가 결정되면, 다시 줄을 잡고 놀이를 반복한다.

▌이럴 땐 이렇게

- 밧줄놀이세트는 아이로프 사이트(http://www.irope.kr)에서 구매할 수 있다.
- 사전에 안전을 지키기 위한 약속을 반드시 규칙으로 정한다.
 ① 밧줄을 목에 감으면 숨쉬기 힘드므로, 자신과 친구의 목이나 얼굴 주변에 가까이하지 않도록
 지도한다.
 ② 줄다리기 도중 한 친구가 갑자기 줄을 놓아버리면 다른 친구가 넘어질 수 있으므로, 친구에게
 미리 말하고 나서 손에서 놓도록 한다.
- 줄다리기 승패 판정을 위해, 밧줄 가운데에 리본을 묶어 중간위치를 표시해두면 좋다.
- 전자 호루라기는 입으로 불지 않고 손으로 누르며, 소리가 크고 나므로 사용이 편리하다.

04 뱅글뱅글 달팽이집 놀이

 준비물 전자 호루라기, 색 테이프(또는 밧줄)

달팽이집 놀이는 평평한 땅에 나선형의 놀이판을 그리고, 편을 나누어 집을 정한 후 가위바위보로 상대의 집을 먼저 차지하는 전통놀이이다. 달팽이집 선의 굴곡에 따라 자신의 신체를 조절하면서 그 안을 마음껏 뛰다가 길 한복판에서 만난 유아들은 서로의 얼굴을 보면서 깔깔깔 웃는다. 유아들이 매우 즐거워하는 놀이 중 하나이다.

🔔 놀이를 통해 경험한 배움 요소

- ◆ 신체운동·건강: 신체활동 즐기기 - 신체 움직임을 조절한다.
- ◆ 사회관계: 더불어 생활하기 - 약속과 규칙의 필요성을 알고 지킨다.

▌해보세요

1 유아들을 두 팀으로 나눈다.
  • 궁금이 상자에서 뿅뿅이(솜 공)를 뽑아 나눈다. (예: 노란색, 빨간색)

2 한 팀은 안쪽 집으로 들어가고, 나머지 한 팀은 바깥쪽을 자기 집으로 정하고 한 줄로 선다.

3 교사의 호루라기 신호에 맞추어 안쪽 집의 첫 번째 유아와 바깥쪽 집의 첫 번째 유아가 동시에 뛰어나온다.

4 유아들은 놀이판을 따라 뛰다가, 친구와 만나면 가위바위보를 한다.

5 이긴 유아는 원래 뛰던 방향으로 계속해서 뛰고, 진 유아는 자기 집으로 돌아가서 같은 팀의 맨 뒤에 선다.

6 진 팀의 두 번째 유아는 자기 팀 친구가 진 것을 확인하는 순간 뛰어나와, 마찬가지로 상대편 유아를 만나면 가위바위보를 한다.

7 똑같은 방식으로, 이긴 사람은 계속 상대편 집을 향해 뛰고 진 사람은 자기 집으로 돌아가 맨 뒤에 선다.

8 상대편의 집까지 먼저 들어가는 팀이 이긴다.

▌이럴 땐 이렇게

- 활동 전에 강당 바닥에 색 테이프를 이용하여 달팽이집을 미리 그려놓는다. 또는 밧줄을 이어서 달팽이집을 입체적으로 만들어서 활동할 수도 있다.
- 강당 바닥의 재질에 따라, 달려가다가 넘어질 수도 있으므로 양말을 벗고 놀이에 참여한다.

05 나쁜 말 괴물아, 사라져라!

 그림책 『나쁜 말 먹는 괴물(카시 르코크, 그린북, 2016)』, 흑미, 다양한 젤리 및 초콜릿, 유아용 도마,
투명 지퍼백(15*10㎝ 크기), 그림책 표지그림

그림책 『나쁜 말 먹는 괴물』을 읽고, 다양한 젤리와 초콜릿을 이용하여 나쁜
말 괴물을 만들어보는 푸드아트 놀이이다. 유아들과 나쁜 말 괴물이 커지는 이
유를 알아보고, 친구에게 고운 말을 사용하도록 하여 언어적 공격성을 감소시
킬 수 있다.

🔔 **놀이를 통해 경험한 배움 요소**

- ◆ 의사소통: 책과 이야기 즐기기 - 책에 관심을 가지고 상상하기를 즐긴다.
- ◆ 예술경험: 예술적 표현 즐기기 - 다양한 미술재료와 도구로 자기 생각과 느낌을 표현한다.

▌해보세요

1 동화책 『나쁜 말 먹는 괴물』을 함께 읽는다.

2 유아들은 나쁜 말 괴물의 모습을 상상해본다.

3 도마 위의 흑미를 다양한 젤리와 초콜릿으로 꾸며, 나쁜 말 괴물을 만든다.

4 친구들의 나쁜 말 괴물을 함께 감상한다.

- 작품을 들고 이동하면 재료끼리 서로 섞일 수 있으므로 도마를 그 자리에 놓아두고, 유아들이 자리를 이동하며 친구의 작품을 감상한다.
- 친구의 작품에서 궁금한 점(괴물의 눈, 코, 입, 팔, 다리 등의 위치)을 물어본다.
 ("이 괴물의 이름은 뭐야?", "여기 부분은 뭐야?", "눈은 어디에 있어?")

5 유아가 만든 나쁜 말 괴물을 지퍼백에 넣고 가둔다.

- 그림책 표지를 스캔한 후, 지퍼백에 붙일 수 있는 크기로 인쇄하고 자른다.
- 지퍼백 앞면에 양면테이프를 이용하여 그림책 표지를 붙인다.
- 흑미와 초콜릿, 젤리가 들어 있는 지퍼백을 흔들며 "나쁜 말 괴물아, 사라져라!"라고 말한다.

▌이럴 땐 이렇게

- 사전에 가정통신문으로 흑미가 활동에 필요한 재료임을 알려서 가져오도록 한다. 또한 유아가 식품(과자나 젤리류)에 알레르기가 있는지 미리 파악해야 한다.
- 활동 전에 흑미를 깨끗이 씻어서 말린다.
- 다양한 젤리나 초콜릿을 간식 접시에 미리 분류해놓는다.

06 씽씽! 이불 썰매를 타요

이불

이불에 타는 친구도, 이불을 끌어주는 친구들도 다 같이 재미있게 놀 수 있는 놀이이다. 유아들은 대근육 활동을 함으로써 공격성이나 부정적 에너지가 분출되는 경험을 할 수 있다.

 놀이를 통해 경험한 배움 요소

- 신체운동 · 건강: 신체활동 즐기기 - 실내외 활동에 즐겁게 참여한다.
- 사회관계: 더불어 생활하기 - 친구와 서로 도우며 사이좋게 지낸다.

▌해보세요

1 이불로 썰매를 만드는 방법을 알아본다.

    ① 유아들이 이불의 왼쪽과 오른쪽 끝을 잡는다.

    ② 한 유아가 이불 안쪽에 앉거나 눕고, 이불을 양손으로 꽉 잡는다.

    ③ 다른 친구들이 이불을 끌어준다.

2 4~6명끼리 팀이 되어, 순서대로 한 명씩 교대하며 썰매를 탄다.

    • 천천히/빠르게/느리게 등 이불의 움직임 속도를 조절한다.

3 안전하게 놀이하는 방법에 대해 이야기 나눈다.

    • "친구들이 이불을 세게 잡아당기면 앉아 있는 친구는 어떻게 될까?"

      "다치지 않고 안전하게 놀이하려면 어떻게 하면 좋을까?"

      ("친구가 준비가 되었다고 할 때 출발해요.", "앉아 있을 때는 이불을 두 손으로 꼭 잡아요." 등)

▌이럴 땐 이렇게

- 이불은 너무 얇은 것보다 약간 도톰한 것으로 준비하여 유아가 다치지 않도록 한다.
- 유아의 흥미와 발달을 고려하여, 이불 썰매 끄는 거리를 조절한다.
- 이불 썰매를 끌 때 예상외로 많은 힘이 들어가므로, 끌어주는 유아들의 수를 적절하게 조정한다.
- 활동에 어울리는 경쾌한 음악(예: 리로이 앤더슨의 '썰매 타기')을 배경 음악으로 들려주어 활동의 즐거움을 더할 수 있다.
- 루돌프 머리띠와 산타 모자를 준비하여 이불을 끄는 유아들이 루돌프가 되고, 이불에 앉아 있는 유아는 산타가 되는 역할놀이를 해볼 수 있다.

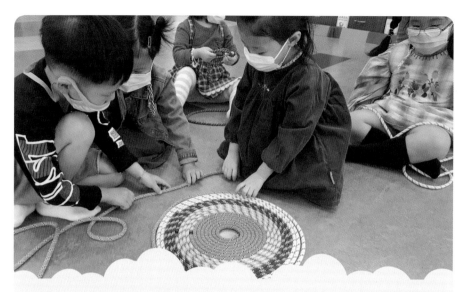

07 달님에게 소원을 빌어요

준비물 다양한 색깔 밧줄(굵기 8㎜ 길이 3m) 여러 개(학급 유아 인원수만큼)

유아들이 가진 밧줄을 돌돌 말아 하나의 동그라미 달님을 완성한다. 달님에게 내 소원을 빌어보고, 친구들의 소원이 무엇인지 듣는다. 유아들은 욕구가 좌절되거나 감정 표출이 잘 되지 않으면 공격적 행동을 보인다. 달님에게 내 속마음을 털어놓음으로써 위로를 받고 정서적 안정감을 느낄 수 있다.

> 🔔 놀이를 통해 경험한 배움 요소
>
> ◆ 신체운동 · 건강: 신체 활동 즐기기 - 신체 움직임을 조절한다.
> ◆ 의사소통: 듣기와 말하기 - 자신의 경험, 느낌, 생각을 말한다.

▌ 해보세요

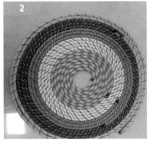

1 유아들이 각자 원하는 밧줄 1개를 선택한다.

2 한 명씩 돌아가면서 밧줄을 동그랗게 말아놓는다.

   ① 교사가 가운데에 기준이 될 밧줄을 돌돌 만다.

   ② 밧줄이 끝나는 부분에, 한 유아가 자신의 밧줄을 바깥쪽으로 이어서 만다.

   ③ 다음 유아도 자신의 밧줄을 잇는다.

   ④ 모든 유아들이 밧줄을 말고 나면, 큰 달님이 완성된다.

3 유아들과 함께 모여 앉는다.

4 유아들은 한 명씩 달님에게 소원을 빌고, 친구의 소원을 듣는다.

   ◦ ("엄마 안 아프게 해주세요.")

   ("강아지 키우게 해주세요.")

   ("아빠 담배 안 피게 해주세요.")

   ("공룡 인형 갖고 싶어요.")

   ("잎새반 친구들이 모두 행복하게 해주세요.")

▌ 이럴 땐 이렇게

- 유아들이 가지고 싶은 것뿐만 아니라 가족에 대한 걱정, 그리고 내 옆에 있는 친구들의 행복까지
  달님에게 비는 모습을 볼 수 있었다. 우리 아이들은 어른들이 짐작하는 것보다 훨씬 깊은 감정과
  생각을 가지고 있다고 느낀 순간이었다.

08 괴물나라의 왕은 나야, 나!

준비물 그림책 『괴물들이 사는 나라(모리스 샌닥, 시공주니어, 2002)』, 무늬 없는 크래프트 종이봉투, 색종이, 색연필, 사인펜, 매직 등

종이봉투로 괴물 가면을 만들어서 괴물놀이를 하고, 우리 반 괴물나라의 왕을 뽑는 활동까지 이어서 해본다. 유아들은 그림책 『괴물들이 사는 나라』의 주인 공인 맥스와 자신을 동일시하며, 괴물들을 단숨에 제압하고 함께 축제 놀이도 해본다. 힘센 존재가 되는 상상놀이를 하며 내면의 공격성을 해소할 수 있다.

🔔 놀이를 통해 경험한 배움 요소

- 사회관계: 나를 알고 존중하기 - 나의 감정을 상황에 맞게 표현한다.
- 예술경험: 창의적으로 표현하기 - 극놀이로 경험이나 이야기를 표현한다.

▌해보세요

1 그림책 『괴물들이 사는 나라』를 읽고, 내용을 회상해본다.
  - "맥스는 괴물 옷을 입고 어떤 행동을 했나요?"
    "맥스가 만난 괴물들은 어떻게 생겼나요?"

2 유아들은 종이봉투로 괴물 가면을 만들어본다.
  ① 종이봉투를 머리에 썼을 때 눈 부분이 잘 보이도록 구멍을 뚫는다.
  ② 종이봉투 앞뒷면에 색종이, 색연필, 사인펜 등을 이용해서 꾸민다.

3 유아들은 괴물 가면을 쓰고 교실을 자유롭게 돌아다니며 놀이한다.

4 자리에 모인 후, 우리 반 괴물나라의 왕을 뽑아본다.
  - 왕이 되고 싶은 유아는 앞으로 나와, 왜 자신이 괴물의 왕이 되어야 하는지 이유를 말한다.
  - 유아들과 다양한 방법(손 들기, 투표하기 등)으로 괴물의 왕을 선정한다.
    "우리 반에 나타난 괴물들 중에서 가장 무서운 괴물의 왕을 뽑아보자."

▌이럴 땐 이렇게

- 종이봉투는 유아의 얼굴이 들어갈 수 있도록 밑바닥이 넓은 것으로 준비한다.
- 세로 길이가 긴 쇼핑백을 쓴다면, 유아의 얼굴 길이에 맞게 잘라준다.
- 꾸밀 때 색종이를 가위로 자르는 대신 손으로 찢으면 조금 더 거친 느낌을 낼 수 있다.
- 유아가 괴물놀이를 무서워하면 강요하지 말고, 유아의 의견을 존중해준다. 무서워하는 유아에게 다른 친구들이 괴물놀이를 할 동안 다른 공간에서 쉴 수 있도록 하며, 하고 싶어지면 언제든지 참여해도 된다고 안내해준다.

09 공룡 손인형 술래잡기

준비물 소프트 공룡 손인형

한 명의 술래가 나머지 친구들을 잡는 '술래잡기'에 공룡 손인형을 미션으로 추가하여 재미를 더한 변형놀이이다. 모든 참여자들은 공룡 손인형을 손에 낀다. 술래로 정한 공룡 손인형을 낀 유아가 다른 유아들을 잡으러 다닌다. 잡힌 유아는 술래와 손인형을 바꾸고, 술래가 되어 다른 유아들을 잡는다.

🔔 놀이를 통해 경험한 배움 요소

* ◆ 사회관계: 더불어 생활하기 - 약속과 규칙의 필요성을 알고 지킨다.
* ◆ 자연탐구: 자연과 더불어 살아가기 - 주변의 동식물에 관심을 가진다.

해보세요

1 공룡 손인형 중에서 원하는 것을 유아마다 한 개씩 고른다.

2 술래가 될 손인형을 유아들과 함께 의논하여 정한다.
 • "어떤 손인형을 술래로 정할까?"
   ("가장 힘이 센 티라노사우루스요!")
   ("아니야, 프테라노돈이 하늘에서 나니까 1등이야.")

3 모든 유아의 손에 손인형을 끼운다.

4 술래가 된 손인형(티라노사우루스)을 낀 유아가, 도망가는 유아들을 잡으러 다닌다.

5 술래는 손인형을 가지고 있는 손으로 다른 유아의 손인형을 잡는다.
 • "티라노사우루스가 스테고사우루스를 잡았네!"

6 잡힌 유아는 자신의 손인형(스테고사우루스)을 술래(티라노사우루스)와 바꾼다.

7 잡혀서 손인형을 바꾼 유아는 새로운 술래가 되어, 다른 유아들을 잡는다.

이럴 땐 이렇게

- 인원이 많은 학급은 공룡뿐만 아니라 동물 손인형도 포함하여 가지고 놀이한다.
- 동물 종류 대신 가족 손인형을 이용하여 '가족 술래잡기' 놀이로 변형 가능하다.
- 소프트 공룡 및 동물 손인형은 인터넷에서 구입할 수 있다. 일반 손인형보다 공룡이나 동물의 표정과 특징이 잘 표현되어 실제 모습과 유사하다. 말랑하고 부드러운 재질이라 안전하게 놀이할 수 있다.

10 8자 안에서 빙글빙글

준비물 색 테이프

'8자 놀이'는 8자 모양의 제한된 공간에서 술래 유아가 도망 다니는 유아들을
잡는 놀이이다. 점점 술래의 숫자가 늘어나 모든 유아가 술래가 되면 놀이가 끝
난다. 8자 모양이 안경과 비슷하여 안경놀이라고도 하며, 규칙이 간단하여 유
아들이 쉽게 할 수 있는 전래놀이이다.

🔔 놀이를 통해 경험한 배움 요소

- ◆ 신체운동·건강: 안전하게 생활하기 - 일상에서 안전하게 놀이하고 생활한다.
- ◆ 사회관계: 더불어 생활하기 - 친구와의 갈등을 긍정적인 방법으로 해결한다.

▌해보세요

1 먼저 강당 바닥에 색 테이프로 다음과 같이 8자 모양을 그려놓는다.

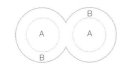

2 가위바위보로 술래가 될 유아 1명을 정한다.

3 술래는 B부분에, 나머지 유아들은 A부분에 선다.

  • 술래는 8자로 된 길만 다닐 수 있다.

  • 나머지 유아는 8자 안의 원에만 있을 수 있다.

4 술래는 1부터 10까지 세고 "출발!"을 외친다.

5 술래는 원 안에 있는 유아를 손으로 잡는다.

  • 유아들은 원 안에서 술래를 피해 도망 다니며, 반대편 원으로도 넘어갈 수 있다.

6 술래의 손에 닿거나 잡힌 유아는 함께 술래가 된다.

7 계속 술래가 늘어나, 유아 모두 술래가 되면 끝난다.

▌이럴 땐 이렇게

- 8자 안의 원(A부분)에서 유아들이 서로 부딪히지 않도록, 충분히 크게 그려준다.

- 실내에서 할 때는 미끄러지지 않도록 양말을 벗고 놀이한다.

- 바깥놀이에서는 물을 담은 주전자로 8자를 그려 놀이할 수 있다.

06

친구와 잘 사귀어요

1. 행동 유형

- 친구와 놀고 싶어 하지만, 사회적 상호작용에 대한 두려움으로 회피하는 행동
- 자유놀이 시간에 한 영역에서 집중하여 놀지 못하고, 주변을 배회하는 행동
- 또래에게 먼저 다가가지 않고 "애들이 나랑 안 놀아줘요."라고 이야기하는 행동
- "너랑 안 놀 거야!"라고 이야기하는 행동
- 친구와의 갈등상황에서 교사에게 자꾸 그 친구의 행동을 이르러 오는 행동

2. 원인

- 지나치게 수줍은 성격이나 기질로 인해, 친구에게 말을 걸지 못할 수 있다.
- 발달이 또래보다 늦을 경우, 친구의 말이나 행동을 잘 이해하지 못하여 사회적 상호작용이 활발하게 일어나지 않을 수 있다.
- 지나치게 경쟁적이거나 발달이 빨라서 마음대로 하려는 경향이 강할 경우, 놀이를 함께 하기 어려울 수 있다.
- 자신에게 발생한 문제를 성인이 계속 해결해주어 스스로 해결해본 경험이 없을 수 있다.

3. 지도 방법

사회적 기술을 학습하기 위해 가장 기본이 되는 것은 친구를 사귀는 것이다.

한 유아교육 전문서적[9]에서는 친구란 '같이 놀 아이'라고 정의한다. 친구를 사귀기 위해서는 놀이를 성공적으로 시작할 수 있어야 한다.

① 현재 진행 중인 친구의 놀이를 방해하지 않도록 가르쳐야 한다. 유아들은 종종 친구의 블록을 무너뜨리거나 인형을 빼앗아가는 등, 놀이를 방해하는 방식으로 놀이상황에 끼어들려고 한다. 그럴 경우, 놀이하는 친구 옆에서 비슷한 활동을 하도록 가르치는 것이 좋다(Ramsey, 1991[10]).

② 그다음 전략은 같이 놀고 싶은 친구가 무엇을 하고 있는지 관찰하게 하여, 다른 사람의 관점에서 상황을 보도록 만드는 것이다.

이러한 관찰은 유아에게 현재 진행 중인 놀이에 대한 정보를 제공해준다. 또래의 자유놀이 과정을 카메라로 찍어보는 '카메라맨 놀이'를 통해, 유아들은 친구들의 놀이 진행과정을 관찰하고 사회적 기술을 구체적으로 습득할 수 있다.

또래 친구들과 사회적 상호작용을 강화한다.

친구와 손을 맞잡고 《퐁당퐁당》을 부르면서 가위바위보를 하거나, 《힘을 모아 풍선을 전달해요》 놀이를 통해 친구와 협력하여 공동체성을 기를 수 있다. 주제에 해당되는 단어를 이야기하고 친구의 이름을 부른 후, 밧줄을 주고받는 놀이를 해본다. 예를 들어 주제가 '과일'이라면, 선아가 "바나나. 오세리 받

---

9. Marjorie V. Fields · Patricia A. Meritt · Deborah M. Fields, 『구성주의 유아생활지도 및 훈육』, 21세기사, 2019
10. 위의 책, p.79

아라." 하고 말하며 세리에게 밧줄을 던진다. 밧줄을 받은 세리는 "딸기. 김지연 받아라." 하고 말하며 지연이에게 밧줄을 던진다. 학급의 유아들은 그렇게 계속 돌아가면서 밧줄을 주고받는다.

얼굴에 포스트잇을 붙이고 얼굴 근육을 움직여서 떼어내는 놀이를 해볼 수 있다. 유아들은 친구들의 응원을 받으며, 그리고 친구들의 재미있는 표정을 보며 친밀감을 형성하게 된다.

사회적 기술을 경험할 수 있도록 지도한다.

친구와 어울리지 못하는 유아에게는 또래들과 함께 노는 데 필요한 사회적 기술을 구체적으로 가르쳐준다. 우정 기술은 나누기, 순서 지키기, 도움 주고받기, 칭찬하기 등을 포함한다(Honig, 2010).

병뚜껑 탑을 쌓는 놀이를 통해 유아들은 여러 가지 모양과 크기의 병뚜껑을 탐색하고, 높게 쌓으려면 어떻게 해야 하는지 친구와 생각을 나누고, 함께 협력해볼 수 있다. 친구와 함께 병뚜껑 재질의 특성, 크기, 모양을 고려하여 생각을 모으다 보면, 점점 처음보다 훨씬 높이 쌓을 수 있게 된다. 병뚜껑 탑을 쌓고 무너지는 과정을 통해, 크기가 큰 것을 밑에, 작은 것을 위에 두어야 한다고 서로 의견을 나누게 된다. ("작은 것을 밑에 놓으면 탑이 쓰러져.", "그럼 큰 것을 밑에 둘까?", "그래, 좋은 생각이다.", "내가 그럼 큰 병뚜껑을 찾을게!") 그러면서 서로의 아이디어를 칭찬하고, 자연스럽게 역할을 나눠 도움을 주고받기도 한다.

대집단 활동보다는 소집단 활동을 계획하여, 유아들이 함께 어울리는 기회를 늘린다.

협동학습을 위한 소집단을 만들어, 부끄러움이 많은 유아들의 상호작용을 도울 수 있다. 두 명의 유아가 짝이 되어 친구와 손을 잡고 "손뼉을 짝! 손뼉을 짝!", "한 발을 쿵! 한 발을 쿵!" 하는 노래 가사에 맞추어 율동을 하면서 친밀감을 느끼도록 할 수 있다.

친구와 안마놀이를 하면서 가까워질 수도 있다. 처음에는 두 명이서 어깨 주무르기, 주먹으로 어깨와 등을 토닥토닥 해주기, 팔 주무르기, 다리 주무르기, 매트에 누운 친구 안마하기를 한다. 익숙해지면 서너 명씩 소모둠을 짜서 안마놀이를 하고, 마지막에는 모든 유아가 기차처럼 길게 차례대로 앉아서 다 함께 안마놀이를 해볼 수 있다.

친구와의 갈등 상황을 직접 해결해보도록 한다.

앞서 말한 책에서는 "교사나 부모가 유아들에게 발생한 문제를 대신 해결해준다면, 유아들은 다른 사람의 관점을 고려하여 문제를 해결할 기회를 얻지 못할 것"이라고 말한다. 교사는 문제 자체를 해결해주는 대신에, 유아가 발달 상태나 연령에 적절한 방식으로 서로의 갈등을 해결하도록 도와야 한다.

어린 유아들은 언어표현이 미숙하므로, 교사가 유아를 대신해서 그 의견을 말로 표현해줄 수 있다. 연령이 발달함에 따라 유아들이 자기 생각이나 의견을 조금 더 명확하게 표현할 수 있게 되면, 유아들이 스스로 차이를 해결할 기회를 갖도록 가능한 한 적게 개입하는 것이 교사의 역할이다.

01 나는 카메라맨, 찰칵!

준비물 | 카메라나 핸드폰, 삼각대

친구와 재미있게 같이 놀기 위해서는 놀이에 참여하는 방법, 놀이를 재미있게 만드는 방법, 친구가 좋아하는 것 등을 알아야 한다. 즉, 같이 놀고 싶은 친구가 무엇을 하고 있는지 관찰하고, 다른 친구들이 놀이를 어떻게 이어나가는지 그 기술을 보고 배울 필요가 있는 것이다. 친구들의 놀이를 카메라로 촬영하면서 주의 깊게 관찰하게 된 유아는, 다양한 사회적 기술을 습득할 수 있다.

 놀이를 통해 경험한 배움 요소

- ◆ 사회관계: 더불어 생활하기 - 서로 다른 감정, 생각, 행동을 존중한다.
- ◆ 자연탐구: 탐구과정 즐기기 - 탐구과정에서 서로 다른 생각에 관심을 가진다.

▌ 해보세요

1 친구들의 놀이를 촬영해주는 '카메라맨'에 대해 유아들과 이야기 나눈다.

2 카메라맨을 하고 싶은 유아가 있는지 확인하여, 카메라맨을 정한다.

3 카메라맨 유아는 교실을 돌아다니면서 친구들의 놀이를 촬영해준다.
   • 촬영하면서 간단한 인터뷰를 할 수 있다.
   ("무슨 놀이를 하고 있어?", "시우는 누구랑 놀이하고 있어?", "기차가 어디로 가고 있어?")

4 유아가 촬영한 동영상을 자유놀이 평가시간에 함께 시청한다.

5 유아들과 함께 촬영 후기를 이야기 나눈다.
   • 촬영한 유아에게 궁금한 점을 질문한다.
   • 촬영하면서 재미있었던 점, 놀이의 신기했던 점, 다음에 직접 해보고 싶은 놀이에 대해 이야기 나눈다.

▌ 이럴 땐 이렇게

- 평소에 교사가 유아들의 놀이를 카메라로 찍는 모습을 보여준다.
- 교사는 자유놀이 영역을 배회하는 유아나 사회성 발달이 필요한 유아가 있는지 잘 살피고, 그 유아에게 카메라맨 놀이를 제안할 수 있다.
- 핸드폰이나 카메라를 삼각대에 고정시켜두면, 유아가 편리하게 찍을 수 있다.
- 친구들의 놀이를 카메라로 찍으며 관찰함으로써, 유아는 놀이하는 방법이나 친구에게 도움을 요청하는 방법, 놀이가 시작되었을 때 참여하는 방법 등을 배울 수 있다.

02 손뼉을 짝! 한 발을 쿵!

준비물 　동영상 '손뼉을 짝', 동요 《손뼉을 짝(작사·작곡 김지혜)》

친구와 함께 짝이 되어 노래 가사와 리듬에 맞춰 율동을 해보는 놀이이다. 친구와 손을 잡고 같은 동작을 해봄으로써 서로 친밀감을 느끼게 된다. 노래가 익숙해지면 친구들과 토의하여 새로운 가사와 동작을 만들어본다.

놀이를 통해 경험한 배움 요소

- ◆ 사회관계: 더불어 생활하기 - 친구와 서로 도우며 사이좋게 지낸다.
- ◆ 예술경험: 창의적으로 표현하기 - 신체나 도구를 활용하여 움직임과 춤으로 자유롭게 표현한다.

▎해보세요

1 동영상 '손뼉을 짝!'을 감상한다.

2 원하는 친구끼리 두 명씩 짝 지어 동영상을 보며 율동을 따라 해본다.

> 1절: 손뼉을 짝 손뼉을 짝 모두 다 손뼉치기 해보자
> 뱅글뱅글뱅글 얼음…
> 2절: 한발을 쿵 한발을 쿵 모두 다 발구르기 해보자
> 뱅글뱅글뱅글뱅글 얼음…

3 다른 유아와 짝이 되어 율동을 한다.

4 친구들과 율동을 해본 느낌을 이야기 나눈다.

▎이럴 땐 이렇게

- 지도서의 동영상과 음원파일을 활용하면 좋다.
  참고: 만 3세 누리과정 「유치원과 친구」 지도서 - 활동 14. 친구와 함께 율동을 해요(p.173~175)
- 유아들끼리 부딪히지 않도록 충분히 넓은 공간을 확보한다.
- 자유놀이 시간에 미리 노래를 반복하여 들려주어 익숙해지도록 한다.
- 짝이 없는 유아는 교사가 짝꿍이 되어준다.
- 후렴구에서 반복되는 '뱅글뱅글뱅글뱅글 얼음' 가사 부분에서 속도를 천천히 혹은 빠르게 조절하여 율동을 하면, 유아들이 매우 즐거워한다.
- 다양한 동작을 넣어 개사해 율동을 표현한다. ("친구랑 콩! 친구랑 콩! 모두 다 안마놀이 해보자!")

03 토닥토닥 안마놀이를 해요

 안마 동영상, 동요 《그대로 멈춰라》 음원

친구들이나 선생님과 스킨십을 하며 서로에게 가까워질 수 있는 놀이이다. 처음에는 두 명이서 활동을 하다가, 익숙해지면 여러 명이 나란히 앉아서 안마를 해준다. 친구와 서로 어깨, 팔, 다리를 안마하면서 우정을 쌓을 수 있다. 가정과의 연계활동으로, 부모님이나 조부모님께 안마해드려 효를 실천해본다.

🔔 놀이를 통해 경험한 배움 요소

- ◆ 신체운동·건강: 신체활동 즐기기 - 실내외 신체활동에 자발적으로 참여한다.
- ◆ 사회관계: 더불어 생활하기 - 친구와 서로 도우며 사이좋게 지낸다.

1 유아들은 동요 《그대로 멈춰라》를 부르면서 교실을 돌아다닌다.

2 교사의 신호가 들리면, 원하는 짝과 손을 잡고 자리에 앉는다.

3 안마 동영상을 보면서 서로 안마를 해준다.

  • 어깨 주무르기, 주먹으로 어깨와 등을 토닥토닥 해주기, 팔 주무르기, 다리 주무르기, 매트에 누운 친구 안마해주기 등

4 역할을 바꾸어 안마놀이를 반복한다.

5 인원 제한 없이, 각자 원하는 친구 뒤로 가서 안마를 한다.

  • 기차처럼 길게 차례대로 앉아서 안마를 한다.

  • 뒤로 돌아서 반대로 안마를 한다.

▌ 이럴 땐 이렇게

- 지도서의 동영상과 음원파일을 활용하면 좋다.

  참고: 만 3세 누리과정 「나와 가족」 지도서 - 활동 14. 재미있는 안마 놀이(p.175)

- 안마를 할 때는 너무 세게 하지 않도록 사전에 이야기를 나눈다.

- 안마놀이에 교사도 함께 참여하며, 유아들 사이에서 다툼이나 갈등이 생기지 않는지 잘 살핀다.

- 반드시 한 장소에서만 하기보다, 유아들이 원하는 여러 곳으로 이동해서 놀이한다. (이야기 나누기 매트, 역할영역 집 안, 쌓기영역 매트, 언어영역 책장 옆 등)

04 퐁당퐁당 가위바위보

준비물 (없음)

퐁당퐁당 동요를 부르면서 가위바위보를 하는 놀이이다. 처음 가위바위보를 할 때는 이긴 유아에게만 '친구 손등 치기'라는 미션이 부여되지만, 응용편에서는 진 유아가 자신의 손등을 보호하면서 손바닥으로 막을 수 있는 순발력이 요구된다. 이긴 유아와 진 유아 모두가 즐겁게 참여한다.

🔔 놀이를 통해 경험한 배움 요소

- ◆ 신체운동·건강: 신체활동 즐기기 - 실내외 신체활동에 자발적으로 참여한다.
- ◆ 사회관계: 더불어 생활하기 - 친구와 서로 도우며 사이좋게 지낸다.

▌해보세요

1 유아들은 둘씩 나뉘어 친구와 마주 보고 앉는다.

2 유아의 왼손과 친구의 오른손이 교차하도록, 악수하듯이 맞잡는다.

3 노래를 부르면서 가위바위보를 반복한다.

- ("퐁당퐁당 돌을 던지자. 누나 몰래 돌을 던지자. 냇물아 퍼져라, 널리 널리 퍼져라. 건너편에 앉아서 나물을 씻는 우리 누나 손등을 간질여주어라.")
- 진 유아는 손등이 보이도록 내민다.
- 이긴 유아는 친구의 손등을 한 번 친다.

4 [응용편]
놀이에 익숙해지면, 가위바위보에서 진 유아는 반대쪽 손바닥으로 자신의 손등을 막는다.

▌이럴 땐 이렇게

- 친구의 손등을 너무 세게 쳐서 아프게 하지 않도록 한다.
- 쉬는 시간이나 전이시간에 할 수 있는 놀이이다.
- '쌍권총 가위바위보 놀이'로 확장해볼 수 있다.
  ① 두 유아가 서로 마주 본다.
  ② "쌍권총!"이라고 말하면, 가위바위보 중에 원하는 것 두 가지를 두 손으로 낸다.
  ③ "하나 빼기 일~!"이라고 말하면, 각자 친구의 손을 잘 보며 자신이 이길 수 있다고 생각하는 손을 내민다.
  ④ 누가 가위바위보에서 이겼는지 확인한다.

05 밧줄을 던지고 받아요

준비물 매듭을 묶은 밧줄 1개

주제에 해당되는 낱말을 이야기하고, 친구의 이름을 부르면서 줄을 던져보는 놀이이다. 주제에 따른 낱말을 생각해보고 친구와 중복되지 않게 이야기해야 하므로, 언어 발달과 창의성 발달을 도울 수 있다. 친구와 눈을 마주치며 밧줄을 던져주는 활동을 통해 또래 간의 상호작용을 경험할 수 있다.

🔔 놀이를 통해 경험한 배움 요소

- ◆ 의사소통: 듣기와 말하기 - 말놀이와 이야기 짓기를 즐긴다.
- ◆ 사회관계: 더불어 생활하기 - 서로 다른 감정, 생각, 행동을 존중한다.

▌ 해보세요

1 밧줄이 풀어지지 않게 매듭을 짓는다.

2 유아들은 동그랗게 마주 보고 선다.

3 밧줄을 든 유아가 좋아하는 과일과 친구 이름을 연달아 부르면서, 이름을 부른 친구 앞에 밧줄을 던진다.
 • ("바나나~ 오세리.")

4 밧줄을 받은 유아는 다른 종류의 좋아하는 과일을 이야기하면서 다른 친구 앞에 던진다.
 • ("망고~ 배지민.")

5 유아들은 밧줄 던지며 부르기를 계속 반복하여 놀이한다.
 • ("수박~ 박세민." ⇒ "토마토~ 유시온." ⇒ "딸기~ 홍나라.")

▌ 이럴 땐 이렇게

- 처음 할 때는 친구의 이름만 부르고 밧줄을 던진다. 놀이에 익숙해지면, 조건에 해당되는 단어와 친구의 이름을 함께 이야기한다.
- 과일 이름뿐만 아니라 다양한 주제로 변경하여 활용할 수 있다. 육상 교통기관(버스 → 택시 → 트럭 → 자동차 등), 동물(원숭이 → 코끼리 → 하마 → 호랑이 등) 등.
- 유아가 단어를 스스로 생각할 수 있도록 시간을 충분히 준다.
- 교사도 참여하여, 모든 유아들의 이름이 골고루 불리도록 지원한다.

06 친구랑 병뚜껑 탑을 쌓아요

다양한 모양과 크기의 병뚜껑 여러 개

병뚜껑은 알 까기, 멀리 던지기, 빙고 놀이 등을 할 수 있는 매우 유용한 비구조적 놀잇감이다. '병뚜껑 탑 쌓기'는 친구와 병뚜껑 탑을 쌓으면서 서로의 의견을 교환하고 협력해보는 놀이이다. 병뚜껑의 특성을 탐구하고 높이 세우기 위해서 어떤 방법을 사용할지 친구와 이야기 나누어봄으로써, 다양한 생각과 의견을 교환할 수 있다.

 놀이를 통해 경험한 배움 요소

- ◆ 신체운동 · 건강: 신체활동 즐기기 - 신체 움직임을 조절한다.
- ◆ 자연탐구: 탐구과정 즐기기 - 탐구과정에서 서로 다른 생각에 관심을 가진다.
  생활 속에서 탐구하기 - 물체의 특성과 변화를 여러 가지 방법으로 탐색한다.

▌해보세요

1 유아들은 동그랗게 모여 앉는다.

2 바구니에서 유아가 원하는 병뚜껑을 한 개 선택하여, 원 가운데 놓는다.

3 그다음 유아가 그 병뚜껑 위에 자신이 선택한 병뚜껑을 올린다.

4 차례대로 계속 병뚜껑을 올리며, 병뚜껑 탑이 쓰러지지 않도록 살살 놓는다.

5 탑을 다 쌓고 소원을 빈다.
- "사람들은 간절한 마음으로 원하는 것을 탑을 바라보며 빌기도 한단다. 친구들은 어떤 소원을 빌고 싶나요?"

6 무너지면 처음부터 다시 시작한다.

▌이럴 땐 이렇게

- 가정에 안내하여 다양한 크기와 모양의 병뚜껑을 수집한다.

> 이번 주에는 병뚜껑 놀이를 실시하고자 합니다. 음료수 · 생수 · 반찬 · 잼 · 그릇 등의 뚜껑을 깨끗이 씻어 말린 후, 17일(월)까지 유치원으로 보내주시면 수업에 활용하겠습니다. 감사합니다.

- 대집단과 소집단에서 모두 할 수 있는 놀이지만, 어린 유아는 기다리는 것을 지루해할 수 있으므로 2~3명을 한 팀으로 하면 적당하다.
- 유아들은 놀이를 통해 병뚜껑의 크기가 큰 것을 밑으로, 작은 것을 위로 두어야 안정적으로 쌓을 수 있다는 것을 스스로 탐구한다. ("어? 무너졌다. 아하! 작은 것을 밑에 두면 쓰러지네.")

07 찡긋찡긋 포스트잇 수염 떼기

준비물 다양한 크기의 포스트잇

얼굴에 포스트잇을 붙이고, 얼굴 근육을 움직여서 떼어내는 놀이이다. 유아들은 포스트잇을 눈 밑에 붙여 눈물이라고 표현하기도 하고, 코나 턱 밑에 붙여 수염이라고 말하기도 한다. 친구들이 포스트잇을 떼려고 다양한 표정을 짓는 것을 보면서 유아들은 배꼽을 잡고 웃는다.

 놀이를 통해 경험한 배움 요소

- 신체운동·건강: 신체활동 즐기기 - 신체를 인식하고 움직인다.
- 자연탐구: 탐구 과정 즐기기 - 궁금한 것을 탐구하는 과정에 즐겁게 참여한다.

1 친구와 마주 보고 앉는다.
 • 앉기 전에, 포스트잇을 1장씩 직접 선택하여 가지고 있게 한다.

2 가위바위보에서 이긴 유아부터 친구의 얼굴에 포스트잇을 붙인다.

3 진 유아도 친구의 얼굴에 포스트잇을 붙인다.
 • 포스트잇이 떨어지지 않게, 접착 부분을 손으로 꾹 누른다.

4 얼굴 근육을 움직여 포스트잇을 떼어낸다.
 • 손을 사용하여 떼면 안 된다고 안내한다.

5 포스트잇을 먼저 다 떼어낸 유아가 이긴다.

6 [응용편] ① 두 팀으로 나눈 후, 2인 1조로 짝을 만든다.
 ② 2명 중 1명의 유아 얼굴에 포스트잇을 붙인다.
 ③ 짝 유아가 부채로 바람을 만들어서 친구 얼굴의 포스트잇을 뗀다.

▌이럴 땐 이렇게

- 얼굴에 붙일 포스트잇 개수는 유아들과 의논하여 알맞은 개수를 정한다.
- 포스트잇이 너무 금방 떨어진다면, 포스트잇을 물로 약간 적신다. 너무 흠뻑 적시면 떼어내는 데 시간이 오래 걸리니 주의한다.
- 신문지를 잘게 잘라서 적당한 양의 물에 적셔 얼굴에 붙여도 재미있다. 공정한 놀이를 위해서, 신문지 크기와 물의 양 조절이 필요하다.

08 힘을 모아 풍선을 전달해요

준비물 풍선 2개, 호루라기

풍선은 유아들이 매우 좋아하는 놀이자료 중 하나로, 가볍고 말랑말랑한 촉감
으로 호기심을 자극한다. 이러한 풍선을 활용하여 친구와 놀이하는 즐거움을
통해 함께 노는 소중함을 느끼고, 서로 협력해보는 경험을 통해 공동체성을 기
를 수 있다.

🔔 놀이를 통해 경험한 배움 요소

◆ 신체운동 · 건강: 신체활동 즐기기 - 신체 움직임을 조절한다.
◆ 사회관계: 더불어 생활하기 - 친구와 서로 도우며 사이좋게 지낸다.

▌해보세요

1 유아들을 두 팀으로 나눈다.

2 두 줄로 나란히 서서 간격을 좁힌다.

　• 머리 위로 두 팔을 높이 든다.

3 호루라기 소리가 들리면 앞에 있는 유아가 뒤에 있는 친구에게 풍선을 전달한다.

4 풍선이 맨 마지막에 도착하면, 다시 앞으로 넘긴다.

5 풍선이 출발점에 먼저 도착한 팀이 이긴다.

6 [응용편]

놀이가 익숙해지면 조건을 변경하여 놀이해본다.

(예: 다리 벌려 사이로 전달하기, 옆구리로 전달하기, 헤딩으로 전달하기, 한 손으로 치기, 두 팀
이 마주보고 지그재그로 한 번씩 끝까지 치기 등)

▌이럴 땐 이렇게

- 놀이를 하기 전에 풍선을 충분히 탐색할 시간을 갖는다.

- 팀을 나누지 않고 학급의 모든 유아가 한 줄로 선다. 풍선을 맨 앞에서부터 뒤로 보낸 후 다시 출
발점으로 돌아오면 학급 공동체성을 기르는 데 유익하다. 이 때 모래시계를 활용하여 제한시간
안에 미션을 완료해볼 수 있다.

09 그물 속 물고기, 꼼짝 마라!

준비물 (없음)

한 명의 술래로 시작해서 점점 술래가 늘어나, 서로 손을 맞잡은 술래들의 모습이 마치 그물처럼 보여 '그물 술래잡기'라고 부른다. 즉 술래는 그물이 되고, 도망가는 유아들은 물고기가 된다. 유아들은 도망가는 친구를 잡기 위해, 그물로 어떻게 공간을 막을 수 있을지 탐구하며 즐거워한다.

🔔 놀이를 통해 경험한 배움 요소

- ◆ 신체운동 · 건강: 신체활동 즐기기 - 실내외 신체활동에 자발적으로 참여한다.
- ◆ 사회관계: 더불어 생활하기 - 친구와 서로 도우며 사이좋게 지낸다.

▌해보세요

1 술래가 될 유아 1명을 정한다.

2 나머지 유아들은 도망간다.

3 술래에게 잡힌 유아는 술래와 손을 잡는다.

　• 한쪽 손은 서로 맞잡고, 나머지 손만 사용하여 도망가는 유아를 잡는다.

4 술래 2명이 도망가는 유아들을 잡는다.

5 잡히면 술래와 손을 잡고 함께 술래가 되기를 반복한다.

　• 술래들은 그물처럼 엮은 손으로 유아들이 도망가지 못하게 막는다.

　• 도망가는 친구들을 잡으며 계속 그물을 늘려간다.

6 모두 잡히면 놀이가 끝난다.

▌이럴 땐 이렇게

- 유아들은 그물이 길어질수록 원하는 방향으로 움직이기 어려워진다. 이때 교사는 서로 의견을 나누며 몸을 한곳으로 움직일 수 있는 공동체 의식을 기를 수 있도록 지원한다.
- 사람 그물이 되어 친구들을 잡는 놀이이기 때문에, 강당 같은 실내공간이 좋다. 운동장에서 할 경우, 콘으로 공간을 제한해서 그 범위 안에서만 놀이하게 한다.
- 처음에는 긴 그물로 놀이하다가 익숙해지면, 술래가 3명 이상 되면 그물에서 분리한다. 그물이 따로 움직일 수 있으므로 도망가는 유아들을 더 적극적으로 잡을 수 있다.
- 다른 놀이를 하기 전에 몸풀기 놀이로 해볼 수 있다.

10 나는 흰자, 너는 노른자, 우리는 계란

준비물 전자 호루라기

제시되는 조건에 따라 유아들이 자리를 바꿔보는 놀이이다. 계란의 흰자 역할과 노른자 역할이 될 유아를 정하고, 놀이가 시작되면 다른 곳으로 자리를 바꾼다. 유아들이 "여기 자리 비었어! 이리 와!", "우리는 계란프라이 완성!"이라고 외치며 친구들과 즐겁게 소통하는 모습을 볼 수 있다.

> 🔔 놀이를 통해 경험한 배움 요소
>
> • 의사소통: 듣기와 말하기 - 말이나 이야기를 관심 있게 듣는다.
> • 사회관계: 더불어 생활하기 - 친구와 서로 도우며 사이좋게 지낸다.

▌해보세요

1 유아 3명이서 한 팀이 된다.

2 유아 2명은 서로 마주 보며 손을 잡고, 남은 1명은 가운데로 들어간다.
   • 마주 보는 2명은 흰자, 가운데 1명은 노른자 역할이다.

3 팀별로 모여 동그랗게 선다.

4 교사가 호루라기를 누르고, "노른자 바꾸세요!"라고 외친다.

5 노른자 유아들끼리 서로 자리를 바꾼다.
   • 원래 있던 자리를 떠나 다른 곳으로 가야 한다.

6 새 자리를 찾아간 것을 확인하면, 교사가 호루라기를 누르며 "흰자 바꾸세요!"라고 외친다.

7 흰자 유아 2명도 다른 흰자 자리로 간다.

8 교사가 "펑!" 하면, 노른자와 흰자 모두가 섞여 자리를 바꾼다.

▌이럴 땐 이렇게

- 팀 편성할 때, 다양한 방법으로 팀을 나눌 수 있다.
   ① 탁구공 뽑기: 상자나 비밀 주머니에 주황색과 흰색 탁구공을 우리 반 유아 수만큼 넣고, 유아들
      이 뽑는 색대로 팀을 나눈다.
   ② 색종이 고르기: 빨간색과 파란색의 색종이를 우리 반 유아 수만큼 준비하고, 선택한 색종이 색
      으로 팀을 나눈다.
- 처음에는 교사가 진행을 맡지만, 익숙해지면 유아가 조건을 제시할 수 있다.

07 관심을 채워주세요

1. 행동 유형

- 끊임없이 자신의 행동을 확인받고 싶어 하는 행동
  : "친구야, 나 그림 잘 그렸지? 응? 응? 이것 좀 봐봐."
- 교사의 관심을 받고자 계속 교사의 주변을 맴도는 행동
  : "선생님, 뭐 해요?", "선생님 이건 뭐예요?", "선생님 아까 민수 역할영역에 왜 왔어요?"
- 자신의 행동 하나하나를 이야기하는 행동
  : "선생님, 김치 먹었어요. 밥도 먹었어요. 이제 국도 먹을 거예요."
- 놀이나 활동 분위기를 흐리는 행동
  : "재미없어~", "나 안 해."
- 관심을 얻으려는 공격적 행동(물건 던지기, 친구를 발로 차거나 때리기 등)
- 자기가 하고 싶은 말만 하는 행동

2. 원인

- 유아가 갑작스러운 일상생활의 변화를 겪었을 수 있다. 예를 들어, 동생의 출생, 주 양육자와의 이별, 가족구성원의 사망 등으로 인해 스트레스를 경험했을 수 있다.
- 유아교육기관이나 가정에서 유아가 받고자 하는 관심의 양이 충분하지 않았기 때문이다.

- 열등감으로 인한 행동일 수 있다.
- 낮은 자아 존중감으로 인한 행동일 수 있다.

3. 지도 방법

교사의 진심 어린 눈맞춤과 적극적 경청이 중요하다.

교사는 관심이 필요하다는 유아의 신호에, 성의를 가득 담아 반응해주어야 한다. 유아가 질문했을 때, 하던 일을 계속하거나 다른 곳을 응시하면서 "응, 그랬구나~"라고 대강 대답하기보다, 유아의 얼굴을 보고 눈을 마주치며 "그래서 어떻게 되었니?"라고 개방적 질문을 사용하여 적극적으로 경청하는 태도를 보여준다.

유아들은 교사에게 자신의 이름을 불리고 눈맞춤을 하면서 스스로가 사랑받는 존재임을 확인한다. '사랑해' 손유희를 통해 교사가 유아에게, 유아가 교사에게 서로 하트를 보내는 동작을 주고받으며 유아의 관심받고자 하는 욕구를 충족시켜줄 수 있다.

평소에 충분한 관심을 받을 수 있도록 환경을 제공해준다.

매일 최소한 5~10분 동안 긍정적으로 반응해준다. 꺼안기, 다정하게 어깨 두드리기 등 신체적 반응이나 "나는 네가 오늘 유치원에 와서 정말 기쁘다.", "선생님은 너를 알게 되어서 기쁘다.", "어제 유치원에 오지 않아서 많이 보고 싶었어." 같은 언어적 반응도 좋다. 이러한 교사의 긍정적 반응은 유아의 행동과 상관없이, 단지 자신이 유치원에 있다는 것만으로도 교사로부터 수용되고 주목받는다는 것을 알게 하는 데 목적이 있다.

유아가 유아교육기관 일과에서 충분한 관심을 받을 수 있는 다양한 놀이를
한다. 손소독제를 친구들에게 나누어주는 '손소독제 도우미'를 해볼 수 있고,
'우리 반 꼬마 선생님'이 되어 중요한 역할을 맡길 수 있다. 예를 들어 아침인
사 주고받기, 칠판 날짜 바꾸기, 하루 일과 칠판에 적기, 출석카드 읽기, 교실
형광등 켜고 끄기, 화분에게 "사랑해."라고 말해주기 등이다.

스케이트를 타며 멋진 동작을 하는 모습을 친구들에게 보여주어 관심을 받는
것도 한 가지 방법이다. 교실 바닥에 파란 비닐을 깔아 테이프로 고정시켜 실
제 얼음바닥과 유사한 환경을 만들어준다. 비닐만으로도 충분히 미끄러우나,
일회용 덧신을 신고 움직이게 하면 훨씬 더 미끄럼을 타면서 부드럽게 움직
일 수 있다. 유아들은 피겨 스케이팅 선수처럼 무대의 주인공이 되어, 음악에
맞추어 신체표현을 즐긴다.

짝을 이룬 두 유아가 '사람'과 '거울'이 되어, 사람의 동작을 거울이 따라 해보
는 '거울놀이'를 해볼 수 있다. 또한 보자기를 목에 두른 유아가 주인공이 되
어 그 말과 행동을 나머지 유아들이 따라 해보는 '보자기 주인공 따라 하기'
는, 관심받기를 좋아하는 유아가 자신의 동작을 친구들이 따라 하는 것을 통
해 만족감을 느낄 수 있다.

'여우야 여우야 뭐 하니'의 변형 놀이도 할 수 있다. 술래가 원하는 동물 머리
띠를 선택하여 그에 맞게 가사를 바꾸어 불러본다. 예를 들어 술래가 토끼 머
리띠를 선택했다면, 토끼 머리띠를 쓰고 동그랗게 모인 친구들 가운데로 앉
는다. "여우야~ 여우야~ 뭐 하니~"를 "토끼야~ 토끼야~ 뭐 하니~"로 바꾸어
부른 후, 마지막에 "살았다!"라고 외치며 달려가서 다른 친구들을 잡는다. 잡
힌 유아는 다시 자신이 원하는 동물 머리띠를 선택하며 놀이를 반복한다.

유아의 활동이나 놀이를 인정하고 구체적으로 칭찬해주어
긍정적 자아개념을 형성하도록 돕는다.

유아들은 자유놀이 시간에 그린 그림이나, 직접 조립한 레고 자동차 등 자신이 만든 작품을 교사나 친구들에게 설명하는 것을 즐거워한다. 교실 한쪽에 유아의 이름이 적힌 개인공간을 만들어 '우리 반 갤러리'를 꾸며놓으면, 유아들은 자신의 작품을 전시하기도 하고 친구들의 작품을 감상할 수도 있다.

공격적 행동으로 관심을 얻고자 할 때는 단호한 태도를 보여준다.

다른 유아를 때리거나, 발로 차거나, 상처 입히는 것은 결코 허용하지 않는다. 간단하고 명료하게, 남에게 상처를 주는 행동은 허용되지 않는다는 것을 이야기해준다. 이때 교사가 너무 오랫동안 장황하게 유아의 공격적 행동에 대해 설명하고 지도한다면, 유아는 이 관심을 즐기며 강화를 받게 되어 그러한 행동이 지속될 수 있으니 유의하자.

01 나는야 손소독제 도우미

준비물 손소독제(펌프형)

코로나19로 기침할 때 얼굴 가리기, 깨끗이 손 씻기 등이 중요한 개인위생수칙으로 자리 잡으며 손소독제 사용 역시 필수가 되었다. 손소독제를 나누어주는 역할은 교사만 가능한 것이 아니라 유아에게도 맡길 수 있다. 유아는 손소독제를 친구들에게 짜주면서, 나와 친구의 안전을 지키는 방법을 생각하게 될 것이다.

 놀이를 통해 경험한 배움 요소

- 신체운동 · 건강: 건강하게 생활하기 - 질병을 예방하는 방법을 알고 실천한다.
- 사회관계: 나를 알고 존중하기 - 내가 할 수 있는 것을 스스로 한다.

1 친구들에게 손소독제를 줄 도우미 유아를 선정한다.
　• 많은 유아들이 하고 싶어 한다면, 번호순이나 제비뽑기나 탁구공 뽑기 등으로 오늘의 손소독제
　　도우미를 정한다.

2 도우미 유아는 친구들과 교사에게 손소독제를 나누어준다.
　① 손소독제를 받을 유아는 양손을 모아 넓게 편다.
　② 도우미 유아는 친구의 손 가운데에 손소독제를 눌러 적당량을 짠다.
　③ 손소독제를 받은 유아는 고루 퍼지도록 두 손을 비빈다.

3 도우미 유아는 교사의 손에도 손소독제를 짜준다.

4 교사나 다른 친구의 도움을 받아, 도우미 유아도 자기 손에 손소독제를 바른다.

■ 이럴 땐 이렇게

- 처음에는 교사가 손소독제를 어떻게 적당량 짜주는지 시범을 보이고, 익숙해지면 유아들이 할 수
있도록 한다. 유아들의 활동이나 기본 생활습관은 교사가 항상 본보기를 보여야 하므로, 교사가
손소독제를 사용하는 모습도 유아들에게 보여준다.

- 손소독제 도우미는 가위바위보로 정할 수도 있지만, 긍정적 행동을 한 유아나 주목받고 싶어 하는
욕구가 큰 유아에게 제안할 수 있다.
　"오늘 친구 발표를 잘 들어준 상은이가 손소독제 도우미가 되어보겠니?"

02 꼬마 선생님이 될래요

준비물 (없음)

유아들은 꼬마 선생님이 되어 자신이 할 수 있는 일을 해봄으로써 책임감과 자신감을 기를 수 있다. 교실에서 필요한 역할을 맡게 된 유아는 자신이 중요한 존재라는 것을 느끼며, 관심받고자 하는 욕구가 자연스럽게 충족될 것이다. 도우미나 리더가 되는 경험은 다른 친구들과 상호작용할 기회도 제공해준다.

🔔 놀이를 통해 경험한 배움 요소

> ◆ 사회관계: 나를 알고 존중하기 - 내가 할 수 있는 것을 스스로 한다.
>   더불어 생활하기 - 친구와 서로 도우며 사이좋게 지낸다.

▌해보세요

1 꼬마 선생님이 할 수 있는 일에 대해 유아들과 이야기 나눈다.

- "우리 친구들이 선생님이 된다면 할 수 있는 일은 어떤 것이 있을까요?"

  (아침 인사 주고받기, 칠판 날짜 바꾸기, 하루 일과 칠판에 쓰기, 출석카드 읽기, 교실 형광등 켜고 끄기, 놀잇감 정리 돕기, 화분에게 "사랑해"라고 말해주기, 화분에 물 주기, 곤충이나 동물에게 먹이 주기 등)

2 유아들이 하고 싶은 역할에 대해 토의한다.

- 각자, 제일 먼저 하고 싶은 역할을 선택한다.
- 같은 역할을 원하는 유아가 2명 이상이면, 함께 역할을 맡는다.
- 너무 많은 유아가 한 역할에 몰리면, 다양한 방법(가위바위보, 제비뽑기, 양보하기 등)으로 정한다.

3 유아들은 각자 하고 싶은 역할을 맡아 일주일 동안 실천한다.

4 꼬마 선생님을 해본 경험을 친구들과 이야기 나눈다.

▌이럴 땐 이렇게

- '아침 인사 주고받기'는 선생님과 함께 교실에 오는 유아를 미소로 반겨주는 역할이다.
- 꼬마 선생님의 역할은 고정적인 것이 아니라, 일정기간이 지나면 여러 역할을 돌아가면서 하는 것임을 이야기해준다.
- 일주일 후에는 이전에 하지 않은 역할을 선택하도록 해서, 모든 유아가 골고루 꼬마 선생님을 체험해 볼 수 있도록 한다.
- '우리 반 꼬마 선생님' 게시판을 만들어 자신의 이름과 역할을 그림이나 글로 표현하여 붙일 수 있다.

03 우리 반 갤러리에 어서 오세요

자유놀이 시간에 만든 유아들의 작품, 세워서 쓰는 꽂이판(148x105㎜ 크기), 유아 이름과 작품명을 쓸 종이

관심받기를 좋아하는 유아는 교사나 또래 친구들에게 자신이 만든 작품을 가져와서 그것에 대해 계속 이야기하기를 즐긴다. 자신의 작품이 관심을 받고 존중을 받는 데서 만족감과 성취감을 느끼는 것이다. 이런 특성에 착안하여, 교실한 공간에 유아들이 만든 작품을 전시하는 곳을 갤러리처럼 꾸미고 친구들에게 설명하도록 하는 활동이다.

 놀이를 통해 경험한 배움 요소

- ◆ 의사소통: 듣기와 말하기 - 자신의 경험, 느낌, 생각을 말한다.
- ◆ 자연탐구: 탐구과정 즐기기 - 탐구과정에서 서로 다른 생각에 관심을 가진다.

▌해보세요

1 전시영역을 어디로 정할지 유아들과 이야기 나눈다.

2 자유놀이 때 만들었던 놀잇감이나 작품을 전시영역에 전시한다.

3 유아는 종이에 자기 이름과 작품명을 그림이나 글자로 표현한다.

4 작품을 전시한 유아는 친구들에게 작품에 대한 설명을 해준다.

5 작품 소개가 끝나면, 작품에 대해 궁금한 점을 서로 이야기 나눈다.

▌이럴 땐 이렇게

- 사전활동으로 갤러리가 어떤 곳인지, 지켜야 할 예절은 무엇인지에 대하여 먼저 이야기를 나누면 좋다.
- 전시영역은 유아들이 작품을 감상하기에 적절한 교실의 일부 공간을 활용한다. (언어영역 교구장 위, 복도 교구장, 신발장 위, 사물함 위 등)
- 작품명과 유아 이름을 쓸 수 있는 라벨지와 거치대(148x105㎜)를 함께 준비하면 좋다. 세워서 쓰는 꽂이판은 다이소에서 구입할 수 있다.
- 라벨지에 작품명과 이름을 쓸 때, 글자를 쓰기 어려워하는 유아는 그림으로 표현해보거나 교사의 도움을 받을 수 있다.
- 전시기간은 전시된 놀잇감을 다른 유아들도 사용하고 싶어 하는 점을 고려하여, 유아들과 상의하고 설정한다. (블록처럼 자주 놀이하는 놀잇감은 2~3일 정도로 짧게, 그림이나 만들기 작품은 1주일 이상)

04 피겨 스케이팅 선수처럼

준비물 . 파란 비닐봉지(대형 사이즈), 일회용 덧신, 테이프

추운 겨울에도 유아들은 스케이트, 눈썰매 같은 활동적인 바깥놀이를 즐긴다. 특히 이 놀이는 피겨 스케이팅 선수처럼 빙판 위의 주인공이 되어 신체를 표현해볼 수 있어, 관심받고 싶어 하는 유아들이 특히 좋아하는 활동이다. 교실 바닥에 파란 비닐봉지를 깔고 일회용 덧신을 이용하면, 실제 얼음바닥처럼 미끄러운 환경을 조성해줄 수 있다.

🔔 놀이를 통해 경험한 배움 요소

- ◆ 신체운동·건강: 신체활동 즐기기 - 실내외 신체활동에 자발적으로 참여한다.
- ◆ 예술경험: 창의적으로 표현하기 - 신체나 도구를 활용하여 움직임과 춤으로 자유롭게 표현한다.

▌해보세요

1 유튜브에서 피겨 스케이팅 동영상을 유아들과 시청한다.
- "이 선수의 움직임을 자세히 관찰해볼까요?"

2 두 팀으로 나누어, 한 팀이 먼저 음악에 따라서 몸으로 표현한다.

3 다른 팀은 친구들의 동작을 보면서 칭찬해줄 친구를 마음속으로 정한다.
- 신체표현이 끝나면 박수를 치고, 기억에 남는 동작과 표현한 친구를 소개한다.

4 관람하던 팀도 무대로 나와, 신체표현을 한다.

5 혼자서 공연을 하고 싶은 유아는 단독 무대 공연을 한다.

▌이럴 땐 이렇게

- 발이 잘 미끄러지도록 파란 비닐봉지를 바닥에 깔 때, 파란 비닐봉지는 두 겹으로 되어 있으니 가위로 잘라 한 겹으로 만든 후, 움직이지 않게 테이프로 바닥에 고정시킨다.
- 처음에는 피겨 스케이팅 선수의 동영상 속 동작을 보고 따라 할 수 있도록 한다. 익숙해지면 음악만 듣고 신체로 표현해볼 수 있다.
- 처음부터 혼자 표현하는 것은 부끄러워할 수 있으므로, 단체로 충분히 신체표현을 한 후 개별적으로 표현할 수 있도록 격려한다.
- 교사는 유아들의 신체표현 동작을 구체적으로 언급해준다. 유아는 교사가 자신의 행동에 관심을 갖고 보고 있다는 것을 인식하고, 자신의 동작표현이 존중받는다고 느낄 것이다.
  "서인이가 점프를 했구나.", "루빈이가 두 팔을 벌리고, 오른쪽 다리는 들고 있구나."

05 두 손에 사랑을 가득 담아 "사랑해!"

준비물 (없음)

유아들은 자신의 이름이 불리는 것을 좋아한다. '사랑해' 손유희는 유아들의 이름을 부르며, 교사와 유아들이 하트를 주고받는다. 서로 눈맞춤을 통해 래포(Rapport, 사람과 사람 사이의 신뢰와 친근감)를 형성할 수 있다. 유아들의 이름을 부르는 순서를 매번 달리함으로써 집중과 재미 요소를 추가할 수 있다.

🔔 놀이를 통해 경험한 배움 요소

◆ 사회관계: 나를 알고 존중하기 - 나를 알고 소중히 여긴다.
◆ 예술경험: 창의적으로 표현하기 - 신체나 도구를 활용하여 움직임과 춤으로 자유롭게 표현한다.

해보세요

1 유아들과 다양한 하트 표현방법에 대해 이야기 나눈다.

  • 손가락 전체로 하트 만들기, 양손 검지와 엄지를 이어서 하트 만들기, 엄지와 검지를 엇갈려 붙여 하트 만들기, 양팔을 머리 위로 들어올려 하트 만들기 등

2 유아는 자신의 이름이 불리면, 원하는 방법대로 하트 모양을 만들며 대답한다.

부르는 사람	대화 내용
교사	선생님은 경서를 (하트를 만들며) 사랑해
유아 대답	(경서가 하트를 만들며) 사랑해
교사	선생님은 채연이를 (하트를 만들며) 사랑해
유아 대답	(채연이가 하트를 만들며) 사랑해
교사	선생님은 상은이, 주미, 연규, 찬우를 (하트를 만들며) 사랑해
유아 대답	(상은이, 주미, 연규, 찬우가 하트를 만들며) 사랑해
	우리 반 유아 이름을 다 부를 때까지 반복한다.
교사(마지막)	선생님은 우리 잎새반을 (하트를 만들며) 사랑해
유아 대답(마지막)	(잎새반 모든 유아가 하트를 만들며) 사랑해

이럴 땐 이렇게

- 이 손유희는 주제와 상관없이 평소에 유아의 주의집중력을 높이는 손유희로도 활용이 가능하다.
- 유아들의 이름을 불러주기 때문에 유아와 교사 사이 래포 형성에 유익하고, 이름이 불린 유아는 교사와 친구들의 관심을 한 몸에 받을 수 있어 자아존중감이 향상된다. 또한 다양한 동작(하트)를 표현해봄으로써 창의성도 발달된다.
- 마지막 부분에 우리 반 명칭을 부르면 유아들이 소속감을 느낄 수 있다.

06 세계 여러 나라 패션쇼

 세계 여러 나라의 전통의상

세계 여러 나라 의상을 입고, 친구들 앞에서 다양한 포즈를 취해보는 놀이이다.
유아들은 평소에 입는 옷이 아닌 외국의 전통의상을 신기해하며 입어보고 싶어
한다. 이를 통해 우리 문화뿐만 아니라 다양한 문화에 대해 존중하는 마음을 기
를 수 있다. 주목받고 싶은 욕구를 가진 유아는 이 활동을 통해 무대에서 친구
들의 관심을 받는 경험을 해봄으로써 자존감 향상과 만족감을 느낄 수 있다.

🔔 놀이를 통해 경험한 배움 요소

◆ 사회관계: 사회에 관심 가지기 - 다양한 문화에 관심을 가진다.
◆ 예술경험: 아름다움 찾아보기 - 자연과 생활에서 아름다움을 느끼고 즐긴다.

▋해보세요

1 세계 여러 나라의 전통의상을 보고 이야기를 나눈다.

2 유아들이 각자 입고 싶은 의상을 선택하여 입어본다.

3 출발할 위치, 포즈를 취할 곳을 유아들과 함께 정한다.

4 포토존에서 나만의 포즈를 취한다
- 꽃받침하기, 윙크하기, 한 바퀴 돌기, 브이하기, 하트모양 만들기, 활짝 웃어보기 등

5 관객 유아들이 의상에 어울리게 멋진 포즈를 취한 유아를 선정하고, 칭찬 박수를 쳐준다.
- "어떤 친구의 의상이 잘 어울렸나요?", "누구의 포즈를 칭찬해주고 싶나요?"

▋이럴 땐 이렇게

- 각 나라 전통의상의 이름과 특징을 언급해도 좋다(중국-치파오, 일본-기모노, 인도-사리, 베트남-아오자이, 영국-킬트 등). 사전활동으로 유튜브에서 각 의상의 이름과 특징이 쉽게 설명된 '다니 유치원 - 세계의 민속 의상'을 보고 이야기를 나눌 수 있다.
- 세계의 의상과 함께 한국 전통의상 '한복'을 추가하여 우리나라에 대한 자부심을 가질 수 있도록 한다.
- 바닥에 빨간색 부직포를 길게 깔아주면 패션쇼 분위기를 한층 더 살릴 수 있다.
- 칭찬해줄 때는 "잘했어요."라기보다 "캉캉치마를 입고 한 바퀴 도는 모습이 멋졌어요."라고 이유를 들어 구체적으로 칭찬한다.

07 나를 따라 해봐! 거울놀이

준비물 전신 거울, 호루라기

두 명씩 짝지은 유아들 중에서 한 유아는 '사람', 나머지 유아는 '거울'이 되어 사람의 동작을 거울이 따라 해보는 놀이이다. 유아들은 마주 본 친구가 자신을 따라 하는 모습을 보고 즐거워한다.

🔔 **놀이를 통해 경험한 배움 요소**

- 신체운동 · 건강: 신체활동 즐기기 - 신체를 인식하고 움직인다.
- 예술경험: 예술 감상하기 - 서로 다른 예술 표현을 존중한다.

1 [사전활동] 유아는 전신 거울을 보며 자유롭게 동작을 표현한다.

2 유아 두 명이 짝이 되어 마주 본다.

3 유아 한 명은 '사람', 나머지 한 명은 '거울'이 된다.

4 교사의 호루라기 소리가 들리면, '사람'은 몸을 마음대로 움직인다.

5 '거울' 유아는 '사람' 유아가 움직이는 대로 똑같이 따라 움직인다.

6 역할을 바꿔서 한다.

▌이럴 땐 이렇게

- '최면놀이'로 확장해볼 수 있다.
    ① 최면술사 유아와 최면에 걸릴 유아를 정한다.
    ② 최면술사는 한 손을 편다.
    ③ 최면에 걸릴 유아는 최면술사의 손에서 한 뼘 정도 거리를 유지한 채로 얼굴을 가까이 댄다.
    ④ 최면술사의 손 움직임에 따라서 몸을 이리저리 움직인다.
- 신나는 댄스음악, 차분한 클래식 등 음악에 따라 유아들의 동작이 달라진다.
- 교사는 표현을 잘했던 유아를 기억해두었다가, 다른 유아들에게 본보기로 소개해주어도 좋다.
- 처음에는 큰 동작을 따라 하며 움직인 후, 점차 작은 동작을 관찰하여 따라 해볼 수 있다.
    (팔과 다리를 사용하여 움직이기 → 얼굴 표정 따라 하기)

08 모두 보자기 주인공을 주목하세요

준비물 보자기나 스카프

모든 유아들이 앞에 나온 '주인공' 유아의 말과 동작을 따라 해보는 놀이이다.
주인공 역할은 보자기를 받은 사람이 번갈아가면서 맡게 된다. 관심받기를 좋
아하는 유아는, 자신의 동작을 친구들이 따라 하는 것을 보고 관심받고자 하는
욕구가 충족될 수 있다.

🔔 놀이를 통해 경험한 배움 요소

- ◆ 신체운동 · 건강: 안전하게 생활하기 - 일상에서 안전하게 놀이하고 생활한다.
- ◆ 의사소통: 책과 이야기 즐기기 - 말놀이와 이야기 짓기를 즐긴다.
- ◆ 예술경험: 창의적으로 표현하기 - 극놀이로 경험이나 이야기를 표현한다.

▌해보세요

1 유아들이 동그랗게 선다.

2 교사가 보자기를 목에 걸어준 유아가 '주인공'이 된다.

3 '주인공' 유아는 유아들이 만든 원 가운데로 들어온다.

4 다른 유아들은 '주인공' 유아의 말이나 동작을 따라 한다.
   - ("쓰윽~ 쓰윽~ 뱀처럼!", "쿵쿵! 하늘 위로!", "야옹~ 야옹~" 등)
   - 양팔 벌려 나비처럼 춤추기, 태권도 동작 하기, 개다리춤 추기, 위로 점프하기 등

5 '주인공'이 표현이 끝나면 다른 유아에게 보자기를 걸어준다.

6 새로운 주인공을 계속 뽑으면서 놀이를 반복한다.

▌이럴 땐 이렇게

- '주인공' 유아를 구분하기 위해 다양한 물건을 사용할 수 있다. (목도리, 조끼, 늘어진 부분을 당기면 그 쪽 귀가 움직이는 토끼 모자 등)
- 유아들이 골고루 주인공의 역할을 해볼 수 있도록 지원한다.
- '주인공' 유아를 처음 선정할 때, 관심받기를 즐기고 표현력이 좋은 유아로 선택하면 분위기를 만들기 쉽다.
- 다양한 크기의 보자기를 활용해본다. 큰 보자기를 망토처럼 묶어주면 유아들은 '슈퍼맨', '공주' 등의 다양한 동작표현을 하는 것을 볼 수 있다.

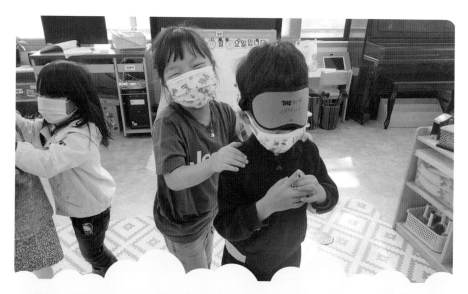

09 우리는 베스트 드라이버

준비물 안대, 호루라기

유아가 어깨에 올라온 친구의 손이 보내는 신호에 따라서 왼쪽, 오른쪽, 앞쪽, 뒤
쪽으로 움직이는 자동차 놀이이다. 유아들은 친구를 내 마음대로 움직여보는 것
에 재미를 느낀다. 앞이 보이지 않는 친구의 불안하고 무서운 마음까지 배려할
수 있도록, 놀이 중간에 친구를 진정시키는 이야기를 나누는 과정을 넣어주면
좋을 것이다.

 놀이를 통해 경험한 배움 요소

- 신체운동 · 건강: 안전하게 생활하기 - 일상에서 안전하게 놀이하고 생활한다.
- 사회관계: 더불어 생활하기 - 친구와 서로 도우며 사이좋게 지낸다.

▌해보세요

1 교사의 호루라기가 울리면 유아들은 짝을 하고 싶은 친구와 2명씩 모인다.

2 한 유아는 자동차, 다른 유아는 운전자 역할을 맡는다.

3 운전 약속을 정한다.
   · 왼쪽 어깨 두드리기: 왼쪽으로 간다.
     오른쪽 어깨 두드리기: 오른쪽으로 간다.
     양쪽 어깨 꽉 잡기: 멈춘다.
     등 두드리기: 뒤로 간다.

4 자동차가 된 유아는 안대로 눈을 가린다.

5 운전자 유아는 자동차 유아의 양쪽 어깨 위에 손을 올리고, 시동 거는 시늉을 하고 "출발!"이라고
  외친다.

6 유아들은 "느리게~", "빠르게!" 등 자동차의 속도를 불러주는 교사의 말에 맞춰 움직인다.

7 일정시간(약 2분)이 지난 후, 자동차와 운전자 역할을 바꾼다.

▌이럴 땐 이렇게

- 자동차 유아가 팔짱을 끼면 다른 유아들과 부딪혀 다치는 것을 방지할 수 있다.
- 무서워하는 유아는 억지로 참여시키지 않고, 다른 친구들의 놀이를 구경할 수 있도록 한다.
- 자동차 유아는 운전자 유아를 믿는 마음을 가져야 하고, 운전자 유아는 "친구야, 나를 믿어. 괜찮
  아."라고 이야기하여 자동차 유아의 불안한 마음을 진정시킨다.

10 토끼야 토끼야 뭐 하니?

준비물 동물 가면, 호루라기

전래놀이 '여우야 여우야 뭐 하니'의 변형놀이이다. 술래가 원하는 동물 가면을
선택한 후, 모두 함께 그 동물에 맞게 노래를 바꿔 부른다. 노래가 끝나면 달려
가서 친구들을 잡는 이 놀이는, 유아들이 가장 좋아하는 놀이 중 하나이다. 교
사는 주목받고자 하는 욕구를 가진 유아가 동물 가면을 쓰고 충분히 자기표현
을 할 수 있도록 격려해준다.

 놀이를 통해 경험한 배움 요소

- ◆ 예술경험: 창의적으로 표현하기 - 노래를 즐겨 부른다.
- ◆ 자연탐구: 자연과 더불어 살기 - 주변의 동식물에 관심을 가진다.

▌해보세요

1 유아들이 동그랗게 모여 앉는다.

2 술래가 될 유아를 정한 후, 술래가 원하는 동물 가면을 고른다.

3 술래는 가운데에 앉고, 나머지 유아들은 손을 잡고 한 방향으로 돌며 노래를 부른다.

토끼야 토끼야 뭐 하니?	잠잔다.
잠꾸러기. 토끼야 토끼야 뭐 하니?	세수한다.
멋쟁이. 토끼야 토끼야 뭐 하니?	밥 먹는다.
무슨 반찬?	개구리 반찬.
살았니? 죽었니?	살았다!

4 술래가 "죽었다!"라고 대답하면 다시 "살았니? 죽었니?"라고 물어본다.

5 술래가 "살았다!"라고 대답하면 나머지 유아들은 멀리 도망간다.

6 술래에게 잡히는 유아가 새로운 술래가 된다.

7 새로운 술래가 원하는 동물 가면을 선택하면, 그 동물에 맞게 노래를 바꿔 부른다.
   • ("곰-아, 곰-아, 뭐 하니?")

▌이럴 땐 이렇게

- 학기 초에는 동물 대신 친구 이름으로 놀이해 친밀감을 기를 수 있다. ("도현아, 도현아, 뭐 하니?")
- 도망가다가 앞을 보지 않아 넘어져 다치지 않도록 유의한다.
- 특정 유아만 자주 잡히면, 모두가 돌아가면서 술래를 맡는 방법을 제안할 수 있다.

08

자존감을 높여요

1. 행동 유형

- 활동이나 놀이에 능동적·적극적으로 참여하기를 피하는 행동
- 많은 사람 앞에서 말할 때 부끄러워하는 행동
- 새로운 도전이나 실패를 두려워하는 행동
- 다른 사람의 거절을 두려워하는 행동
- 인사하기를 꺼리거나 우물쭈물하는 행동

2. 원인

- 미국 하버드 의대의 칼 슈워츠 박사는 "어릴 때 내향적이고 수줍음을 타던 사람은 성장해도 내향성을 보여주는 뇌의 감정중추가 남아 있다."라는 사실을 밝혔다(과학동아, 2003[11]).
- 타인에게 비판을 받고 거절당하는 것에 대한 두려움이 있거나, 사회적 상황에서 적절하게 행동할 수 없을 것 같아 자신감이 부족하기 때문이다. 따라서 다른 사람으로부터 비난당하는 위험을 회피하려고, 참여자보다는 관찰자나 방관자라는 안전한 역할을 선택한다(지성애, 홍혜경, 2001).
- 모든 일을 완벽하게 해낼 수 없다면 아예 포기하려는 완벽주의 성향 때문일 수도 있다.
- 부모, 형제 등 가까운 사람에게서 학습된 행동일 수 있다.

11. 권정윤·안혜준·송승민·권희경, 『유아생활지도』, 학지사, 2013, p.318

3. 지도 방법

교사는 유아의 독립심을 촉진하도록 가능한 한 많이 선택을 할 수 있는 기회를 주고,
자기 통제력을 증진시키는 놀이 및 활동을 실시한다.

일상생활에서 사소한 것이라도 유아에게 선택권을 많이 주어야 한다. 색종이를 접을 때 어떤 색깔을 고를지, 공놀이 때 어떤 크기와 무게의 공을 선택할지부터 시작해도 좋다. 앉는 자리, 모둠 자리, 줄 서는 순서 등에 대해서도 교사가 일방적으로 정해주기보다는 유아 스스로 선택할 수 있는 환경을 만들어준다. 학기 초에 새 놀잇감을 구입할 때도 유아들의 의견을 반영해 고른다면, 유아들은 자신의 선택권이 존중받는다고 느낄 것이다.

활동을 할 때 충분한 시간을 허용한다.

수줍은 유아가 자아를 발견하고 자기 확신을 얻기 위해서는 많은 시간이 필요하다. 교사는 자유놀이 시간에, 그러한 유아와 먼저 개별적으로 이야기 나누기 시간의 주제에 대해 충분히 대화를 나눈다. 이야기 나누기 시간에 유아들이 모두 모이면, 해당 유아에게 미리 나누었던 대화를 바탕으로 질문하여 또래들 앞에서 이야기하는 성공경험을 가질 수 있도록 한다.

부끄러워하는 유아에게 직접적으로 '너는 부끄러움이 많은 아이'라고 지적하지 않는다.

· "너는 수줍음이 많구나."
  ⇒ "아직 발표할 준비가 되지 않았구나. 준비가 되면 다시 이야기해주겠니?"
· "너는 오늘도 부끄러워 인사를 하지 않는구나."
  ⇒ "주미는 아직 인사할 준비가 되지 않았구나. 선생님은 주미가 나중에 인사할 것이라고 믿는단다."

대집단 활동보다 소집단 활동이 적절하다.

소집단을 구성할 때는 해당 유아의 발달수준과 비슷하거나 약간 어린 유아들과 함께 소속되도록 한다.

유아가 적극적으로 참여할 수 있도록 놀이 및 활동을 계획한다.

소극적이거나 자존감이 낮은 유아들에게 주인공이 되어보는 경험을 자주 제공하여, 자신의 존재감을 느끼고 스스로가 소중한 존재라는 인식을 갖게 하는 것이 중요하다. 한 유아가 파라슈트 가운데 들어가고, 파라슈트 주변을 잡은 친구들이 그 유아의 행동에 맞춰 파라슈트를 움직이게 하는 놀이를 할 수 있다.

유아들은 자기 이야기 하는 것을 즐기는데, 자신이 좋아하는 동화책을 친구들에게 소개해주면서 적극적으로 리더가 되는 경험을 해볼 수 있다. 유아가 가장 좋아하고 여러 번 읽어 잘 알고 있는 동화책을 직접 선택하여 발표하게 하면, 주도성과 자신감을 기를 수 있다.

《나처럼 해봐요》 동요를 부르면서 유아의 동작(양팔 벌리기, 엎드리기, 오른손 들기, 박수 치기 등)을 다른 친구들이 따라 하는 놀이를 해볼 수 있다. 유아는 자신의 행동을 따라 하는 친구들을 보면서 존중받고 주인공이 된 기분을 느낀다.

유아가 중요한 역할을 담당하며 책임감과 성취감을 느껴보도록 심부름을 제안한다.

옆 반이나 교사실에 메시지나 물건을 전달하는 등 특별한 임무를 준다. 이때, 심부름하는 물건이나 메시지는 유아가 친숙한 사람에게 쉽게 전할 수 있는 것이어야 한다.

교사는 유아들에게 많은 관심을 가지고,
유아들 자신이 교사와 학급에 중요한 존재임을 알도록 한다[12].

유아들과 함께 있을 때는 몸의 높이를 낮추고, 놀이를 할 때는 유아들이 주도하도록 하며, 유아들이 자신의 흥미와 경험에 대해 말할 때는 경청한다. 포옹을 하고, 하이파이브를 하며, 유아의 손을 잡아준다.
- 유아가 결석한 것을 알아줄 것 ("어제 아파서 결석했을 때 선생님은 네가 많이 보고 싶었단다.")
- 유아들의 삶의 변화를 알아볼 것 ("두준아, 새 아파트로 이사를 갔지?")
- 유아들의 외모나 기분에 대해 언급할 것 ("머리를 자른 것 같구나.", "오늘 기분이 좋은 일이 있어 보이는구나.")

각 유아의 특성이나 장점을 찾아 구체적으로 칭찬해준다.

스스로를 존중하는 마음을 가져야 비로소 다른 사람을 존중할 수 있다. 유아는 자신이 잘하는 것에 대해 생각해보고, 블루투스 마이크를 이용하여 친구들 앞에서 발표해볼 수도 있다. 친구들의 발표를 듣고 각자 잘하는 것이 다름을 알게 되고, 다른 친구들을 존중할 수 있게 된다.
유아의 장점을 스스로 칭찬할 수도 있지만 친구들이 칭찬해줄 수도 있다. 다른 사람에게 칭찬의 말을 들으면, 자기 자신을 격려할 때보다 더욱 기분이 좋다. "상은아, 너랑 같이 놀면 재미있어.", "지은아, 달리기를 정말 잘하더라." 등 서로 이야기를 나누면서 칭찬 목걸이에 하트 스티커를 붙여준다.

12. Marjorie V. Fields·Patricia A. Meritt·Deborah M. Fields, , 『구성주의 유아 생활지도 및 훈육』, 21세기사, 2019

01 햇님과 함께 움직여요

준비물 폭 4m가량의 파라슈트(팔각형 보자기)

유아들은 "선생님, 어제 햇님이 저를 자꾸 따라왔어요."라고 자주 이야기한다. 자기중심성이 강하여 모든 사물이나 현상이 자신을 중심으로 이루어진다고 생각하기 때문이다. 이 활동은 유아의 이러한 생각을 바탕으로, 파라슈트를 잡고 있는 유아들이 파라슈트 가운데에 들어간 유아의 행동대로 따라 해보는 놀이이다. 소극적이거나 자존감이 낮은 유아들은 자신이 주인공이 되는 경험을 자주 함으로써, 자기 존재의 중요성을 인식할 수 있다.

🔔 놀이를 통해 경험한 배움 요소

- ◆ 신체운동 · 건강: 신체활동 즐기기 - 실내외 신체활동에 자발적으로 참여한다.
- ◆ 사회관계: 나를 알고 존중하기 - 나를 알고 소중히 여긴다.

▌해보세요

1 파라슈트를 펼쳐놓고, 유아들과 함께 가장자리에 둘러앉는다.

2 파라슈트는 햇님이 되고, 가운데 서 있는 유아를 따라다니기로 한다.
  · "길을 걸을 때, 햇님이 나를 따라온 것 같은 느낌이 든 적 있나요? 오늘은 파라슈트를 햇님이라고 생각해봐요."

3 파라슈트 안에 들어갈 유아 1명을 정하고, 다른 유아들은 파라슈트 가장자리를 잡는다.

4 파라슈트 가운데의 유아는 자신이 원하는 신체 동작을 한다.
  · 점프하기, 왼쪽으로 가기, 오른쪽으로 가기, 걸어가기, 달려가기, 몸을 낮추어 기어가기 등

5 파라슈트를 잡은 유아들은 가운데에 있는 유아의 움직임대로 따라간다.

6 가운데 선 역할을 바꾸어 맡아본다.

7 가운데 선 유아가 "모두 안으로~!"라고 구호를 외치면 나머지 친구들도 파라슈트 안으로 들어간다. 파라슈트가 모두를 덮으면 놀이가 끝난다.

▌이럴 땐 이렇게

- 자존감이 낮은 유아는 신체표현에 소극적일 수 있기 때문에, 가운데 서는 역할을 나중에 하는 것이 좋다. 활동적이거나 적극적인 유아가 가운데 서는 역할을 먼저 하면, 다른 유아들이 친구들의 동작을 모방하거나 그것을 바탕으로 새로 창의적 동작을 만들어내기 쉽다.
- 사전활동으로 파라슈트 위에 탱탱볼이나 볼풀용 작은 공을 올려 '공 띄우기 활동'을 해보면, 파라슈트와 친숙해질 수 있다.

02 지금은 1분 발표 시간입니다

 준비물   가정이나 유치원에서 재미있게 읽은 그림동화책 1권

유아들은 교사가 읽어주는 동화책도 좋아하지만, 친구가 직접 읽어주는 동화책
도 매우 흥미로워한다. 유아가 동화책을 이야기할 때는 유아 수준에서 이해한
내용을 토대로 말하기 때문에, 다른 유아들도 쉽게 이해하는 것이다. 이러한 또
래 사이의 책 읽기 활동을 '버디 리딩(Buddy Reading)'이라고 한다. 발표 시간은
보통 한 유아당 1~3분 이내가 적절하다.

> ### 놀이를 통해 경험한 배움 요소
>
> ◆ 의사소통: 책과 이야기 즐기기 - 책에 관심을 가지고 상상하기를 즐긴다.
> 　　　　　　　듣기와 말하기 - 자신의 경험, 느낌, 생각을 말한다.

▌해보세요

1 칠판에 '1분 발표' 글자를 붙여준다.
- 유아들은 자연스럽게 1분 발표 시간이 됨을 알게 되고, 1분 발표의 중요성을 느낀다.

2 발표하는 유아는 자신이 가져온 책 제목을 이야기한다.
("오늘 내가 읽어줄 동화책은 '빨간 모자'야.")

3 유아는 동화책의 그림을 보면서 간단하게 소개 및 설명한다.
- 동화책의 그림 내용("빨간 모자가 할머니를 만나러 가는 길이야."), 동화책을 보면서 느꼈던 점("빨간 모자가 늑대를 만났을 때는 나도 무서웠어.")을 친구들과 이야기 나눈다.

4 동화책 발표가 끝나면 함께 칭찬의 박수로 마무리한다.
- "우리에게 재미있는 동화책을 소개해준 시우에게 칭찬 박수를 쳐줄까요?"
- 박수를 2번 치고 양손으로 엄지를 척 내미는 칭찬동작을 모두 함께 해도 좋다.

▌이럴 땐 이렇게

- 놀이 이름이 '1분 발표'라고 하여 꼭 1분 동안 마쳐야 하는 것은 아니다. 유아가 발표시간에 부담을 느끼지 않고 자유롭게 동화를 소개할 최소한의 시간으로 제시할 뿐, 1분을 넘겨도 상관없다. 보통 한 유아당 1~3분 정도가 소요된다.
- 학부모에게 이 활동의 취지를 밝히고 안내하는 것도 중요하다. 유아들에게 글자를 읽히거나 내용을 외우게 하려는 것이 아니라, 유아가 좋아하는 동화책을 친구들에게 소개하는 것이 목적임을 알린다.

03 우리 장난감은 우리가 골라요

준비물 유아용품 카탈로그(보육사, 동심 등), 매직

유아들이 원하는 것을 조금이라도 더 해주고 싶은 마음은 어느 교사나 똑같을 것이다. 새로운 놀잇감을 구입할 때 가지고 놀고 싶은 놀잇감이 무엇인지 유아들의 의견을 반영하여 구입한다면, 유아들은 자신의 선택권이 존중받는다고 느낄 것이다. 자아 존중감을 높이는 방법은 거창한 일이 아니라 사소한 것부터 시작할 수 있다.

🔔 놀이를 통해 경험한 배움 요소

- ◆ 사회관계: 더불어 생활하기 - 서로 다른 감정, 생각, 행동을 존중한다.
- ◆ 자연탐구: 탐구과정 즐기기 - 궁금한 것을 탐구하는 과정에 즐겁게 참여한다.

1 유아들과 우리 교실에 있었으면 좋을 놀잇감에 대해 이야기를 나눈다.

· "우리 교실에 어떤 새로운 장난감이 있으면 좋을까요?"

"어떤 장난감이 필요했나요?"

2 놀이자료 사진이 있는 유아용품 카탈로그를 유아들과 함께 살펴보고, 유아가 원하는 장난감에 동그라미를 친다.

3 유아는 각자 그 장난감을 선택한 이유를 친구들에게 설명한다.

4 유아들의 의견을 반영하여 놀이 자료를 구입한다.

5 놀잇감이 도착하면 유아들은 자기가 선택한 장난감에 대해 친구와 함께 이야기하고, 함께 놀이하는 방법을 살펴본다.

▌이럴 땐 이렇게

- 저자는 학기 초에 유아들과 함께 카탈로그를 보며 교실에 필요한 장난감을 구입하고 있다. 유아들이 직접 선택한 장난감은 1년 내내 아이들에게 웃음꽃을 선물해주었다.
- 유아들은 자신이 선택한 놀이자료가 유치원에 왔다면서 매우 기뻐한다.

("야, 이거 내가 고른 거야. 재미있겠지?")

("와~ 사진으로 봤던 게 진짜로 유치원에 왔네.")

- 유아들이 유치원에 있는 것과 비슷한 장난감을 선택하면, 유아들과 함께 두 장난감의 공통점과 차이점에 대해 이야기한다. 토의 후, 필요하다고 의견이 모이면 구입한다.

04 내가 앉고 싶은 자리는 여기

준비물 궁금이 상자, 숫자가 하나씩 쓰인 탁구공, 이야기 나누기 매트, 의자

이야기 나누기 시간에 앉을 자리를 교사가 일방적으로 정해주기보다 유아 스스로 앉고 싶은 자리, 옆에 같이 앉고 싶은 친구를 정해보는 놀이이다. 친구와 자리를 바꾸지 않고 그대로 앉아 있고 싶다면, 적절한 의사표현 방법으로 친구에게 거절 의사를 표시할 수 있다. 이러한 의사소통의 과정을 통해 자신의 의견을 표현해보고 상대방이 상처받지 않도록 거절하는 방법도 익힐 수 있다.

 놀이를 통해 경험한 배움 요소

- ◆ 사회관계: 더불어 생활하기 - 친구와의 갈등을 긍정적인 방법으로 해결한다.
- ◆ 의사소통: 듣기와 말하기 - 고운 말을 사용한다.

▌해보세요

1 유아들은 궁금이 상자에서 탁구공을 하나씩 뽑아 번호를 정한다.
   • 1부터 시작해 우리 반 유아의 숫자만큼 하나씩 번호를 쓴 탁구공을 미리 준비한다.

2 1번부터 차례대로 나와 자신이 앉고 싶은 자리에 앉아 있는 유아에게 다가가 어깨에 손을 올리고 이야기한다.
   • ("주미야, 나는 이 자리에 앉고 싶어.")

3 친구가 선택한 자리의 유아는 자리를 바꿔줄 것인지, 그대로 자신이 앉을 것인지 결정한다.

4 자리를 바꿔주려고 결정했다면, 1번의 자리(그 자리를 선택한 친구의 자리)로 옮긴다.

5 자리를 바꾸지 않고 기존 자리에 앉아 있기로 결정했다면, 1번에게 공손하게 거절한다.
   • ("은서야, 나는 자리를 바꾸고 싶지 않아. 다음에 바꾸자.")

6 1번 유아는 "알겠어."라고 말한 후, 다른 곳에 앉은 유아에게 자리 바꾸기를 제안한다.

7 모든 유아가 자리를 바꿀 때까지 반복한다.

▌이럴 땐 이렇게

- 3명 이상의 유아가 거절 의사를 표시하면, 교사가 중재에 나선다. "지연이랑 자리를 바꾸고 싶은 친구가 있나요?"라고 질문한 후, 손을 든 유아의 자리 중에서 지연이가 앉고 싶은 자리를 선택하도록 돕는다.
- 탁구공에 번호를 써놓으면, 순서를 정하기 위한 활동을 할 때 두루 사용하기 편리하다.

05 나는 ○○○ 대장

준비물 라벨지(A4 절반 크기), 사인펜, 블루투스 마이크, 전자 호루라기

우리 모두는 각자 잘하는 것이 다르기에 더 특별하다. 내가 잘하는 점에 대해 생각해보고, 이를 친구들 앞에서 발표하는 경험은 유아들의 자아 존중감을 높여준다. 또한 각자 잘하는 것이 다름을 알게 됨으로써, 다른 친구들을 존중할 수 있게 된다.

🔔 놀이를 통해 경험한 배움 요소

- ◆ 사회관계: 나를 알고 존중하기 - 나를 알고 소중히 여긴다.
- ◆ 예술경험: 창의적으로 표현하기 - 다양한 미술 재료와 도구로 자신의 생각과 느낌을 표현한다.

▌해보세요

1 유아는 자신이 잘하는 것을 라벨지에 그림이나 글로 표현한다.
 • 줄넘기 대장, 팽이 대장, 그림 대장, 인사 대장, 훌라후프 대장 등

2 완성한 라벨지를 유아의 몸 앞쪽에 붙인다.

3 유아들의 자신감 있는 발표를 돕기 위해 블루투스 마이크를 준비한다.

4 교사의 호루라기 신호가 울리면, 마이크를 가진 유아가 자신의 이름과 잘하는 것에 대해 이야기
 한다.
 ("나는 김유리야. 나는 달리기를 잘해서 달리기 대장이야.")

5 이야기가 끝난 유아는 옆에 있는 친구에게 마이크를 전달하고, 마이크를 든 유아가 말한다.
 ("나는 오은서야. 나는 가위바위보를 잘해서 가위바위보 대장이야.")

6 모든 유아가 각자 특별함과 장점을 가지고 있음을 이야기 나눈다.

▌이럴 땐 이렇게

- 참고: 유치원 기본과정 내실화를 위한 인성교육 프로그램 - 우리는 모두 대장(p.85~86)
- 블루투스 마이크를 이용하면, 평소에 목소리가 작거나 내성적인 유아의 목소리도 크게 들려 자신
 감 있는 발표를 도울 수 있다.
- 유아가 잘하는 것을 이야기하면서 자기에 대해 긍정적인 생각을 가질 수 있도록 격려한다.
- 친구가 잘하는 것을 칭찬하며 존중하는 분위기를 만든다.

06 나처럼 해봐요, 이렇게!

준비물 (없음)

유아는 주인공이 되는 것을 즐긴다. 동요 《나처럼 해봐요》를 부르면서 친구들이 자신을 따라 하면, 유아는 자신의 행동을 친구들이 존중해준다는 느낌을 받는다. 자기표현에 소극적인 유아도 동요와 함께 즐겁게 동작을 표현해보는 경험을 할 수 있다.

🔔 놀이를 통해 경험한 배움 요소

- ◆ 신체운동 · 건강: 신체활동 즐기기 - 신체를 인식하고 움직인다.
- ◆ 예술경험: 창의적으로 표현하기 - 노래를 즐겨 부른다.

▌해보세요

1 유아들은 동그랗게 원을 그리듯 모여 선다.

2 동요 《나처럼 해봐요》를 유아들과 함께 부르며, 교사가 시범을 보인다.

　• 교사가 제시한 동작을 유아들이 따라한다.

> 나처럼 해봐라 이렇게(동작)
> 나처럼 해봐라 이렇게(동작)
> 나처럼 해봐라 이렇게(동작)
> 　아이 참 재미있다

3 유아들은 오른쪽부터 한 명씩 돌아가면서 각자 하고 싶은 동작을 한다.

　• 동작을 할 유아는 원 안으로 들어온다.

　• 양팔 벌리기, 엎드리기, 오른손 들기, 토끼처럼 두 손을 머리 위에 붙이고 깡충깡충 뛰기 등

4 다른 유아들은 노래를 같이 부르며 친구의 동작을 따라 한다.

▌이럴 땐 이렇게

- 유아들의 다양한 동작을 교사가 구체적으로 언급해준다. 이는 유아들의 언어 발달을 돕고 언어 표현력을 높인다.

　"세라는 손을 빙글빙글 돌리는구나.", "채리는 팔을 위로 쭉 뻗었구나."

- 부끄러워서 원 안에 들어가기를 꺼리는 유아는 그 자리에서 동작을 취한다.

- 뚜렷한 동작을 하지 않고 가만히 서 있는 유아가 있다면 "진수는 두 팔을 몸에 붙이고 서 있구나. 우리도 같이 해볼까요?"라고 언급하며, 그 동작 자체를 인정해준다.

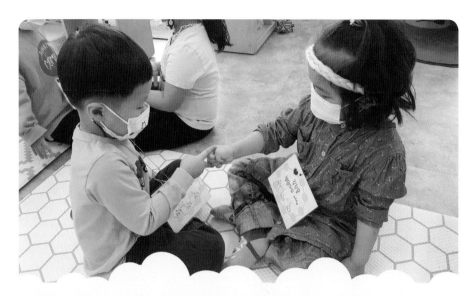

07 칭찬 목걸이에 하트가 듬뿍

칭찬 목걸이(스티커 붙이는 칸 10개), 하트 스티커, 동요 《그대로 멈춰라(작곡·작사 김방옥)》 음원

유아가 친구들에게 긍정적인 말로 칭찬을 듣고, 친구의 장점을 찾아 말로 표현하면서 스티커를 주고받는 놀이이다. 이 놀이를 하면서 유아들은 자신이 다른 사람의 사랑과 관심을 받을 만한 가치가 있는 사람이라고 생각하는 '자기가치감'이 향상된다.

🔔 놀이를 통해 경험한 배움 요소

* 의사소통: 듣기와 말하기 - 고운 말을 사용한다.
* 사회관계: 더불어 생활하기 - 친구와 어른께 예의 바르게 행동한다.

▍해보세요

1 유아들은 칭찬 목걸이와 하트 스티커를 선택한다.

2 유아들은 동요 《그대로 멈춰라》에 맞춰서 춤추다가 호루라기 소리가 들리면 2명씩 모인다.

3 가위바위보로 먼저 칭찬할 유아를 정한다.

4 이긴 유아는 친구에게 칭찬의 말을 하면서 목걸이에 하트 스티커를 붙여준다.
  • ("오늘 공룡 옷이 잘 어울려.", "너는 그림을 참 잘 그려.", "정리할 때 도와줘서 고마워.")

5 스티커를 받은 유아도, 준 친구에게 칭찬의 말을 하면서 스티커를 붙여준다.

6 다시 동요 《그대로 멈춰라》에 맞춰서 춤을 춘다.

7 유아들은 새로운 친구를 만나서 칭찬의 말을 하고 스티커를 붙여준다.

8 칭찬 목걸이에 스티커 10개를 다 모은 유아는 "빙고!"라고 외친다.

9 다 같이 모여 앉아서 놀이 경험을 나누어본다.
  • "친구에게 칭찬의 말을 하며 스티커를 붙여주니 어땠나요?"
    "어떤 말을 친구에게 들었을 때 기분이 가장 좋았나요?"

▍이럴 땐 이렇게

- 하트 스티커를 10개씩 가위로 오려서 미리 준비한다. 떨어뜨리거나 잃어버리는 경우가 있으므로, 여분도 넉넉히 준비한다.

08 뒤죽박죽 과일 샐러드

준비물 라벨지에 인쇄한 4가지 과일 그림(바나나, 포도, 수박, 딸기), 유아용 의자

유아마다 과일 역할을 하나씩 맡고, 술래가 말한 과일에 해당되는 유아들끼리 서로 자리를 바꾸는 놀이이다. 술래가 "샐러드!" 하고 외치면 모든 유아들이 서로 뒤죽박죽 자리를 바꾸면서 웃음이 넘쳐난다. 앞에 나오는 것을 부끄러워하는 유아도 놀이에 적극적으로 참여하는 모습을 볼 수 있다.

🔔 놀이를 통해 경험한 배움 요소

- ◆ 신체운동 · 건강: 신체활동 즐기기 - 실내외 신체활동에 자발적으로 참여한다.
- ◆ 의사소통: 듣기와 말하기 - 말이나 이야기를 관심 있게 듣는다.

▌ 해보세요

1 [사전활동] 유아들이 좋아하는 과일에 대해 이야기 나눈다.

2 유아의 몸 앞에 과일 그림을 하나씩 붙인다.
  · 테두리만 그려진 과일 그림을 유아들이 색칠한 후, 잘라서 사용해도 좋다.

3 반 전체 유아 수보다 한 개 적은 의자를 동그랗게 배치한다.

4 술래가 된 유아는 동그라미 가운데 서고, 나머지 유아들은 의자에 앉는다.

5 술래가 과일 하나를 골라 외치면, 그 과일 그림을 붙인 유아들은 재빨리 다른 자리로 이동한다.

6 자리에 앉지 못한 유아는 술래가 된다.

7 새로 술래가 된 유아가 다른 과일 이름을 외치며 놀이를 반복한다.

8 술래가 "샐러드!" 하고 외치면, 모든 유아들이 일어나서 자리를 바꾼다.

▌ 이럴 땐 이렇게

- 놀이를 시작하기 전에, 준비체조를 하면 유아들의 근육을 풀어줄 수 있다. 유튜브에서 '핑크퐁 유아 체조' 또는 '신나는 준비체조(영양 체조)'를 검색하여 활용하면 좋다.
- 이 놀이를 활용하여 이야기 나누기를 게임 형식으로 재미있게 해볼 수 있다.
  '여름방학 동안 한 일'을 주제로 "할머니 집에 갔다 온 사람(키즈 카페에 갔던 사람, 아이스크림 먹은 사람 등), 자리 바꿔라!"라고 외치게 해본다.
- 같은 것끼리 자리를 바꿔보는 경험을 통해 분류 개념을 형성할 수 있다.

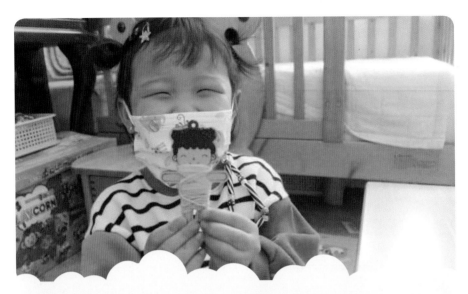

09 걱정인형아, 내 이야기를 들어줘

준비물   그림책 『겁쟁이 빌리(앤서니 브라운, 비룡소, 2006)』, 우드 걱정인형, 털실, 매직, 네임펜

『겁쟁이 빌리』는 중앙아메리카의 과테말라 인디언에게 전해 내려오는 '걱정 인형'에 대한 그림책이다. 유아들은 걱정이 가득해 제대로 잠을 자지 못하는 빌리에게 자신을 대입시켜 생각하게 된다. 걱정인형을 만들어봄으로써, 자존감이 낮고 불안한 유아들의 마음을 안정시켜줄 수 있는 놀이이다.

🔔 놀이를 통해 경험한 배움 요소

- 의사소통: 듣기와 말하기 - 자신의 경험, 느낌, 생각을 말한다.
- 사회관계: 나를 알고 존중하기 - 나의 감정을 알고 상황에 맞게 표현한다.
- 예술경험: 창의적으로 표현하기 - 다양한 미술 재료와 도구로 자신의 생각과 느낌을 표현한다.

▎ 해보세요

1 그림책 『겁쟁이 빌리』를 함께 본다.

2 함께 동화 내용을 회상한다.

   • "빌리는 어떤 걱정들을 했나요?" (모자 걱정, 새 걱정, 구름 걱정 등)

   • "걱정인형은 빌리에게 어떤 도움을 주었나요?"

3 유아들은 자신이 원하는 걱정인형을 선택한다.

4 유아는 걱정인형을 매직과 네임펜을 사용하여 꾸며본다.

5 유아는 털실로 걱정인형 몸통을 돌돌 감싼다.

6 걱정인형에게 유아의 걱정을 말한다.

   • "친구들도 걱정되는 일이 있나요? 걱정인형에게 이야기해볼까요?"

7 유아들은 2명씩 짝을 지어, 걱정 인형에게 맡긴 내 걱정에 대해 이야기를 나눈다.

▎ 이럴 땐 이렇게

- 두꺼운 도화지에 인형 틀을 그려 오린 후, 털실을 감아 걱정인형을 직접 만들 수 있다. '우드 걱정
  인형'을 검색해 인터넷에서 구입할 수도 있다.
- 유아들이 인형에 털실을 감기 시작할 위치를 찾기 어려워할 수 있으므로, 시작할 때 교사가 도움
  을 제공한다.
- 놀이가 끝난 후, 걱정인형으로 인형극 놀이를 할 수 있다.
- 인형 대신에 스카프, 양말, 계절에 따른 자연물(솔방울, 은행잎 등)을 넣은 봉지 등을 활용할 수 있다.

10 몰래몰래 인형 돌리기

평소 유아들이 좋아하고 한 손으로도 들기 편한 인형

수건돌리기는 소풍을 가면 누구나 한 번쯤 해봤을 것이다. 수건 대신 인형으로 놀이 도구를 변경한 이 놀이는, 인형을 놓고 도망갈 때나 술래를 잡으러 갈 때 짜릿한 재미와 스릴을 느낄 수 있다. 자존감이 낮고 자기표현이 서투른 유아도 평소에 호감이 있던 친구에게 인형을 놔두어 관심을 표시할 수 있고, 다른 친구에게 인형을 받음으로써 우정을 느낄 수 있다.

 놀이를 통해 경험한 배움 요소

- ◆ 신체운동 · 건강: 안전하게 놀이하기 - 일상에서 안전하게 놀이하고 생활한다.
- ◆ 사회관계: 나를 알고 존중하기 - 나의 감정을 알고 상황에 맞게 표현한다.

1 모두 동그랗게 앉는다.

2 술래가 될 유아를 정한다.

3 술래는 원 주위를 돌면서 원하는 친구의 등 뒤에 몰래 인형을 놓는다.

4 인형을 놓고 난 술래는 달리고, 등 뒤에 인형이 놓인 유아는 술래를 잡으러 뛰어간다.

5 술래는 동그라미 바깥으로 돌아서 빈자리에 다시 와서 앉는다.

6 술래가 앉기 전에 인형을 받은 유아에게 잡힌 경우, 놀이를 한 번 더 한다.

이럴 땐 이렇게

- 바닥이 미끄러울 경우, 양말을 벗고 놀이한다.
- 어린 연령의 유아들이 놀이할 경우, 바닥에 방석을 깔면 술래 자리를 헷갈리지 않고 앉을 수 있다.
- 앉아 있는 유아는 뒤를 돌아보지 말고, 손으로 뒤쪽을 더듬어서 인형이 자기 뒤에 있는지 확인하
  도록 한다.
- 전체 유아가 참여하는 놀이로, 넓은 공간에서 하는 것이 안전하다.
- 신나는 동요를 부르면서 놀이하면 더욱 즐겁게 할 수 있다.
- 교사는 함께 참여하며 인형을 못 받은 유아가 있는지 확인하고, 유아들이 골고루 인형을 받을 수
  있도록 한다.

09 주의집중력을 키워요

1. 행동 유형

- 하나에 집중하지 못하고 주의집중 시간이 짧은 행동
- 금방 싫증을 나타내는 행동
- 교실을 계속 돌아다니는 자리이탈 행동
- 대집단 활동시간에 날카롭게 소리를 지르는 행동
- 책상 두드리기, 의자를 움직여서 소리 내기, 상황(수업, 놀이 등)에 관계없는 말을 반복하기 등
- 주의 산만한 움직임으로 친구를 밀치거나 또래에게 자주 피해를 주는 행동

2. 원인

- 또래나 교사의 관심을 끌기 위해서이다.
- 집단활동이나 놀이에 흥미를 느끼지 못하기 때문이다.
- 주의 집중력이 부족하기 때문이다.
- 자기 마음대로만 하고 싶은 욕구가 강해 다른 사람의 요청을 듣지 않기 때문이다.
- 놀이하는 공간의 면적이 좁고, 활동하는 인원이 많기 때문이다.
- 다른 유아의 활동을 방해하면서 친구가 울거나 화내는 반응을 보며 즐거움을 느끼기 때문이다.

3. 지도 방법

사전에 유아의 식습관이나 알레르기 반응을 일으키는 음식을 파악해야 한다.

주의 집중력 결핍의 원인은 영양 부족이나 음식 알레르기일 수도 있다. 어떤 유아는 아침식사를 하지 못해 배가 고파서, 어떤 유아는 특정 음식에 민감한 알레르기 반응(발진, 눈이 부음, 칭얼거림)으로 산만한 행동을 보일 수 있다.

주의 집중력을 기를 수 있는 다양한 활동 및 놀이를 실시한다.

놀이용 밧줄을 이용하여 11자, S자, H자, 달팽이집 등 여러 가지 모양의 구불구불한 길을 넘어지지 않고 집중해서 걸어볼 수 있다. 동요《그대로 멈춰라》,《머리·어깨·무릎·발》을 부르며 가사의 조건에 맞게 신체를 움직이고 찾아보는 활동을 하는 것은 주의력 향상에 도움이 된다.

'가라사대 놀이'는 '가라사대'라는 말이 붙는 지시에만 따르고, '가라사대'라는 말이 붙지 않은 지시에는 가만히 있는 놀이이다. "가라사대 두 손을 위로 올리세요." 하면 두 손을 위로 올려야 하지만, "두 손을 내리세요."라고 했을 때 손을 내린 유아는 탈락이 된다.

놀이 조건을 바꿔주며 유아가 지속적으로 집중을 유지할 수 있도록 한다.

전래놀이 '사방치기'에 유아가 더욱 집중할 수 있는 조건을 추가하여 놀이할 수 있다.

첫 번째는 '동물 가면(또는 머리띠) 피하기' 놀이로, 동물 가면이 있는 곳을 피해 콩주머니를 던지는 것이다. 두 번째는 '동물 가면 가져오기' 놀이로, 사방치기 판에서 가져오고 싶은 동물 가면을 향해 콩주머니를 던진 후 그 가면을 쓰고 도착점으로 온다.

적당한 거리를 둔 홀라후프 안에 유아들이 신발이나 실내화를 넣는 놀이도 집중력 향상에 도움이 된다. 유아들은 목표 지점에 신발을 넣기 위해 숨을 들이마시면서 집중하며 놀이한다.

차분히 자신의 생각과 감정을 다스릴 수 있는 명상시간을 자주 갖는다.

유아기는 자기 조절 능력의 기초를 형성하는 시기이다. 이는 이후의 사회·정서적 발달, 학업성취 등을 예측할 수 있는 중요 요소가 되며, 유아의 사회화 과정에서 발달시켜야 할 중대 과제이다.

유아들에게 자기 내면을 깊고 맑게 되새김하는 시간을 경험하게 하는 것은 중요하다. '명상'이란 마음에서 일어나는 생각, 감정, 감각을 알아차리고 마음의 평정을 유지하면서 평화로움을 찾아가는 과정이다. 명상을 하게 되면 외부 대상으로 향하던 눈, 귀, 코 등 다섯 가지 감각기관이 차단된다. 주의력을 마음상태에 집중하게 되며, 유아들은 자신의 부정적인 마음을 똑바로 지켜보고 관찰할 수 있는 소중한 기회를 갖게 된다. 이를 통해 유아들은 차분해지고 안정될 수 있다(정유라, 2010).

처음부터 가만히 앉아서 명상을 하기보다는, 어떤 특정대상을 탐색하면서 명상하는 것이 유아들에게 좋다. 밧줄을 달팽이처럼 돌돌 만 후, 달팽이집을 안에서 밖으로, 밖에서 안으로 천천히 만져본다. 그러면서 숨을 깊게 들이마시고 내쉬기를 반복하면서 눈을 감고 밧줄의 촉감에 집중하여 명상한다.

손끝놀이를 자주 접할 수 있도록 한다.

손을 많이 사용하는 손끝놀이는, 손과 손목의 관절을 움직이면서 두 손을 협응하는 능력과 눈-손의 협응능력을 향상시켜서 유아의 주의 집중력 발달에 효과적이다.

젓가락으로 옮기기, 단추 끼우기, 바느질하기, 가위로 자르기 등은 일상생활 속에서 실천할 수 있는 주의집중 놀이이다. 특히 '산가지 놀이'는 겹쳐진 산가지를 한 개씩 가져오되 주변의 산가지를 건드리지 않는 놀이로, 과제를 수행하며 주의 집중력을 발달시킬 수 있다.

구슬치기도 집중력 향상에 좋다. 두 유아가 서로 발바닥이 마주 닿도록 다리를 쭉 펴고 앉는다. 구슬을 가운데 놓고 가위바위보를 해서 이긴 유아가 먼저 자신의 구슬을 쳐서 상대방의 구슬을 맞힌다. 맞히면 상대방의 구슬을 가져가고, 못 맞히면 자기 구슬을 다시 가운데에 놓는다.

유아가 조용히 자신의 활동에 집중하고 있을 때,
교사는 언어적·비언어적으로 긍정적 강화를 제공한다.

교사는 유아의 행동을 관찰하고 있다가 "우리 세리가 그림 그리는 것에 집중하고 있구나.", "두준이가 자리에 앉아서 놀이하고 있구나." 등의 구체적 언어로 격려해준다. 또한 어깨 토닥이기, 머리 쓰다듬기, 엄지 척 해주기 등의 비언어적 강화를 제공한다.

산만하거나 친구를 방해하는 유아의 행동을 분석하여, 사전에 예방한다.

교사는 평소 관찰을 통해 유아 행동의 선행사건을 파악하여 가설을 세워본다. 가설에 따른 해결 방법을 실천해보고 이러한 행동이 일어나기 전에 예방한다.

01 밧줄을 따라 걸어요

[준비물] 인원에 맞춘 수의 3m 길이 놀이용 밧줄

놀이용 밧줄을 이용하여 다양한 모양의 길을 만들어보는 놀이이다. 유아들은 11자, S자, 달팽이집 등 여러 가지 모양의 구불구불한 길을 넘어지지 않게 걸어가는 경험을 통해 주의력과 집중력을 기를 수 있다. 또한 자신의 몸을 조절하여 자세를 바르게 하고 균형감각을 기를 수 있다.

> 🔔 놀이를 통해 경험한 배움 요소
>
> * 신체운동 · 건강: 신체활동 즐기기 - 신체 움직임을 조절한다.
> * 자연탐구: 생활 속에서 탐구하기 - 물체의 위치와 방향, 모양을 알고 구별한다.

▌ 해보세요

1 유아들이 각자 원하는 밧줄을 선택한다.

2 유아는 밧줄을 이용하여 11자 모양의 길을 만들고, 집중하여 길을 벗어나지 않게 걷는다.
   • 자기가 만든 길을 통과한 후, 친구가 만든 길 위로도 걸어본다.

3 친구와 협력하여, 여러 개의 밧줄을 S자 모양으로 연결한다.
   • 두 팔을 벌려 균형을 잡으며 집중하여 걷는다.

4 가운데부터 시작해 점점 바깥으로 나오게 되는 달팽이집 모양 길을 함께 만든 후, 걸어본다.

5 [응용편] 우리가 만드는 밧줄길
   • 유아들과 다양한 길을 만들어보는 방법을 토의해본다.
     (꼬불꼬불한 길, 곧게 쭉 뻗은 길, 가운데에 물웅덩이가 있는 길 등)
   • 유아가 걸어가고 싶은 길을 그림이나 글로 표현해본다.
   • 유아가 구상한 길을 밧줄로 만들어 친구들과 걸어본다.

▌ 이럴 땐 이렇게

- 밧줄 대신 색 테이프를 이용하여 바닥에 여러 가지 모양을 그려서 걸어볼 수 있다.
- 확장놀이로 눈 감고 걷기, 플라스틱 컵에 물을 반쯤 담고 걷기, 숟가락에 탁구공 얹고 걷기, 콩주
  머니 머리에 올리고 걷기 등을 하면 주의집중력을 더욱 향상시킬 수 있다.
- 두 팀으로 나누어 모양 따라 걷기 릴레이 게임을 할 수 있다.
- 밧줄로 길을 만든 후, 장애물을 추가하여 통과하기를 해볼 수 있다.

02 즐겁게 춤을 추다가, 그대로 멈춰라

준비물 동요《그대로 멈춰라》음원

동요《그대로 멈춰라》는 유아들이 가장 좋아하는 노래 중 하나이다. 유아는
자신의 신체를 신나게 움직이다가 '그대로 멈춰라'라는 부분에서 가만히 움직
이지 않고 멈춰야 한다. 자기 조절력과 움직이고 싶은 욕구를 참는 의지력도 기
를 수 있다. 또한 가사에 맞게 자신의 움직임을 조절해야 하기 때문에, 규칙을
인식하는 인지능력, 운동능력, 균형감각 등을 기를 수 있다.

 놀이를 통해 경험한 배움 요소

- 신체운동 · 건강: 신체활동 즐기기 - 신체 움직임을 조절한다.
- 의사소통: 듣기와 말하기 - 상황에 적절한 단어를 사용하여 말한다.

▌해보세요

1 유아들과 즐겁게 동요 《그대로 멈춰라》를 노래 부르며 춤춘다.

2 '그대로 멈춰라'라는 가사를 부를 때, 움직이지 않고 멈춘다.

3 충분히 놀이한 후, '그대로 멈춰라' 부분에서 유아들이 한 명씩 돌아가면서 다른 조건을 추가한다.

- 지민: ("즐겁게 춤을 추다가 <u>엉덩이를 흔들어라</u>.")

  수지: ("즐겁게 춤을 추다가 <u>친구와 인사해라</u>.")

  나라: ("즐겁게 춤을 추다가 <u>개다리춤을 춰라</u>.")

  두준: ("즐겁게 춤을 추다가 <u>위로 점프해라</u>.")

4 다 함께 이야기하며 놀이경험을 공유한다.

- 유아들과 가장 기억에 남는 동작, 가장 재미있었던 동작, 다시 한 번 해보고 싶은 동작 등을 이야기 나눈다.

▌이럴 땐 이렇게

- 리본막대를 들고 흔들다가 멈출 수도 있다.
- 전이시간이나 활동을 시작하기 전, 주의 집중 놀이로 활용하면 좋다.
- 처음에는 음원을 들으면서 활동하다가, '그대로 멈춰라' 가사 부분에서 유아들이 조건을 제시할 때 잠시 음원을 멈춘다.
- 큰북이나 작은북을 이용하여 놀이해본다. 북소리를 크게 칠 때는 걸음을 크게 혹은 빠르게 걸어보고, 북소리를 작게 칠 때는 노래도 작게 부르고 걸음을 작게 혹은 느리게 걸어보도록 한다.

03 머리, 어깨, 무릎, 발을 찾아라

준비물 (없음)

신체의 각 부위를 하나씩 탐색해보고, 노래를 통해 자연스럽게 명칭을 익힐 수 있다. 노래의 마지막에서 가사를 바꾸어 조건을 다르게 제시함으로써 유아들의 집중력을 향상시킬 수 있는 놀이이다.

🔔 **놀이를 통해 경험한 배움 요소**

◆ 신체운동 · 건강: 신체활동 즐기기 - 자발적으로 신체 활동에 참여한다.
◆ 의사소통: 듣기와 말하기 - 말이나 이야기를 관심 있게 듣는다.

▌ 해보세요

1 동요 《머리 어깨 무릎 발》을 유아들과 함께 노래 부른다.

2 신체 부분을 손으로 가리키며 노래를 부른다.

3 노래를 점점 빠르거나 점점 느리게 불러본다.

- "(숨이 찰 정도로 빠르게) 머리어깨무릎발무릎…"
- "(말을 잘 끊지 않고 느리게) 머어어리, 어어어어깨, 무우우우우우릎…"

4 마지막 부분 '귀, 코, 귀'를 다른 신체 부분으로 바꾸어 불러본다.

- "머리 어깨 무릎 귀 코 <u>입술</u>!"
  "머리 어깨 무릎 귀 코 <u>배꼽</u>!"
  "머리 어깨 무릎 귀 코 <u>엉덩이</u>!"
  "머리 어깨 무릎 귀 코 <u>발가락</u>!"
  "머리 어깨 무릎 귀 코 <u>눈썹</u>!"

▌ 이럴 땐 이렇게

- 노래 부르는 속도를 바꿀 때는 몸동작 하는 속도도 똑같이 바꾼다. 노래를 느리게 부를 땐 느리게 움직인다.
- 유아들은 속도를 빠르게 할 때 매우 즐거워했으며 더 빠르게, 더 더 빠르게 해보자고 제안했다.
- 다른 신체 부분으로 바꾸어 부를 때, 유아들이 한 명씩 돌아가면서 원하는 신체 부분을 이야기하면 좋다. 자신이 제안한 신체 부분을 친구들이 함께 가리킬 때, 유아는 더욱 집중한다.

04 가라사대, 따라 해보세요

준비물 종

'가라사대'라는 말을 붙인 지시만 따라서 행동하는 놀이이다. 얼핏 쉬워 보이지만, 실제로 해보면 유아들은 상당히 혼란스러워한다. 알맞게 행동하기 위해서는 말하는 사람의 이야기에 집중해야만 한다. 이 놀이를 통해, 교사나 친구의 말을 주의 깊게 듣는 습관을 기를 수 있다.

🔔 놀이를 통해 경험한 배움 요소

- ◆ 신체운동 · 건강: 신체활동 즐기기 - 신체를 인식하고 움직인다.
- ◆ 의사소통: 듣기와 말하기 - 말이나 이야기를 관심 있게 듣는다.

▌해보세요

1 모두가 잘 보이도록 동그랗게 모여 앉는다.

2 교사는 진행자가 되고, 유아들은 지시를 듣고 행동하는 사람이 된다.

3 유아들에게 '가라사대'라는 말이 붙은 지시에만 행동해야 한다고 알려준다.
- '가라사대'라는 말이 붙지 않으면, 가만히 있어야 한다.

4 놀이의 시작을 종소리로 알리며, 지시를 내린다.
- "(종을 한 번 치면서) 가라사대 놀이를 시작하겠습니다. 가라사대 두 손을 위로 올리세요."
- "두 손을 밑으로 내리세요. 가라사대를 하지 않았으므로 손을 내린 친구들은 탈락입니다."
- "가라사대 두 손을 내리세요. 가라사대 자리에서 일어나세요. 엉덩이를 흔드세요. 엉덩이를 흔든 친구들은 원 밖으로 가주세요. 가라사대 한쪽 다리를 들어보세요."

5 유아가 1명만 남으면 놀이는 끝난다.
- "끝까지 잘 수행한 친구는 주미네요. 축하합니다. (종을 한 번 치며) 가라사대 놀이가 끝났습니다."

6 놀이가 익숙해지면, 유아가 진행자 역할을 한다.

▌이럴 땐 이렇게

- 유아들이 규칙을 이해할 수 있도록 연습 게임을 2~3차례 충분히 실시한다.
- 유아가 진행자가 될 때, 교사도 놀이 참여자로 함께한다. 유아는 선생님이 자신의 지시에 따라 행동하는 것을 보고 즐거워한다.

05 장애물 사방치기

준비물 사방치기 판(또는 바닥에 색테이프로 사방치기 놀이판 표시), 콩주머니, 동물 가면(또는 동물 머리띠) 등

전래놀이 '사방치기'에 조건을 추가한 변형놀이이다. 사방치기 판에 놓여 있는
동물 가면을 피해 콩주머니를 던지거나, 가지고 오고 싶은 동물 가면을 향해 콩
주머니를 던진다. 다양한 조건에 맞추어 놀이를 수행하기 위한 집중력이 요구
된다.

🔔 놀이를 통해 경험한 배움 요소

* 신체운동 · 건강: 신체활동 즐기기 - 기초적인 이동운동, 제자리 운동, 도구를 이용한 운동
을 한다.
* 자연탐구: 생활 속에서 탐구하기 - 물체의 위치와 방향, 모양을 알고 구별한다.

▌ 해보세요

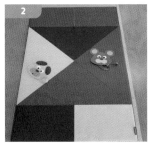  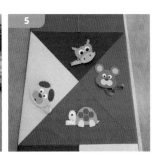

1 [사전활동] 사방치기 규칙이 익숙해질 때까지, 기존 방법대로 놀이한다.

　① 출발선에서 콩주머니를 던진다.

　② 콩주머니가 놓인 칸을 피해, 두 발이나 한 발로 사방치기 판을 이동한다.

　③ 콩주머니가 놓인 칸 주변에 서서 깨금발로 콩주머니를 줍는다.

　④ 출발점으로 다시 돌아온다.

2 사방치기 판 중에서 유아가 2칸을 선택하여 동물 가면을 놓는다.

3 동물 가면이 있는 곳을 피해서 콩주머니를 던진다.

　• 동물 가면이 있는 곳에 던지면, 다음 친구에게 기회가 넘어간다.

4 기존 사방치기와 같이 두 발이나 한 발로 뛰어 콩주머니를 줍고 도착점으로 온다.

5 [응용편]

　① 사방치기 판 가운데의 4개로 나뉘는 X자 칸 위에 동물 가면을 놓는다.

　② 출발선에 서서 콩주머니를 던진다.

　③ 자신이 던진 콩주머니가 있는 칸에 도착한다.

　④ 그 칸의 동물 가면을 머리에 쓰고, 콩주머니를 주워 도착점으로 온다.

　⑤ 동물 가면을 많이 가져온 유아가 이긴다.

▌ 이럴 땐 이렇게

- 동물가면 대신 다양한 물체를 장애물로 사용할 수 있다. (음식 모형, 레고 장난감, 곤충 모형 등)

06 하나 둘 셋, 산가지 놀이

준비물 나무젓가락이나 산가지 10~20개, 방석

산가지 놀이는 수숫대, 싸리, 대나무 등을 깎아서 만든 산가지를 이용한 전통놀이이다. 겹쳐진 산가지를 한 개씩 가져올 때, 주변의 산가지를 건드리지 않아야 한다. 다른 산가지를 건드리지 않으려고 크게 숨을 들이마시거나, 떨리는 손을 부여잡으면서 놀이하는 유아들의 귀여운 모습을 볼 수 있다. 유아들은 이 놀이를 통해 집중력과 사고력을 기를 수 있다.

🔔 놀이를 통해 경험한 배움 요소

- ◆ 신체운동 · 건강: 신체 활동 즐기기 - 신체 움직임을 조절한다.
- ◆ 사회관계: 사회에 관심 가지기 - 우리나라에 대해 자부심을 가진다.
- ◆ 자연탐구: 생활 속에서 탐구하기 - 물체를 세어 수량을 알아본다.

▌해보세요

1 유아들은 2명씩 짝을 정한다.

2 두 유아는 방석을 가운데 두고 서로 마주 보고 앉는다.

3 산가지를 한 손에 쥐었다가 방석 위에 뿌린다.

4 누가 먼저 할지 순서를 정한다.

5 유아는 위에 있는 산가지부터 하나씩 가지고 온다.

　• 가지고 올 산가지 외의 다른 산가지를 건드리거나 움직였다면, 친구에게 기회가 넘어간다.

6 방석에 있는 산가지를 모두 가져가면 놀이가 끝난다.

7 각자 가져간 산가지 개수를 세어본다.

▌이럴 땐 이렇게

- '산가지 놀이' 세트를 인터넷에서 검색하면, 다양한 길이(이쑤시개 크기부터 나무젓가락 크기까지)와 색상을 고려하여 구입할 수 있다.
- 나무젓가락 놀이에 대한 사전 안전지도를 실시한다.
- 마지막에 산가지 개수를 세어봄으로써, 구체물을 통한 수 세기를 경험할 수 있다.
- 산가지를 탑처럼 높이 쌓거나, 여러 도형을 만들며 놀이를 활용할 수 있다.
- 산가지에 각자 자기 것이라는 표시를 한 후, 자기 산가지만 빼내는 놀이로 확장할 수 있다.
- 규칙을 다양하게 바꾸어 놀이해본다. (주사위를 던져서 나온 수만큼 산가지 가져가기, 가위바위보를 해서 이긴 사람만 산가지 가져가기 등)

07 너랑 나랑 구슬치기

준비물 구슬, 호루라기

구슬치기는 한곳에 놓아둔 구슬을 굴려 어느 정도 떨어진 거리의 구슬을 맞히
고, 맞힌 사람이 구슬을 가져가는 놀이이다. 상대방 구슬을 치기 위해서는 구슬
이 놓여 있는 위치를 보고, 손가락의 힘을 조절해서 쳐야 한다. 유아들의 눈-손
협응과 집중력을 향상시키기 좋은 놀이이다.

🔔 놀이를 통해 경험한 배움 요소

- 신체운동 · 건강: 신체활동 즐기기 - 신체 움직임을 조절한다.
- 사회관계: 생활 속에서 탐구하기 - 물체의 위치와 방향, 모양을 알고 구별한다.

▌해보세요

1 각자 원하는 구슬을 선택한다.

2 동요 《그대로 멈춰라》를 노래 부르며 돌아다닌다.

3 교사의 호루라기 신호가 울리면, 유아들은 2명씩 만난다.

　• 짝 없는 유아가 생기면, 교사는 3명이서 활동을 하고 싶은 유아들이 있는지 물어본다. 또는 교
　　사가 직접 짝을 해준다.

4 유아 2명은 마주 보고 앉은 후, 서로 발바닥을 마주 보도록 다리를 쭉 펴고 앉는다.

5 구슬을 유아들 다리 사이, 가운데 위치에 놓는다.

6 가위바위보에서 이긴 유아가 먼저 자기 구슬을 쳐서 친구 구슬을 맞힌다.

7 상대방의 구슬을 맞히면 가져간다.

　• 못 맞히면 자기 구슬을 가운데에 놓는다.

8 진 유아가 친구의 구슬을 향해 자신의 구슬을 친다.

9 번갈아가면서 계속 구슬치기를 한다.

▌이럴 땐 이렇게

- 맞붙인 다리 안에서 구슬치기를 하면, 구슬이 다른 곳으로 굴러가지 않는다는 장점이 있다.
- 병뚜껑을 이용해 구슬치기를 해볼 수 있다.
- 구슬이 멀리 가지 않도록 주변에 블록이나 동화책을 세워두어 울타리를 만들어놓으면 좋다.

08 훌라후프 안에 신발 던져 넣기

준비물 훌라후프, 신발이나 실내화, 마스킹테이프

적당한 거리에 훌라후프를 놓고, 유아들이 그 안에 신발이나 실내화를 발로 던져 넣는 놀이이다. 목표 지점에 제대로 넣기 위해서 유아들은 숨을 들이마시면서 집중하고, 다리를 앞뒤로 흔들기도 한다. 쉽고 단순하지만 유아들이 매우 좋아한다.

 놀이를 통해 경험한 배움 요소

- ◆ 신체운동 · 건강: 신체활동 즐기기 - 신체 움직임을 조절한다.
- ◆ 자연탐구: 생활 속에서 탐구하기 - 일상에서 길이, 무게 등의 속성을 비교한다.

▌해보세요

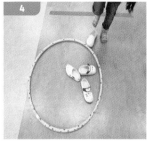

1 유아들은 신발이나 실내화를 신는다.

2 각자 출발선에 선다.

3 유아는 신고 있는 신발을 반쯤 벗어, 발끝에 건다.

4 훌라후프 안에 신발을 던져 넣는다.
  - 넣지 못한 유아에게 한 번 더 기회를 준다.

5 [응용편] 두 팀으로 나누어, 훌라후프 안에 신발을 많이 넣는 팀이 이기는 놀이로 활용할 수 있다.
  - 신발 개수를 셀 때, 양 팀에서 하나씩 동시에 꺼낸다.
  - 양 팀 신발을 나란히 한 줄로 세워 수량을 비교할 수 있게 한다.

▌이럴 땐 이렇게

- 놀이하기 전에, 마스킹테이프로 출발선을 표시한다.
- 훌라후프 대신 바구니, 상자 등을 사용해도 좋다.
- 신발을 던질 때 다른 유아들이 맞지 않도록, 충분히 넓은 공간에서 활동한다.
- 처음에는 훌라후프를 가까이 둬서 넣기 쉽게 하여, 성공경험을 충분히 제공한다.
- 유아의 연령 및 발달수준에 따라 거리를 조절한다.
- 훌라후프의 크기를 다르게 하여 놀이 난이도를 조절할 수 있다.
  (처음에는 큰 훌라후프를 제공하고, 점점 작은 훌라후프를 제공하여 목표지점에 집중할 수 있도록 한다.)
- 신발 멀리 던지기 놀이를 해볼 수 있다.

09 밧줄을 가만히 손으로 따라가요

준비물 놀이용 밧줄(3m 길이) 여러 개

호흡을 가다듬는 일종의 명상 놀이이다. 명상을 통해 유아들은 자신의 마음 상태에 집중하게 되고, 자기 내면을 맑게 되새김하는 소중한 기회를 가지게 된다. 유아들의 특성상, 가만히 있는 것을 힘들어하기 때문에 집중할 대상이 있으면 명상에 훨씬 쉽게 몰입할 수 있다. 눈을 감고 밧줄을 손으로 만져보면서 호흡을 정돈하는 것도 명상에 익숙해지기 좋은 방법이다.

 놀이를 통해 경험한 배움 요소

- ◆ 신체운동 · 건강: 신체활동 즐기기 - 신체 움직임을 조절한다.
- ◆ 예술경험: 예술 감상하기 - 다양한 예술을 감상하며 상상하기를 즐긴다.

▌해보세요

1 유아가 원하는 색의 밧줄을 선택한다.

2 유아들은 동그랗게 모여 앉는다.

3 유아는 밧줄을 달팽이처럼 돌돌 만다.

4 달팽이집을 안에서 밖으로, 검지로 짚으며 천천히 따라가게 한다.

5 이번에는 그 반대방향인 밖에서 안으로 천천히 따라가게 한다.

6 숨을 들이마시고 내쉬며 달팽이집을 검지로 따라가 본다.
   - 달팽이집을 안에서 밖으로, 밖에서 안으로 따라가며 호흡을 조절하는 명상을 해본다.
   - 교사는 나지막하고 차분한 목소리로 명상 순서를 안내해준다.
     "두 번째 손가락을 달팽이모양 밧줄 가운데에 놓으세요. 눈을 감으세요. 손가락으로 천천히 밧줄모양을 따라가요. 점점 안에서 밖으로 나옵니다. 손가락을 천천히 움직이면서 숨을 들이마시고, (한 박자 쉬고 이어 말하며) 숨을 내쉽니다. 다시 숨을 들이마시고, '후~' 하면서 내쉽니다."

7 눈 감고 밧줄을 따라간 느낌에 대해 이야기 나눈다.
   - "눈 감고 밧줄을 따라갈 때 무슨 생각을 했나요?"
     "어떤 느낌이 들었나요?"

▌이럴 땐 이렇게

- 밧줄을 달팽이처럼 말 때, 유아들이 시작점을 만들기 어려워하므로 교사나 잘하는 유아가 도와준다.

10 코·코·코·코 코알라 손유희

준비물 (없음)

'코알라' 손유희는 주의 집중할 때 많이 활용된다. 반복되는 가사인 '코', '알', '라', '코알라' 부분을 소리 내지 않고 동작만 해본다. 마지막에는 전체 가사를 부르지 않고 입 모양과 동작만으로 손유희를 하면, 유아들은 초롱초롱한 눈으로 주의 깊게 집중한다.

🔔 **놀이를 통해 경험한 배움 요소**

- ◆ 예술경험: 창의적으로 표현하기 - 노래를 즐겨 부른다.
- ◆ 자연탐구: 자연과 더불어 살기 - 주변의 동식물에 관심을 가진다.

▌해보세요

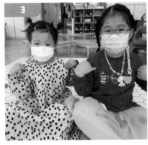  

1 유아들에게 노래 《코알라》를 들려준다.
- "숲속 작은 집에 코알라 / 아무것도 모르는 코알라 / 엄마 품에 안겨 잠이 드는 / 코코코코 코알라."

2 유아들과 반복되는 부분이 어디인지 알아본다.
- "노래를 들어보니 어떤 말이 반복되었나요?" ("코알라요.")

3 '코알라' 중에서 한 음절씩 소리를 내지 않고 손유희를 한다.
- 먼저 '코'를 소리 내지 않고 노래를 불러본다.
  "숲속 작은 집에 ○알라 / 아무것도 모르는 ○알라 / 엄마 품에 안겨 잠이 드는 / ○○○○ ○알라."
- 그다음은 '알', 그리고 '라', 다음에는 '코알라' 순서대로 소리 내지 않고 불러본다.

4 마지막에는 모든 가사를 소리 내지 않고 동작으로만 활동한다.
- 입 모양으로만 노래를 부르고, 소리는 전혀 내지 않는다.

▌이럴 땐 이렇게

- '엄마 품에 안겨 잠이 드는' 이라는 가사를 부른 후, 코 고는 소리와 잠자는 흉내를 내면 유아들이 더욱 집중한다.
- 유아들과 의논하여, 소리를 내고 싶지 않은 곳을 정하여 그 부분만 부르지 않는 것도 좋다.
  ('코알' 소리 내지 않기, 나머지 가사는 부르지 않고 '코알라'만 부르기 등)

한글에 관심을 가져요

1. 행동 유형

- 자기 이름 글자에 관심이 없는 경우
- 물건에 적힌 이름 글자에 흥미가 없는 경우
- 거의 단어로만 이야기하고, 문장으로 표현하지 않는 경우
  : "먹어.", "배고파.", "저기 봐봐.", "자동차.", "과자." 등
- 글자를 보면 "나는 못 써요."라고 이야기하는 경우
- 지나친 주입식 한글교육으로 인해 부정적 인식을 갖고 있는 경우

2. 원인

- 말과 글의 필요성을 인식하지 못했기 때문이다.
- 일상생활 속에서 한글에 대한 환경적 자극이 주어지지 않았기 때문이다.
- 신체적 · 인지적 발달이 아직 이루어지지 않았기 때문이다.
- 자신의 쓴 글자나 내용이 틀렸을까봐 두렵기 때문이다.

3. 지도 방법

유아가 일상생활에서 말과 글의 관계를 이해하도록 돕는다.

유아는 일상생활에서 많은 글자를 접하면서, 글자가 다양한 목적으로 쓰인다는 것을 자연스럽게 알게 된다. 교사는 말과 글이 일상생활을 풍요롭게 해 유용한 기술임을 유아가 인식할 수 있도록 지도한다. 유아 자신이나 친구들의 이름으로 읽기에 관심을 갖도록 지도할 수 있다. 출석카드를 매일 교사와 함께 읽어보고, 어느 날은 이름카드를 보여주며 "누구의 이름일까?"라고 발문하여 추측해보도록 한다. 이러한 과정을 통해 유아들은 글자에 흥미를 느끼게 되고, 단서를 고려하여 읽을 수 있음을 인식하게 된다.

교실에는 컴퓨터, 칠판, 피아노, 옷걸이, 텔레비전, 에어컨, 사물함, 의자, 책상 등 다양한 물건들이 있다. 자주 접하는 물건에 이름표를 붙여두면, 유아들은 매일 생활하면서 그 물건과 이름을 보고 자연스럽게 글자를 인식하게 된다. 교실에 있는 물건에 대한 수수께끼를 내고, 정답을 맞힌 유아가 그 물건에 직접 이름표를 붙여볼 수 있다.

낱말을 찾아 밟는 놀이를 통해 글자를 인식하는 경험을 할 수 있다. 바닥에 낱말카드를 놓고, 교사가 "토끼!"라고 말하면, 유아들이 '토끼'가 적힌 카드를 찾아 밟는다. 먼저 찾은 유아가 카드를 가져가는 놀이이다.

놀이를 통해 한글이나 한글교육에 대한 동기를 갖도록 한다.

유아가 다양한 한글 놀이를 통해 자연스럽게 글자와 친숙해질 수 있도록 한다. 글자에 의미가 있다는 것을 느끼고 글을 읽고자 하는 동기를 갖도록 한다. 유아는 자기 이름 글자의 테두리 안에 클레이를 조금씩 붙이거나, 길게 만든 클레이를 구부리거나 떼어내 자기 이름 글자 모양을 만들 수도 있다. 이때 만 3세는 교사가 스케치북에 그려준 이름 틀 위에 붙이도록 하고, 만 4~5세는 자기 이름을 직접 쓰고 클레이를 붙인다. 자음과 모음 글자 찍기 틀을 클레이에 찍어서 이름을 구성할 수도 있다.

유아들은 현장체험학습 버스 안에서 친구들과 하는 끝말잇기도 좋아한다.

단어를 곰곰이 생각하고, 친구가 다음에 어떤 단어를 이야기할지 장난기 가득한 표정으로 쳐다본다. 이 놀이를 통해 다양한 글자나 단어를 알고자 하는 욕구가 자연스럽게 생기게 된다.

유아는 손가락, 손, 팔, 다리, 허리 등 자신의 신체를 이용하여 글자 모양을 만들어본다. 익숙해지면 친구들과 협동하여 자음과 모음의 모양을 함께 구성해볼 수 있다.

유아가 듣기의 중요성을 인식할 수 있는 환경을 조성한다.

언어 교육은 듣기로부터 출발한다. 듣기는 음성 언어를 의미를 가지는 메시지로 변형시키는 과정이다(Jalongo,2003[13]). 먼저, 교사 자신이 유아의 말에 주의를 집중해서 경청하는 모습을 보여준다. 교사는 유아들이 말할 때 몸을 낮추고 눈을 마주치며 "응, 그렇게 생각했구나." 등의 적절한 반응과 질문을 한다. 유아의 말에 담긴 의미와 감정을 이해하고 공감하는 태도를 보여준다. 유아의 흥미와 이해 수준에 적합한 다양한 활동이나 놀이를 제공한다. 9장에서 설명한 언어적 지시에 따라 몸을 움직여보는 '가라사대 놀이'나 우리 교실 물건의 수수께끼를 듣고 알맞은 답을 맞추는 놀이를 해볼 수 있다. 또한, 끝말잇기를 하면서 다음 단어를 생각하기 위해서는 친구의 말을 집중해서 들어야 한다는 것을 경험할 수 있다.

교사는 유아의 말에 구체적으로 반응하거나 질문함으로써 언어 표현을 격려한다.

자연스러운 상황에서 유아가 말한 문장을 완전한 문장으로 수정해주거나 보완해주면 좋다.

범주[14]	설명
확장	유아가 한 말에 추가하여 반응하는 것 예) 유아 "저기, 차." → 교사 "아! 저기 차가 있구나."
연장	유아가 한 말에 정보를 덧붙여서 반응하는 것 예) 유아: "저기, 차." → 교사 "그래, 흰 자동차에서 내리는 사람이 보이네."
반복	유아가 한 말을 반복하는 것 예) 유아 "자동차." → 교사 "그래, 자동차."
평행어법	유아가 하는 행동을 언어로 묘사하는 것 예) "수지는 자동차가 움직이는 것을 보고 신기해하는구나."
자기언어	교사가 자신이 하는 행동을 말로 표현하는 것 예) "선생님도 너처럼 자동차를 보고 있어."
수직구조	유아가 한 말에 질문을 하여 말을 계속하도록 유도하는 것 예) 유아 "자동차를 보세요." → 교사 "자동차 안에 뭐가 있을까?"
채워 넣기 어법	교사가 하는 말에 유아가 적절한 단어를 채워 넣게 하는 것 예) "자동차가 어디에 갈까?" ("집에요.") "집에 가면 뭐가 있을까?" ("인형.") ※유아가 대답하지 않는 경우, 교사가 단어를 채워 넣어줌 예) "공을 어디로 던질까?" (유아는 말없이 공을 멀리 던짐) "우와! 수지가 공을 멀리 던지고 있구나!"

듣기-말하기-읽기-쓰기의 통합적 발달을 고려해야 한다.

유아의 언어능력 발달을 위해서는 읽기나 쓰기와 같이 눈에 보이는 결과적 목표에 중점을 두어서는 안 된다. 듣기·말하기·읽기·쓰기는 연속되는 순환과

....
13. 홍혜경·김명화·김정아·김세루, 『영유아 언어교육』, 학지사, 2013, p.118
14. 위의 책, 재인용

정이며, 통합적으로 발달한다. 듣기·말하기에 관심을 가진 유아들은 자신이 들었던 글자나, 지금 말했거나 말하고 싶은 내용을 쓰고 싶어 하게 되기 때문이다(홍혜경 외, 2013).

마음의 여유를 가지고 기다려야 한다.

한글교육은 단기간에 효과적 결과를 기대하기 어렵다. 유아의 개인적 발달 수준에 따라, 자연스러운 놀이 상황에서 점진적으로 지도하는 것이 효과적이다. 특히, 쓰기 발달은 신체적·인지적 발달과 밀접한 관계가 있어 눈-손의 협응, 소근육 발달, 언어 이해력, 해석력의 발달을 전제로 한다.

일과 중에 교사가 글자 쓰는 모습을 많이 보여주어야 한다.

유아들은 말하기, 듣기, 읽기에 비해 쓰기를 가장 어려워한다. 쓰기는 듣기나 읽기처럼 지식을 언어로 받아들이는 것이 아니라, 자신의 생각과 느낌을 창의적으로 생성하고 조직하는 표현활동이기 때문이다(이차숙, 2005[15]). 따라서 교사는 유아들에게 안내하기 위한 하루 일과, 놀이 주제, 놀이 자료, 유아들의 이름 등을 글자로 쓰는 모습을 자주 보여주어, 유아들이 흥미를 갖도록 해야 한다.

"아이들 식으로 쓰기(Kid writing)" 또는 "지어낸 철자(Invented spelling)"를 통하여 자신만의 생각을 발산하는 것을 격려해준다.

글자나 발음에 대한 학습은, 유아들 자신이 가진 쓰기와 철자에 대한 가설에

....
15. 위의 책, p.140

기초할 때 가장 성공적이다. 쉽게 말하자면, 아무렇게나 끼적이는 낙서에서부터 누구나 분명히 읽을 수 있는 문자 형태까지 상징을 발전시켜나가는 것이다. 그렇기 때문에 유아들이 스스로 자기 방식대로 쓰기를 하는 것에 대한 위험을 감수하고 도전할 수 있도록, 교사가 도와야 한다(홍혜경 외, 2013[16]).

미니 칠판이나 화이트보드 판을 마련하여, 다양한 글자 모양을 써보고 지워보면서 유아들이 글자에 관심을 가질 수 있도록 자료를 제공하는 방법도 좋다. 미니 칠판에 자신이 쓴 글자를 교사나 친구들에게 설명하거나 자랑스러워하는 유아의 모습을 볼 수 있다.

밧줄을 자유롭게 구부리거나 여러 개를 함께 연결하여, 유아들이 원하는 글자 모양을 만들어볼 수도 있다.

....

16. 위의 책, p.139

01 내가 만든 출석카드, 매일매일 불러요

준비물　A4 크기 색지, 사인펜, 색연필, A4 크기 코팅지

한글교육은 유아의 가장 가까운 일상생활에서부터 놀이로 시작되어야 한다. 유아는 자신과 친구의 이름 글자에 관심이 많으므로, 매일 출석카드를 부르면서 글자를 인식하는 활동은 읽기와 쓰기 발달을 증진시킨다. 매일 반복하다 보면 유아들이 자연스럽게 자기 이름과 친구 이름을 인식하게 된다.

🔔 **놀이를 통해 경험한 배움 요소**

- ◆ 의사소통: 읽기와 쓰기에 관심 가지기 - 주변의 상징, 글자 등의 읽기에 관심을 가진다.
- ◆ 예술경험: 창의적으로 표현하기 - 다양한 미술 재료와 도구로 자신의 생각과 느낌을 표현한다.

▌ 해보세요

1 A4 색지에 유아가 자기 이름을 색칠하거나 쓴다.
  - 만 3~4세라면, 테두리만 있는 이름 글자를 종이에 출력해 제공한다.
    (한글 파일에서 마우스 오른쪽 클릭→글자모양→테두리/배경 설정)
  - 만 5세는 스스로 쓸 수 있도록 교사가 도와준다.

2 유아는 자기 이름이 써진 출석카드를 꾸민다.

3 완성된 출석카드를 코팅해준다.

4 매일 아침, 유아들이 만든 출석카드를 넘기며 이름을 불러준다.
  - 유아는 한 손을 들고 대답한다.("네." "네. 유치원에 왔습니다~")

5 익숙해지면 '꼬마 선생님'이 될 유아를 번갈아 정하고, '꼬마 선생님'이 출석카드 이름을 읽어준다.
  - '꼬마 선생님'의 출석카드는 다른 유아들이 모두 함께 읽어준다.

▌ 이럴 땐 이렇게

- 종이는 A4 크기가 적절하다. 출석카드가 너무 작으면, 뒤쪽에 앉는 유아에게 잘 보이지 않는다.
- 자신의 이름을 스스로 쓰고 싶어 하는 유아에게는, 사물함 이름표나 자기 물건에 적힌 이름을 보면서 써보도록 격려한다.
- 출석카드에 교사의 이름도 포함하면, 유아들은 교사의 이름 글자에도 관심이 생기고 교사도 학급의 일원임을 느끼게 된다.
- 출석카드를 번호 순서나 가·나·다 순으로 부르지 않고, 섞어서 매일 랜덤으로 부른다. 순서를 고정해서 부르면, 유아는 글자 자체를 인식하는 게 아니라 이름의 순서를 외워 흥미도가 떨어진다.

02 클레이로 만드는 내 이름

준비물 아이클레이, 테두리 있는 이름이 적힌 종이, 자음과 모음 글자 찍기 틀, 도화지, 찰흙 판, 모양 칼, 목공용 풀

유아들은 매일 클레이(점토) 놀이를 하면서 즐거워한다. 클레이는 유아들이 만들고자 하는 대로 손쉽게 모양이 바뀌기 때문이다. 주무르거나 두드리고, 굴리고, 구멍 내고, 도구나 틀을 이용하여 무언가를 만드는 클레이 놀이를 통해 소근육을 발달시키고, 창의력·상상력·표현력을 기를 수 있다[17]. 유아들이 좋아하는 클레이를 이용하여 한글 교육을 하면, '한글 놀이란 즐거운 것'이라는 긍정적인 경험을 갖게 할 수 있다.

🔔 놀이를 통해 경험한 배움 요소

- 의사소통: 읽기와 쓰기에 관심 가지기 - 자신의 생각을 글자와 비슷한 형태로 표현한다.
- 자연탐구: 생활 속에서 탐구하기 - 물체의 특성과 변화를 여러 가지 방법으로 탐색한다.

█ 해보세요

1 유아들 각자 원하는 클레이를 선택한다.

2 유아의 흥미에 따라서, 다양한 방법으로 자신의 이름을 만들어본다.

방법	연령[18]		
	3세	4세	5세
• 글자 테두리에 맞춰 넘치지 않도록 클레이를 떼어 붙이기	◎	◎	○
• 클레이를 길게 늘이고 구부리거나 떼어내 만들기	◎	◎	◎
• 자음과 모음 글자 찍기 틀로 클레이를 찍어 만들기	○	◎	◎

3 완성된 이름 글자를 도화지에 옮겨 목공용 풀로 붙여본다.

4 유아들이 만든 작품을 그늘진 곳에 말린다.

█ 이럴 땐 이렇게

- 연령별로 적절한 방법을 제안하였으나, 유아의 흥미와 관심에 따라 하고 싶은 방법을 선택하게 할 수 있다.
- 자기 이름 글자를 다 완성한 유아는, 친구나 가족의 이름도 만들어보면 좋다.

....
17. 쇼핑용어사전, "점토", https://terms.naver.com/entry.nhn?docId=5671694&cid=51399&categoryId=51399
18. ◎ 표시: 매우 적절, ○ 표시: 적절

03 미니 칠판에 글자를 써요

준비물 30x20㎝ 미니사이즈 화이트보드 판, 보드 마카, 화이트보드용 지우개, 한글 단어 카드, 숫자카드, 공룡카드

유아들은 화이트보드에 그림을 그리거나 글자를 쓰는 것을 즐거워한다. 보드 마카를 사용하면 부드럽게 써지고, 틀리면 전용 지우개로 지우고 다시 쓸 수 있으니 부담 없이 자신의 생각과 느낌을 표현할 수 있기 때문이다. 유아들은 화이트보드에 다양한 글자를 써놓고, 친구들에게 설명하면서 선생님 역할 놀이를 하기도 한다.

🔔 놀이를 통해 경험한 배움 요소

- 의사소통: 읽기와 쓰기에 관심 가지기 - 말과 글의 관계에 관심을 가진다.
  - 자신의 생각을 글자와 비슷한 형태로 표현한다.

▌해보세요

1 유아가 각자 화이트보드 판을 선택한다.

2 화이트보드 판에 자유롭게 그림을 그리거나 글자를 쓴다.

- 그리고 싶은 대로 그린다.
- 한글 단어 카드나 공룡카드를 보고 글자를 따라 쓰거나, 그림을 그린다.
- 숫자 단어 카드를 보고 숫자를 쓰거나, 개수만큼 그림을 그린다.

3 유아가 그린 그림을 친구들이나 선생님에게 소개한다.

▌이럴 땐 이렇게

- 미니 화이트보드 판은 다이소 혹은 문구점이나 인터넷에서 구입할 수 있다.
- 미니 화이트보드 판을 유아 인원만큼 구입하여 이름을 써주면, 평소에 개인용으로 가지고 놀 수 있다.
- 화이트보드 판에는 반드시 글자만 쓰도록 강요하지 않고, 유아가 자유롭게 사용할 수 있도록 안내한다.
- 한글 단어 카드는 그림이 함께 있는 것으로 제공한다.
- 자신이 그린 그림이나 글자가 지워지는 것을 아쉬워하는 유아에게는 사진을 찍어 출력하여 보관해준다.
- 전체 수업용 대형 칠판을 새것으로 교체할 때, 헌것을 버리지 않고 유아들의 역할영역에 두고 놀도록 하면 유아들이 매우 좋아한다.
- 다양한 색의 보드 마카를 제공해주면 그림이나 글자 표현이 풍부해진다.

04 하루 일과를 함께 읽어요

준비물 대형 화이트보드 칠판, 보드 마카, 보드 마카 지우개

하루 일과를 미리 확인해보는 것은, 유아들이 유치원 생활에서 안정감을 갖는데 중요하다. 매일 반복되는 일과를 칠판에 써주고, 유아들과 함께 읽어보는 놀이이다. 놀이중심 교육과정 실천을 위해 유아의 흥미에 따라 일과가 바뀔 수 있는 점을 감안하여 최소한의 계획을 안내하고, 유아들과 상의하여 변경 가능함을 알린다.

🔔 놀이를 통해 경험한 배움 요소

- ◆ 의사소통: 읽기와 쓰기에 관심 가지기 - 말과 글의 관계에 관심을 가진다.
- ◆ 자연탐구: 생활 속에서 탐구하기 - 주변에서 반복되는 규칙을 찾는다.

▌해보세요

1 유아들과 오늘 유치원에서 하고 싶은 활동에 대해 이야기 나눈다.

2 교사가 칠판에 유아들과 함께 정한 오늘 일과를 순서대로 써준다.

> 1. 등원 인사하기
> 2. 출석카드 부르기
> 3. 자유놀이 / 우유 마시기
>   …
> 5. 점심 먹기
> 6. 이 닦기
> 7. 놀이 경험 나누기

3 교사는 한 음절씩 손가락으로 가리키며 글자를 읽는 시범을 보이고, 유아들과 함께 읽어본다.

4 익숙해지면 한 유아가 '꼬마 선생님'이 되어 먼저 읽고, 나머지 유아들이 따라 읽는다.

▌이럴 땐 이렇게

- 유아들의 활동모습을 사진으로 찍어 '우리 반의 하루 일과 사진카드'를 만들어 활용해도 좋다. (등원 인사하기, 자유놀이 하기, 화장실 가기, 간식 먹기 등)
- 만 5세라면 교사가 포스트잇에 오늘 일과를 적어주고 꼬마 선생님에게 이를 칠판에 직접 써보도록 할 수 있다. 유아는 자신이 칠판에 활동을 직접 쓴다는 사실을 매우 뿌듯해한다.
- 하루 일과에서 '출석카드 부르기, 우유 마시기, 이야기 나누기, 동화 듣기, 노래 부르기 등'은 유아들의 흥미에 따라 순서를 앞뒤로 변경할 수 있다고 안내한다.
- 이미 정해진 점심시간이나 행사시간은 다른 사람과 함께 만나기로 약속한 시간이므로, 약속의 사회적 의미를 설명하며 변경하기 어려운 이유를 이야기해준다.

05 다음은 뭘까? 끝말잇기 놀이

준비물 (없음)

끝말잇기는 별다른 준비 없이도 유아들과 재미있게 할 수 있는 한글 놀이이다. 특히 현장체험학습에 가는 버스 안에서, 유아들이 끝말잇기 놀이를 즐기는 모습을 종종 볼 수 있다. 유아들은 자신이 아는 글자들을 조합하여 '발명 글자'를 만들기도 하고, 어려운 낱말을 친구에게 설명하기도 한다.

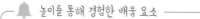 놀이를 통해 경험한 배움 요소

- ◆ 의사소통: 듣기와 말하기 - 말이나 이야기를 관심 있게 듣는다.
  - 상대방이 하는 이야기를 듣고 관련해서 말한다.

▌해보세요

1 유아들과 동그랗게 모여 앉는다.

2 끝말잇기하는 방법을 알아본다.

　• "끝말잇기를 해본 적 있나요?"

　• "끝말잇기는 어떻게 하는 걸까요?"

3 교사는 끝말잇기를 해본 경험이 있는 유아와 시범을 보인다.

　• (기차 - 차고 - 고구마 - 마술 - 술래 …)

4 교사와 유아들은 한 명씩 차례대로 앞사람의 끝말로 시작하는 낱말을 이야기한다.

5 낱말이 생각나지 않으면 "찬스!"를 외치고, 다른 유아의 도움을 받을 수 있다.

6 유아 전체를 한 바퀴 돌면 게임이 끝난다.

▌이럴 땐 이렇게

- 연령이 어릴수록 자기 차례를 기다리기 힘들어하므로, 2명씩 짝을 지어 하거나 소그룹으로 진행할 수 있다. 끝난 후, 짝과 함께 끝말잇기를 해본 내용을 친구들에게 소개해도 좋다.
- 다른 낱말로 이어지기 어려운 끝말일 경우, 유아가 원하는 새 낱말로 다시 시작하도록 안내한다. (마늘, 바람 등)
- 끝말잇기에 나왔던 낱말들로 작은 책을 만드는 놀이로 확장할 수 있다.
- 놀이가 익숙해지면, 주제에 따른 끝말잇기를 진행해볼 수 있다.

06 낱말을 찾아 밟아요

준비물 학급 인원만큼의 낱말카드, 종

매트에 놓인 낱말카드 중에서 교사나 친구가 부르는 단어를 잘 듣고 찾아, 발로 밟는 놀이이다. 유아들은 정답을 찾기 위해서 다른 사람의 말을 귀 기울여 듣는 주의집중력을 키우고, 해당 단어 앞에서 멈춰서 점프하며 신체 조절력을 기를 수 있다. 한글교육이 신체를 이용해 즐거운 놀이로 이루어진다면, 유아들에게 더욱 흥미롭게 다가갈 수 있다.

🔔 놀이를 통해 경험한 배움 요소

- ◆ 신체운동 · 건강: 신체활동 즐기기 - 신체 움직임을 조절한다.
- ◆ 의사소통: 읽기와 쓰기에 관심 가지기 - 말과 글의 관계에 관심을 가진다.

▌해보세요

1 유아들과 낱말카드를 하나씩 살펴본다.

　• 그림을 보고, 글자도 함께 읽어본다.

2 낱말카드를 바닥에 하나씩 펼쳐놓고, 누가 먼저 놀이할지 순서를 정한다.

3 교사가 종을 한 번 치고, "키위~" 처럼 카드에 있는 낱말을 하나 부른다.

4 자기 차례가 된 유아는 해당 낱말카드를 찾아, 두 발을 모아 살짝 밟는다.

5 맞게 고른 유아는 그 카드를 갖고 처음 자리로 돌아와 앉는다.

6 나머지 유아들도 낱말카드를 1장씩 가질 때까지 반복한다.

7 모두 카드를 가지고 자리에 앉으면 놀이가 끝난다.

8 [응용편] 글자 음절수 찾기

　① 낱말카드를 보며, 글자 수를 세어본다.

　② 매트에 낱말카드를 펼쳐놓고, 유아들이 모두 나와서 낱말카드 앞에 동그랗게 선다.

　③ 교사가 "2글자를 찾으세요!"라고 하면 2음절의 낱말카드에 올라선다.

　④ 글자 수가 맞는 낱말카드에 올라선 유아는 그 낱말카드를 갖는다.

▌이럴 땐 이렇게

- 낱말을 불러주는 역할은 유아들 중에서 '꼬마 선생님'을 정하여 번갈아가면서 할 수 있다.

- 유아들이 좋아하는 글자를 직접 종이에 써서 놀이해볼 수 있다.

- 한글에 익숙해지면, '가, 나, 다…'나 자음이나 모음을 A4 종이에 하나씩 출력해 놀이할 수 있다.

07 글자를 몸으로 표현해요

· ·

준비물 궁금이 상자, 자음과 모음 글자카드

유아가 글자카드를 보고 자신의 신체로 글자를 만드는 놀이이다. 한글의 자음
과 모음에 관심을 가지고 글자 모양을 인식하게 된 유아들은, 신체를 이용하여
자유롭게 창의적으로 표현하는 능력을 기를 수 있다.

🔔 놀이를 통해 경험한 배움 요소

- ◆ 신체운동 · 건강: 신체활동 즐기기 - 기초적인 이동운동, 제자리 운동, 도구를 이용한 운동
  을 한다.
- ◆ 의사소통: 읽기와 쓰기에 관심 가지기 - 자신의 생각을 글자와 비슷한 형태로 표현한다.
- ◆ 예술경험: 예술 감상하기 - 서로 다른 예술표현을 존중한다.

▌해보세요

1 궁금이 상자에서 글자카드를 1개 뽑아 함께 탐색한다.

- "ㅁ(미음)은 어떤 모양인가요?" ("네모 모양 같아요.", "창문 같아요.", "네모 블록이요." 등)

2 글자를 몸으로 만들 수 있는 방법을 생각한다.

- "(카드를 보여주며) 우리 몸으로 어떻게 표현할 수 있을까요?"

  "허리를 굽히면 어떤 모양이 될까요?"

3 자신이 원하는 글자를 선택한 후, 몸을 이용하여 글자를 만들어본다.

자음·모음	동작표현 예시
ㄱ(기역)	• 일어서서 허리 숙이기 • 일어서서 우산을 머리 위로 들기
ㄴ(니은)	• 두 다리를 뻗고 앉아서 양팔을 위로 올리기
ㅇ(이응)	• 양손 엄지와 검지 동그랗게 연결하기 • 양 손바닥을 펴서 동그랗게 만들기 • 양팔을 머리 위로 들어 동그랗게 만들기
ㅏ(아)	• 서서 양팔을 앞으로 나란히 펴기
ㅑ(야)	• 서서 양팔을 앞으로 교차하여 펴기

▌이럴 땐 이렇게

- 유아들이 동작을 하면, 교사는 그 동작을 언어로 설명해준다.

  "지은이는 두 다리를 뻗고 앉아서 양팔을 위로 올렸구나."

- 교실의 장난감이나 자료를 함께 사용하여 표현할 수 있다.

- 추천 그림책 (① 『손으로 몸으로 ㄱㄴㄷ(전금하, 문학동네, 2008)』 ② 『요렇게 해봐요: 내 몸으로 ㄱㄴㄷ(김시영, 마루벌, 2022)』)

08 친구와 글자를 만들어요

준비물 자음과 모음 글자카드, 카메라, 컴퓨터, 연결 잭

친구와 협력하여 글자(자음과 모음)를 만들어보는 놀이이다. 글자를 만들기 위해 친구들과 의견을 나누는 과정을 통해 한글에 대해 자세히 탐구할 수 있고, 같은 목표를 향해 친구들과 힘을 모으는 경험을 할 수 있다.

🔔 **놀이를 통해 경험한 배움 요소**

- 신체운동 · 건강: 신체활동 즐기기 - 기초적인 이동운동, 제자리 운동, 도구를 이용한 운동을 한다.
- 의사소통: 읽기와 쓰기에 관심 가지기 - 자신의 생각을 글자와 비슷한 형태로 표현한다.
- 사회관계: 더불어 생활하기 - 친구와 서로 도우며 사이좋게 지낸다.

▌ 해보세요

1 글자카드 중에서 유아가 만들고 싶은 카드를 선택한다.

2 같은 글자를 만들고 싶은 유아들끼리 한곳에 모인다.

3 어떤 방법으로 만들 수 있을지 친구들과 토의한다.
   - 교사가 돌아다니면서 의사소통이 잘 이루어지고 있는지, 도움이 필요한지 살핀다.

4 친구들과 힘을 합쳐 글자를 다양한 방법으로 표현한다.
   - 글자카드를 보며 앉아서, 일어서서, 몸을 구부려서, 눕거나 엎드리면서 다양한 동작으로 표현한다.
   - 교사는 유아들의 동작을 언어로 구체적으로 설명해준다.
     "수지랑 나라가 서로 마주 보고 누워서 'ㅅ'을 만들었구나."

5 교사는 유아들이 글자를 표현한 모습을 사진으로 찍는다.

6 유아들과 함께 사진을 보며 놀이 경험을 나눈다.

▌ 이럴 땐 이렇게

- 평가시간에 교사가 촬영한 사진을 활용하면 유아들이 매우 즐거워한다. 유아들은 활동하는 중에 친구들의 표현하는 모습을 볼 수 없으므로, 평가시간을 통해 친구들의 얼굴표정이나 동작표현 방법과 협력하는 방법을 알게 되어 교육적 효과가 좋다.
- 신체 표현을 꺼리는 유아나 사진을 찍어보고 싶어 하는 유아에게 사진사 역할을 제안할 수 있다.

09 물건 이름을 찾아라!

준비물 교실 물건의 이름표(컴퓨터, 칠판, 피아노, 텔레비전, 옷걸이, 에어컨, 사물함, 의자, 책상, 선풍기, 물티슈, 책꽂이, 시계, 게시판 등), 양면테이프

유아들이 자주 접하는 실제 물건에 이름표를 붙여놓으면, 매일 생활하면서 그 물건과 이름표를 같이 인식하므로 자연스럽게 한글에 관심을 가지게 된다. 보통 개학하기 전에 교실의 물건에 이름을 붙이는 환경구성을 하며 새 학기를 준비한다. 우리 반 유아들과 놀이로 함께 이름표를 붙이며, 한글교육을 위한 환경을 같이 구성해보면 좋을 것이다.

🔔 놀이를 통해 경험한 배움 요소

- ◆ 의사소통: 읽기와 쓰기에 관심 가지기 - 주변의 상징, 글자 등의 읽기에 관심을 가진다.
- ◆ 자연탐구: 탐구과정 즐기기 - 주변 세계와 자연에 대해 지속적으로 호기심을 가진다.

▌ 해보세요

1 교사가 먼저 교실에 있는 물건에 대한 수수께끼를 낸다.
- "이것은 크고 네모 모양이야. 이름은 두 글자야. 우리가 글자를 적을 수 있어. 이것은 무엇일까?"("칠판이요.")

2 정답을 맞힌 유아가 해당 물건에 이름표를 붙인다.

3 수수께끼를 내고 싶은 유아가 앞으로 나와 수수께끼를 낸다.
- "이것은 키가 커. 그리고 시원한 바람이 나와. 무엇일까?"("에어컨.")
- 정답을 맞힌 유아가 해당 물건에 이름표를 붙인다.

4 문제를 낸 유아가 그다음 문제 낼 친구를 선택한다.
- "이것은 사람들이 나와. 우리가 좋아하는 캐릭터도 나와. 소리도 나. 무엇일까?"("텔레비전.")

5 놀이를 반복하여, 이곳저곳에 이름표를 붙인다.

▌ 이럴 땐 이렇게

- 이름표 뒤에 양면테이프를 붙여, 뜯어서 바로 붙일 수 있도록 한다.
- 만 5세 유아는 교실의 물건 이름을 직접 써서 만든 이름표를 코팅하여 붙일 수 있다.
- 교실 물건의 이름표를 보고 신체로 표현한 후, 알아맞히는 게임을 할 수 있다.
- 유아가 자연스럽게 주변 글자에 관심을 갖도록 격려한다.
- 교실 물건에 이름표를 다 붙이면 교실을 돌아다니면서 함께 읽어본다.
- 'ㅇㅇ이는 어디 있나' 노래에 교실 물건 이름을 넣어 불러본다.
  "냉장고는 어디 있나~ 여기! 칠판은 어디 있나~ 여기!"

10 밧줄로 만드는 한글

준비물 8㎜ 굵기의 놀이용 밧줄 여러 개, 자음과 모음을 한 장에 하나씩 출력한 A4 종이, 한글 단어 카드

한글카드를 보고 유아들이 글자나 관련된 모양을 만들어보는 놀이이다. 밧줄을 길게 늘어뜨리기도 하고, 밧줄을 두세 겹 접어 원하는 글자를 만들기도 한다. 이 놀이를 통해, 유아들은 글자의 형태와 모양에 관심을 가질 수 있게 된다.

놀이를 통해 경험한 배움 요소

- 의사소통: 읽기와 쓰기에 관심 가지기 - 자신의 생각을 글자와 비슷한 형태로 표현한다.
- 예술경험: 예술 감상하기 - 서로 다른 예술 표현을 존중한다.

▌해보세요

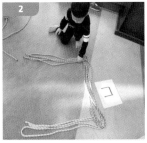  

1 유아가 원하는 글자를 선택한다.

2 밧줄을 이용하여 글자에 관련된 모양을 만들어본다.
   - 글자 자체나, 한글카드에 있는 그림을 밧줄로 표현한다.

3 유아가 만든 글자 모양을 사진으로 찍어준다.

4 놀이가 끝난 후, 다 함께 모인다.

5 사진을 보며, 각자 만든 글자나 그림 모양을 친구들에게 소개한다.
   - 궁금한 것이 있다면 자유롭게 물어본다. ("이것은 무엇을 만든 거야?")

▌이럴 땐 이렇게

- 한글카드 6종 시리즈(한글, 과일채소, 숫자, 사물, 알파벳, 동물)를 구입하여 언어영역에 비치해두면, 유아들이 자유롭게 카드를 꺼내서 보게 된다.
- 유아들에게 반드시 글자를 만들어야 한다는 강박관념을 주지 않도록 한다. 한글카드에는 그림과 단어가 같이 있는 경우가 많다. 유아가 글자가 아니라 그림을 따라 만들거나, 자신의 생각대로 표현하는 것을 존중해준다.
- 교실에 있는 놀잇감이나 물건을 활용하여 한글을 표현해본다.
   (레고블록을 이용하여 'ㄱ' 만들기, 지우개 여러 개를 이용하여 'ㅁ' 만들기 등)
- 내 이름 글자에 들어가는 자음과 모음을 찾아 표현해본다.
- 10월 9일 한글날(세종대왕이 한글을 만든 것을 기념하는 날)에 대해 이야기 나눈다.

수학적 감각을 길러요

1. 행동 유형

- 숫자는 셀 수 있으나 물건의 개수는 세지 못하는 경우
- 수를 셀 때 순서를 헷갈리는 경우
  : "하나, 둘, 셋, 다섯, 일곱…."
- 물건의 개수를 전부 세었지만, "전부 몇 개니?"라고 물으면 답하지 못하는
  경우
- 수의 많고 적음에 관심을 보이는 경우
  : "선생님, 여기 세모블록이 더 많아요.", "우리 반은 남자 친구가 많아요."
- 도형의 모양 변화(대칭, 변형 등)에 관심을 가지는 경우
  : "(색종이를 반으로 접은 후) 우와~ 네모가 2개가 되었어요.", "색종이를 잘
  랐더니 다이아몬드 모양이 되었어요."
- 공간 구성에 관심을 보이는 경우
  : "(동물의 집을 구성하며) 얘는 몸이 크니까 집이 더 크고, 얘는 몸이 작으니
  까 집이 이만큼이어야 해."
- 시간의 흐름에 관심을 보이는 경우
  : "오늘은 며칠이에요?", "목요일이 뭐예요?"
- 다음 순서의 활동에 대해 궁금해하는 경우(반복되는 일상에 대한 궁금증)
  : "선생님, 동화책 읽은 다음에 점심시간이지요?", "이다음에 뭐 할 거예요?"
- 물체의 크고 작음 및 순서에 관심을 보이는 경우
  : "우리 반에서 은혁이 키가 제일 커요."

2. 원인

- 숫자를 기계적으로 외워, 수 개념과 물체의 1:1 대응 경험이 부족하기 때문이다.
- 마지막에 센 수가 전체 수량을 나타낸다는 '기수의 원리'를 이해하지 못했기 때문이다.
- 유아의 인지 발달과 수학에 대한 사전경험 및 지식의 증가로, 수학의 내용 영역(수, 공간, 도형, 측정, 패턴, 자료 수집, 결과 등)에 대한 관심이 생겼거나 흥미가 높아졌기 때문이다.

3. 지도 방법[19]

일상생활이나 놀이에서 수를 세어야 하는 상황을 통해
수를 안정적으로 셀 기회를 반복해서 제공해야 한다.

바깥놀이를 다녀온 후, 모두 들어왔는지 수를 세는 교사의 모습을 보며 유아도 함께 입으로 소리 내어 우리 반 친구들의 수를 확인할 수 있다. 현장체험학습을 갈 때나 교실에서 급식실과 강당으로 장소를 이동하며 유아의 수를 점검할 때도 수 세기 시범을 보일 수 있다. 유아들이 좋아하는 과자나 젤리를 세며 놀이로 경험해볼 수 있다. 열 마리의 쥐가 고양이에게 쫓기는 내용인 '쥐가 한 마리'라는 손유희를 통해서 1부터 10까지 숫자를 놀이로 즐겁게 배울 수 있다.

....
19. 홍혜경, 『유아 수학능력 발달과 교육』, 양서원, 2009, '유아 수학교육과정' 참조

수를 센 것과 아직 세지 않은 것을 쉽게 구분하기 위해,

계란 판이나 얼음 얼리는 판에 물건을 하나씩 넣으면서 수를 세도록 한다.

세고자 하는 물건을 한 줄로 세운 후 세거나, 다른 쪽으로 옮기면서 세는 방법에 대해 교사가 시범을 보일 수 있다.

기수 개념(마지막으로 센 숫자가 전체의 수량)의 이해를 돕기 위해서,

마지막에 센 단어를 한 번 더 크게 말한다.

한 번 더 마지막 구체물의 수량을 언급함으로써, 그것이 전체 수량을 의미한다는 것을 인식시켜준다.

수의 활용에 대한 이해의 폭을 넓혀주어야 한다.

집 주소, 극장 좌석 등의 '위치', 은행이나 식당 대기표 등의 '순서', 버스 번호나 상품 모델 번호 등 '신원이나 정보', 길이·무게·시간 등 '연속적 특성을 가진 물체'에 수를 부여한다는 점을 일상생활 및 놀이를 통해 깨닫게 할 수 있다.

태블릿 PC 같은 디지털 기기나 새로운 장난감이 교실에 들어왔을 때, 유아들은 서로 먼저 가지고 놀고 싶어 한다. 이때 놀이 대기표를 만들어서 활용할 수 있다. 유아들은 한정된 놀잇감을 가지고 놀려면 순서를 기다려야 한다는 것을 알게 되고, 내 차례가 되어야 놀 수 있다는 것을 인식하기 시작할 것이다.

시간을 활용한 놀이로 '늑대 아저씨, 지금 몇 시예요?'를 해볼 수 있다. '무궁화꽃이 피었습니다'의 변형놀이로, 늑대 역할을 맡은 유아가 술래가 되어 나머지 친구들을 잡는 놀이이다. 출발선에 선 유아들이 "늑대 아저씨, 몇 시예요?"라고 물으면, 늑대는 1시부터 12시 중에 하나를 말한다. 늑대가 "3시!"라고 이야

기한다면, 나머지 유아들은 늑대 쪽으로 3걸음 걸어간다. 늑대 곁에 다가간 유아들이 늑대를 건드리거나, 늑대가 "점심시간이다!"라고 외치면 다 함께 도망친다. 늑대에게 잡힌 유아가 다시 술래가 된다.

다양한 도형을 자신의 기준에 따라 분류하거나 만들어보고,
유아들이 가장자리와 안쪽과 바깥쪽, 네모와 세모 등 도형의 속성을 언급하도록 돕는다.

밧줄을 활용하여 세모, 네모, 동그라미를 만들어볼 수 있다. 밧줄은 유아가 원하는 대로 구부러지기 때문에 유연하게 형태를 변화시킬 수 있어 매우 유용한 놀이자료이다. 친구들이 만든 도형을 감상하면서 서로 생각이나 의견을 나눌 수 있다. 이러한 감상활동을 통해, 유아들은 친구의 생각에 자신의 생각을 더하여 또 다른 창의적 도형을 만들 수 있다. 또한 동화 『알록달록 동물원』을 함께 읽은 후, 도형 색종이를 이용하여 동물모양을 창의적으로 만들어볼 수도 있다.

시간에 대한 어휘, 즉 일반적(시간·나이 등), 특정적(오전·오후·낮·밤 등), 관계적(빨리·늦게·조금 전 등), 특정일(생일·크리스마스 등)의 단어를 일상 대화에서 자주 사용한다.

매일 유아들과 오늘의 날짜와 요일을 함께 알아볼 수 있다. 칠판 맨 위에 '오늘은 ○월 ○일 ○요일입니다.'라는 문장을 붙여놓고, 유아가 ○ 안을 바꾸어 붙이면서 날짜에 관심을 가지도록 환경을 구성한다. 해당 월의 달력을 칠판에 붙여놓고, 유아가 달력에서 오늘 날짜를 찾아 매직으로 동그라미를 그리게 하는 것도 좋은 놀이가 된다.

특정 시간을 나타내는 개념을 일상생활이나 상황을 통해 이해하도록 지도한다.

유아가 교사나 엄마에게 무엇인가를 요청했을 때, "5분만 기다려.", "곧 올게.", "조금 있다가."라는 대답을 들었으나 오랜 시간이 지난 후에 지켜지거나 아무리 시간이 지나도 이루어지지 않았던 경험을 했다면 어떨까? 이 경우 유아는 시간 개념에 혼란을 느낄 뿐만 아니라, 상대에 대한 신뢰도 잃을 수 있으므로 주의해야 한다.

교사는 "긴바늘이 6에 오면 정리해볼까요?", "12시가 다 되었구나. 점심 먹으러 갈 시간이야."와 같이 하루 일과를 시간과 연결하여 이야기해준다. 시간의 경과를 유아들이 이해하기 쉽게, 구체적으로 시각화하는 모래시계나 교육용 타이머를 활용할 수 있다.

구체물을 사용한 단순 반복 패턴으로 반복되는 규칙을 찾고,
다음에 무엇이 올지 예측하는 경험을 제공한다.

유아에게 "어떤 규칙을 발견했니?", "다음에 무엇이 올까?", "어떻게 찾아냈니?", "이 패턴을 바꾼다면 어떻게 바꾸고 싶니?"라고 질문이나 제시를 하여, 패턴의 관계를 인식하고 분석하도록 지도한다.

유아들이 자주 접하는 여러 가지 모양의 젤리를 이용해서 수 놀이를 해볼 수 있다. 전체 개수를 세어보거나, 색깔별로 분류해볼 수도 있다. 젤리를 규칙성 있게 배열하고, 다음에 올 것을 예측해볼 수도 있다. "빨간색-초록색-빨간색 다음에는 어떤 젤리가 올까?"라고 발문하고, 유아가 앞의 것을 단서로 맞춰보도록 할 수 있다.

유아들의 신체를 이용하여 반복되는 규칙성을 패턴 퀴즈로 만들어볼 수도 있다. '앉기-일어나기-앉기 순서로 동작했지. 자, 그럼 다음에는 어떤 동작이 나

올까?'라고 질문한다. 유아들이 자신의 몸을 이용하여 만드는 패턴 놀이를 해볼 수 있다.

일정 기준에 따라 자료를 직접 분류한다.

유아가 제시된 기준에 따라 자료를 분류하는 경험을 충분히 한 후에, 스스로 분류 기준을 찾아볼 수 있는 자기 주도적 놀이를 제공한다. 교통기관 그림 딱지를 같은 교통기관끼리 모으기, 가위바위보 그림을 같은 종류끼리 모으기를 해볼 수 있다.

일상생활에서 가장 좋아하는 것을 조사하며, 자신들의 문제를 투표하여 결정하는 경험을 해볼 수 있다. 여러 가지 교통기관 그림 딱지 중에서 우리 반 친구들이 가장 좋아하는 딱지를 투표로 결정해볼 수도 있다.

01 열 마리의 쥐는 어디로 갔을까?

준비물 (없음)

열 마리의 쥐가 고양이에게 쫓기는 내용으로 1부터 10까지의 숫자를 노래로 즐겁게 배울 수 있는 손유희이다. 유아들이 좋아하는 동물이 주인공으로 나와 재미있게 진행되므로, 주의집중 손유희로 활용하면 좋다.

🔔 놀이를 통해 경험한 배움 요소

- ◆ 예술경험: 창의적으로 표현하기 - 노래를 즐겨 부른다.
- ◆ 자연탐구: 생활 속에서 탐구하기 - 물체를 세어 수량을 알아본다.

▍해보세요

1 유아들에게 손유희 노래 《쥐가 한 마리(외국곡)》를 들려준다.

쥐가 한 마리가 쥐가 두 마리가
쥐가 세 마리 네 마리 다섯 마리가
쥐가 여섯 마리가 쥐가 일곱 마리가
쥐가 여덟 마리 아홉 마리 열 마리

그때 야옹~ 야옹~ 고양이 나왔지
야옹~ 야옹~ 고양이 화났지
쥐가 도망갔지 쥐가 도망갔지
어디로 갔는지 난 몰라
쥐구멍이지 쥐구멍이지
쥐구멍에 들어가서 숨어버렸지(쩍!)

2 '한 마리, 두 마리, 세 마리…' 부분에서, 해당 숫자를 유아와 함께 손가락으로 세어본다.

3 유아들과 가사에 맞는 동작을 만들어본다.

▍이럴 땐 이렇게

- 손유희를 하면서 유아들은 동물을 세는 단위가 '마리'임을 알게 된다.
- 만 3세는 우선 교사가 정해준 동작을 따라 한 후, 익숙해지면 직접 동작을 만들어볼 수 있다.
- 노래 가사 중 '야옹' 부분에서 목소리와 동작을 크게 하고, 나머지 부분은 작게 부르면 유아들이 몰입한다.

02 모양 나라에서 놀아요

준비물 놀이용 밧줄 세트, 신호종

유연하게 형태를 변화시킬 수 있는 밧줄의 특성을 이용하여, 밧줄로 모양을 만들어보는 놀이이다. 기초 도형인 동그라미·세모·네모뿐만 아니라, 친구들과 협력하여 다양한 도형을 만들어내는 유아들을 볼 수 있다. 자신이 만든 여러 가지 형태의 도형을 보면서 유아들은 뿌듯해하고 행복해한다.

🔔 놀이를 통해 경험한 배움 요소

- ◆ 예술경험: 예술 감상하기 - 다양한 예술을 감상하며 상상하기를 즐긴다.
- ◆ 자연탐구: 탐구과정 즐기기 - 탐구과정에서 서로 다른 생각에 관심을 가진다.

▌해보세요

1 유아가 원하는 밧줄을 선택한다.

2 유아가 마음대로 모양을 만든다.

· □, △, ○, ☆, ◇, ♡ 등의 모양이 있다.

3 유아는 완성된 모양을 친구에게 소개한다.

· 궁금한 것을 친구에게 물어본다.

("이거 무슨 모양이니?", "어떻게 별 모양을 만들었어? 나도 이거 만들어줘.")

4 신호종이 울리면, 2명씩 짝을 지어 협동하여 모양을 만든다.

5 교실을 돌아다니면서 완성된 모양을 감상하고, 서로 의견을 나눈다.

6 신호종이 울리면, 함께 모이고 싶은 친구끼리 제한 없이 모여서 모양을 만든다.

▌이럴 땐 이렇게

- 장소를 옮기면 밧줄이 흐트러지므로, 작품은 그 자리에 두고 유아들이 자유롭게 돌아다니면서 친구들의 작품을 감상할 수 있도록 한다.
- 짝이 없는 유아는 교사와 함께 모양을 만든다.
- 유아가 혼자 만들고 싶어 한다면 의견을 존중해준다.
- 다른 친구들의 작품을 감상하고 나면, 유아들의 표현이 점점 더 심화 · 확장된다.
- 유아들은 만들고 싶은 모양을 직접 설계도로 그린 후, 모양을 구성해볼 수 있다. 구성한 모양을 다시 그림으로 표현해볼 수도 있다.

03 오늘 날짜를 찾아요

준비물 큰 벽걸이용 달력, 매직, 요일과 날짜 카드

매일 활동을 시작하기 전, 달력에서 오늘 날짜와 요일을 알아봄으로써 시간의 흐름과 요일의 규칙성을 자연스럽게 배울 수 있다. 이 활동을 통해 유아는 가정에서도 "오늘은 며칠이에요?", "유치원 가는 날은 언제예요?"라고 부모에게 물어보며, 날짜에 흥미와 관심을 보인다.

🔔 놀이를 통해 경험한 배움 요소

- ◆ 의사소통: 읽기와 쓰기에 관심 가지기 - 주변의 상징, 글자 등의 읽기에 관심을 가진다.
- ◆ 자연탐구: 생활 속에서 탐구하기 - 주변에서 반복되는 규칙을 찾는다.

▌해보세요

1 큰 벽걸이용 달력을 교실 벽면이나 칠판에 걸어둔다.

2 칠판 맨 윗부분에 '오늘은 ○월 ○일 ○요일입니다'라는 글을 붙여놓는다.

3 매일, 칠판 위의 글을 오늘 날짜와 요일로 바꾼다.

　• 처음에는 교사가, 익숙해지면 원하는 유아가 날짜와 요일을 붙인다.

4 유아들과 오늘의 날짜와 요일을 함께 읽어본다.

　• "오늘은 10월 7일 수요일입니다."

5 유아가 달력에서 오늘 날짜를 찾아, 매직으로 동그라미를 친다.

▌이럴 땐 이렇게

- 달력에 동그라미를 그리는 것은 전체 유아들이 번갈아가면서 모두 하도록 한다. (유아가 동그라미 그리고 싶은 날짜를 선택하기, 오늘의 꼬마 선생님이 동그라미 그리기, 번호 순서대로 동그라미 그리기 등)
- 개별적으로 달력을 출력하거나, 유아 수첩을 활용하여 수첩 속 해당 날짜에 스티커를 붙이도록 할 수도 있다.
- 칠판에 벽걸이용 달력을 붙여놓으면, 유아들은 달력에 써진 1~31까지의 숫자에 관심을 가진다. 또한, 달력에 써진 검은색(평일), 파란색(토요일), 빨간색(일요일 및 공휴일)의 의미에 대해서도 자연스럽게 관심을 가지게 된다.
- 그림책 『배고픈 애벌레(에릭 칼, 더큰컴퍼니, 2007)』를 읽어주면 요일의 구성과 흐름, 숫자를 즐겁게 알 수 있다.
- 칠판 한쪽에 '오늘의 날씨' 알림판을 만들어, 날씨와 계절의 변화를 생활과 관련짓도록 할 수 있다.

04 알록달록 젤리 놀이

여러 가지 색깔의 젤리

유아들이 좋아하고 자주 먹는 젤리 중에는 곰이나 과일 등 귀여운 모양을 가진 것들이 많다. 이 젤리를 이용하여 색깔별로 수 세기를 할 수 있고, 수의 많고 적음을 비교할 수 있다. 패턴을 만들어 다음에 올 색깔을 예측해보는 놀이도 할 수 있다.

 놀이를 통해 경험한 배움 요소

- ◆ 자연탐구: 탐구과정 즐기기 - 궁금한 것을 탐구하는 과정에 즐겁게 참여한다.
  생활 속에서 탐구하기 - 물체를 세어 수량을 알아본다.
  - 일상에서 모은 자료를 기준에 따라 분류한다.

▌해보세요

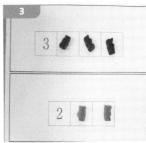
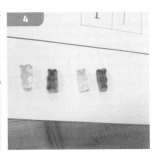

1 [전체 수량 이해하기] 젤리 1봉지에 들어 있는 전체 수량을 세어본다.

2 [분류하기] 젤리를 색깔별로 모은다.

3 [수 세기] 색깔별로 개수를 세어본다.

　• 어느 색깔이 많이/적게 들었는지 비교한다.

4 [패턴 예측하기] 규칙적인 색 변화를 인식하여 다음에 올 색깔을 예측한다.

　• 젤리를 규칙성 있게 배열하고 발문한다.

　　"흰색, 초록색, 흰색 다음에는 어떤 색깔이 올까요?"

　• 익숙해지면, 유아끼리 패턴을 배열해 서로에게 퀴즈를 낸다.

5 놀이가 끝나면 젤리를 맛있게 먹는다.

▌이럴 땐 이렇게

- 놀이하기 전, 손을 비누로 깨끗이 씻는다.
- 만 5세는 색깔 패턴이 시작되는 부분이나 중간 부분을 예측해보는 놀이를 할 수 있다.

?	초록색	빨간색	초록색

흰색	주황색	흰색	?	흰색	주황색

05 놀이 대기표를 만들어요

준비물 │ 표 형태로 만든 놀이 대기 순서 명단, 연필, 빨간 사인펜

자유놀이를 하다 보면, 유아들이 유난히 좋아하는 영역이 있다. 특히 새로운 놀잇감이 들어온 경우 더욱 그렇다. 우리 유치원에 태블릿 PC 미술교구가 들어왔는데, 그것을 사용하기 위해 유아들이 모두 몰려들었다. 태블릿 PC는 2대뿐이었기에, 한정된 놀잇감의 사용 순서를 정하기 위해 유아들과 함께 놀이 대기 명단을 만들게 되었다.

 놀이를 통해 경험한 배움 요소

- ◆ 의사소통: 읽기와 쓰기에 관심 가지기 - 주변의 상징, 글자 등의 읽기에 관심을 가진다.
- ◆ 사회관계: 더불어 생활하기 - 약속과 규칙의 필요성을 알고 지킨다.

▌해보세요

1 교사는 한정된 놀이 자료가 있는 곳에, 놀이 대기표를 준비한다.

2 유아는 자신이 놀고 싶은 곳에서 다른 친구가 이미 놀고 있다면, 놀이 대기표에 자기 이름을 쓴다.

3 이름을 쓴 유아는 그 친구가 다 놀 때까지 다른 곳에서 놀이하며 기다린다.

4 놀이가 끝난 유아는, 대기표에 다음 순서로 이름이 적힌 유아를 부른다.
  • ("유리야, 나 태블릿 놀이 끝났어. 이제 너 할 차례야.", "응, 고마워. 정리하고 갈게.")

5 이름을 불린 유아는 지금까지 놀이하던 영역을 정리하고, 하고 싶었던 놀이영역에 온다.
  • 대기표에 있는 이름에 빨간색 줄을 긋거나, 별도 서명 칸에 사인해 순서가 지났음을 표시한다.

6 놀이가 끝나면, 대기표의 다음 친구에게 가서 놀이 차례임을 알려준다.
  • ("라준아, 나 태블릿 놀이 끝났어. 이제 네 차례야.")

▌이럴 땐 이렇게

- 인기 있는 식당에서 순서 대기표에 이름과 연락처를 적어놓으면, 내 차례가 되었을 때 연락이 온다. 이를 유아들의 놀이 갈등 상황에 적용해보았다. 유아들은 차례를 기다리는 것을 인식하기 시작했고, 자신의 차례가 되면 원하는 장난감으로 놀 수 있다는 믿음을 가지고 다른 놀이영역에서 즐거운 마음으로 기다리는 모습을 볼 수 있었다.
- 일반적으로 유아들의 놀이 자료가 부족하지 않도록 제공해주는 것이 좋다. 그러나 태블릿 PC처럼 한정될 수밖에 없는 자원을 접했을 때, 집단 구성원끼리 갈등을 겪지 않고 적절히 해결하는 방법도 경험해야 한다. 유아들은 이 방법을 즐거워했고, 친구들의 이름을 읽거나 자신의 이름을 쓰는 것을 반복하며 자신을 나타내는 상징인 '이름'에 대해서도 더 관심을 가지게 되었다.

06 어느 쪽으로 가볼까? 동서남북 놀이

준비물 색종이, 네임펜

'동서남북' 색종이 접기를 한 후, 상대방이 방향과 숫자를 외치면("동쪽으로 세 번!") 그 방향으로 해당 숫자만큼 이동하여 미션을 확인하고 수행하는 놀이이다. 색종이 접기를 통해 소근육을 발달시키고 주의집중력, 수학적 개념을 습득할 수 있다. 유아는 동서남북으로 이동하는 방향과 칸의 수를 직접 지정할 수 있어 즐거워한다.

 놀이를 통해 경험한 배움 요소

- 사회관계: 더불어 생활하기 - 친구와 서로 도우며 사이좋게 지낸다.
- 자연탐구: 생활 속에서 탐구하기 - 물체의 위치와 방향, 모양을 알고 구별한다.

▌ 해보세요

1 유아가 원하는 색종이를 선택한다.

2 '동서남북' 놀이를 위해 색종이를 접는다.

3 안쪽 칸에 각각 다른 미션을 적는다.
   • 안마하기, 부채질하기, 점프하기, 가위바위보하기, '코끼리 코' 하고 2번 돌기, '사랑해'라고 말하기 등

4 먼저 동서남북을 선택할 유아를 가위바위보로 정한다.

5 어느 쪽으로 몇 번 갈지 이야기한다.
   • ("동쪽으로 3번!", "남쪽으로 5번!")

6 친구가 부른 숫자만큼 동서남북을 가로-세로 교대로 열어서, 마지막으로 연 칸에 적힌 미션을 수행한다.
   • ("안마 10번 하기야.")

7 순서를 번갈아가면서 계속 놀이한다.

▌ 이럴 땐 이렇게

- '동서남북' 색종이 접는 방법은 유튜브에서 참조할 수 있다.
- 만 3~4세는 안쪽 칸에 미션 대신 숫자를 적고, 숫자 맞추기 놀이를 할 수 있다.
- '동서남북'을 완성한 후, 겉면에 눈알 스티커를 붙여서 놀이하면 유아들이 즐거워한다.

07 늘대 아저씨, 지금 몇 시예요?

준비물 늘대 가면

'무궁화 꽃이 피었습니다'를 변형하여, 늘대 가면을 쓴 술래가 도망가는 친구들을 잡는 놀이이다. '무궁화 꽃이 피었습니다'를 하다 보면 유아들이 일부러 술래 쪽으로 마구 뛰어가서 게임이 빨리 끝나버리는 경우가 있다. 그러나 이 놀이는 늘대에게 시간을 물어보고 늘대의 대답 시간만큼 걸음을 옮길 수 있어, 유아들이 더욱 긴장감 있게 놀이에 참여할 수 있다. 예를 들어 "3시!"라고 하면 3걸음만 움직이는 것이다.

🔔 놀이를 통해 경험한 배움 요소

◆ 의사소통: 듣기와 말하기 - 말이나 이야기를 관심 있게 듣는다.
◆ 자연탐구: 생활 속에서 탐구하기 - 물체를 세어 수량을 알아본다.

▌ 해보세요

1 술래인 늑대 역할을 정한다.

2 늑대가 된 유아는 가면을 쓰고, 벽을 보고 선다.

3 나머지 친구들은 5m 정도 떨어진 곳의 출발선에 자유롭게 서고, 늑대에게 "늑대 아저씨, 몇 시예요?"라고 묻는다.

4 늑대가 1시~12시 중에서 원하는 시간을 말한다.

5 늑대가 예를 들어 "3시!"라고 외치면, 나머지 유아들은 늑대 쪽으로 3걸음 다가간다.

6 다시 늑대에게 "늑대 아저씨, 몇 시예요?"라고 물으며 반복한다.

7 두 가지 형태로 놀이가 전개된다.
- 유아들은 도착점에 가까이 다가가서 늑대의 몸을 건드리고, 재빨리 도망친다.
- 늑대가 "점심시간이다!"라고 외치면 도망가는 유아들을 잡으러 갈 수 있다.

8 늑대에게 잡히는 유아는 새 술래가 된다.

▌ 이럴 땐 이렇게

- 익숙해지면 유아들에게 미션을 추가하여 놀이할 수 있다. (머리에 손 올리기, 엎드려서 가기, 꽃받침하기 등)
- 놀이를 하기 전에 그림책 『늑대 아저씨, 지금 몇 시예요?(조지 루시 M, 엄마마음, 2018)』을 읽어주면 놀이에 흥미를 더할 수 있다.

08 몸으로 내는 패턴 퀴즈

준비물 2가지 동작이 반복되는 패턴이 그려진 카드

반복되는 규칙적 관계를 알고, 내 몸과 친구의 몸으로 패턴 퀴즈를 내보고 맞히는 놀이이다. 처음에는 제시된 패턴 사진을 보며 퀴즈를 내고, 놀이가 익숙해지면 유아 스스로 다양한 동작표현 퀴즈를 내도록 한다. 유아들의 상상력과 창의력을 기를 수 있는 놀이이다.

놀이를 통해 경험한 배움 요소

- ◆ 신체운동 · 건강: 신체활동 즐기기 - 신체를 인식하고 움직인다.
- ◆ 자연탐구: 생활 속에서 탐구하기 - 주변에서 반복되는 규칙을 찾는다.

▌ 해보세요

1 유아 4명씩 팀을 나눈다.

2 먼저 할 팀을 정하고, 그중 한 유아가 앞에 나와 패턴카드를 1장 고른다.

3 같은 팀이 패턴카드를 확인하고, 나머지 유아 3명이 패턴을 보여준다.

   • 1번 유아: 서 있는 모습, 2번 유아: 앉아 있는 모습, 3번 유아: 서 있는 모습

   • 패턴을 보여주는 유아들은 "그다음에 뭐게~?"라고 질문을 한다.

4 다른 팀 유아가 패턴을 보고 "정답!"이라고 외치고 대답한다.

   • 정답을 말로 표현하거나, 앞으로 나와서 몸으로 표현한다. ("정답은 앉아 있는 거!")

▌ 이럴 땐 이렇게

- 사전에 패턴카드를 만들 때, 우리 반 유아들의 여러 가지 포즈 사진을 찍어 출력해 만들 수 있다.
  (얼굴에 꽃받침하기-누워 있기-얼굴에 꽃받침하기-?, 머리 위로 양팔을 올려 하트모양 만들기-가슴 앞에서 양
  팔 교차하기-머리 위로 양팔을 올려 하트모양 만들기-?)
- 미리 제작한 패턴 외에, 유아들이 즉석에서 패턴을 생각해내고 몸으로 보여주며 퀴즈를 낼 수도
  있다.
- 만 5세는 패턴의 시작 부분이나 중간 부분도 예측해보는 놀이를 할 수 있다.
  (?-양팔 벌리기-누워서 꽃받침하기-양팔 벌리기, 앉기-눕기-앉기-?-앉기-눕기 등)
- 소인수 학급에서는 여러 팀으로 나누지 않고 모두 함께 패턴을 만들어본 후, 정답을 확인한다.

09 모양으로 만드는 나만의 동물

준비물 『알록달록 동물원(로이스 엘러트, 시공주니어, 2001)』, 8절 도화지, 도형 색종이, 가위, 풀, 실물 화상기

'칼데콧 아너 상'을 받은 그림책 『알록달록 동물원』은 주변에서 흔히 볼 수 있는 원, 삼각형, 사각형 등을 겹쳐서 만든 알록달록 형형색색의 동물들이 등장한다. 다양한 동물들을 감상한 후, 유아들은 여러 색과 모양으로 나만의 동물을 만들어보는 놀이이다.

🔔 놀이를 통해 경험한 배움 요소

- ◆ 예술경험: 창의적으로 표현하기 - 다양한 미술 재료와 도구로 자신의 생각과 느낌을 표현한다.
- ◆ 자연탐구: 생활 속에서 탐구하기 - 물체의 위치와 방향, 모양을 알고 구별한다.

해보세요

1 그림책 『알록달록 동물원』을 듣고 이야기 나눈다.

- "어떤 동물들이 나왔나요?"

  "어떤 모양이나 색깔을 이용해서 동물을 만들었나요?"

2 도형 색종이로 유아가 각자 '나만의 동물'을 만들어본다.

① 만들고 싶은 동물을 만들 때, 어떤 모양과 색을 이용할지 생각한다.

② 나의 생각을 짝꿍과 서로 이야기 나눈다.

③ 8절 도화지 위에 도형 색종이를 붙여 동물을 만든다.

3 유아는 자신이 만든 동물을 친구들에게 소개한다.

- 실물 화상기에 동물 그림을 놓고, 친구들에게 작품에 대해 이야기한다.

  ("나는 거꾸로 세모를 놓아서 여우를 만들었어. 작은 세모로는 귀를 만들었어.")

4 다른 유아들이 궁금한 점을 물어본다.

- ("여기 동그라미는 뭐야?"- "응, 눈 2개야.")

이럴 땐 이렇게

- '도형 색종이'를 검색하면 세모, 네모, 동그라미 모양 색종이가 7㎝, 10㎝, 15㎝ 크기별로 구성된 것을 구입할 수 있다.
- 처음부터 도화지에 붙이지 않고, 우선 여러 도형을 가지고 동물 모양부터 만들어본다. 붙이지 않은 상태라야 이것저것 해보면서 다양한 시도를 통한 탐구력을 기를 수 있다.
- 유아들이 만든 동물들을 전시하여 '○○반 동물원'을 만들어볼 수 있다.

10 뒤집어라, 잡아라 딱지놀이

준비물　교통기관 그림이 그려진 원형 딱지, 방석

딱지는 원형 딱지, 색종이 딱지, 우유팩 딱지, 신문지 딱지, 만화캐릭터 딱지 등
다양한 종류가 있다. 그중 원형 딱지는 앞면에 그려진 교통기관 그림과 각각 다
른 개수의 별 그림, 뒷면에 그려진 가위바위보 그림을 활용하여 다양한 놀이를
해볼 수 있다.

놀이를 통해 경험한 배움 요소

◆ 의사소통: 듣기와 말하기 - 말이나 이야기를 관심 있게 듣는다.
◆ 자연탐구: 생활 속에서 탐구하기 - 일상에서 모은 자료를 기준에 따라 분류한다.

▌ 해보세요

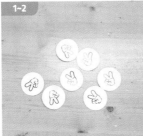

1 혼자 놀이하기

놀이명	방법
딱지 나란히 나란히	• 마음에 드는 딱지를 한 줄로 길게 세워본다.
가위끼리, 바위끼리, 보끼리	• 딱지 뒷면의 가위는 가위끼리, 바위는 바위끼리, 보는 보끼리 모은다. • 각각 개수를 세어본다.
내가 좋아하는 교통기관	• 교통기관 딱지 중에서 내가 제일 좋아하는 교통기관을 뽑아본다.

2 함께 놀이하기: 유아가 2명씩 짝을 지어 방석 앞에 서로 마주 보고 앉는다.

놀이명	방법
딱지 가위바위보	• 방석 위에 그림이 보이지 않도록 가위바위보 딱지를 뒤집어서 펼친다. • 함께 "가위, 바위, 보!"라고 말한 뒤, 동시에 각자 딱지를 든다. • 이긴 유아가 진 유아의 딱지를 가져간다.
같은 교통기관을 찾아라	• 방석 위에 교통기관 그림이 보이도록 교통기관 딱지를 펼친다. • 가위바위보로 먼저 이야기할 유아를 정한다. • 이긴 유아가 "소방차!"라고 말하면, 각각 소방차 딱지를 1개씩 찾는다. • 번갈아가면서 교통기관 이름을 말하고, 알맞은 딱지를 1개씩 가져온다.
별들에게 물어봐	• 방석 위에 별 그림이 보이도록 별 딱지를 펼친다. • 함께 "하나, 둘, 셋!" 하고 아무 딱지나 잡는다. • 딱지의 별 개수가 많은 유아가 이긴다.

▌ 이럴 땐 이렇게

- 교통기관 그림이 그려진 원형 딱지는 예술놀이터(http://www.artplay.co.kr)에서 구입할 수 있다.
- 딱지를 고정시킨 원형 틀에서 뜯어내는 것부터 유아들이 스스로 하면, 놀이에 주도성이 생기고 소근육을 발달시킬 수 있다.

유아의 다양한 행동 유형을 지도하기 위해 가정과의 연계는 필수적이며, 학부모와의 소통은 매우 중요한 부분이다. 교사와 학부모는 유아를 중심으로 이어진 동반자적 관계임을 기억하고, 서로 이해하고 배려하며 협력하려는 태도를 가져야 한다.

흔히 교육을 '2인 3각 달리기'로 비유한다. 2인 3각 달리기는 어느 한쪽이 먼저 가면 넘어지고, 함께 가야 목적지에 무사히 도착할 수 있다. 공통의 목표를 향해 나아가려면 같은 보폭으로 걷기 위해 균형을 맞추려는 노력이 필요하다는 의미일 것이다. 즉, 유아교육은 유아의 성장을 목표로 하는 교사와 학부모의 공동작업이다. 교사와 부모는 어느 한쪽의 입장만 고수하지 않고 함께 의논하며, 서로의 입장과 의견을 존중해주어야 한다.

이번 장에서는 특히 학부모와 신뢰를 쌓고 원활하게 소통하기 위한 상담을 어떻게 하면 좋을지 조언하고자 한다. 학부모 상담 전에 준비해야 할 일, 학부모와 실제 상담하며 주의해야 할 일, 상담이 끝난 후 더 해야 할 일과 함께, 교사-부모, 부모-유아, 교사-유아 사이의 경청 방법이나, 유아와 부모를 마음으로부터 포용하는 방법에 대해서도 함께 알아보자.

학부모와
함께하는
유아 생활교육

신뢰
형성하기

유아기는 주변환경의 영향을 받아 자아가 발달하는 시기이므로, 가정환경도 유아에게 매우 중요하다.

가정은 유아가 사회의 한 구성원으로서 성장과 발달을 시작하는 최초의 환경일 뿐만 아니라, 자녀의 양육에도 중요한 역할을 담당하기 때문이다(김영옥, 2007). 그러므로 유아교육에서 가정과의 연계는 중요한 부분으로 다루어진다.

가정과 연계하기 위한 학부모와의 관계에서 '신뢰'는 필수이다. 학부모와 신뢰 관계를 형성하기 위한 몇 가지 팁을 안내하고자 한다.

● 입학식 날, 유아의 놀이 모습을 찍은 사진과 함께 간단한 인사말을 전송한다.

학급이 새로 편성되는 새 학기, 낯선 환경에 처음으로 아이를 보내게 된 부모의 마음은 긴장되고 두렵다. '우리 아이가 잘 적응할까?', '친구랑 못 어울리면 어쩌나….' 하고 하루 종일 걱정스러운 마음을 안고 지낸다. 특히 부모 품을 떠난 적이 없었던 만 3세 유아나, 아침에 울면서 유아교육기관에 간 아이의 부모는 더욱 그렇다.

하지만 현장에서 지켜보면, 첫날임에도 불구하고 아이들은 생각보다 잘 적응한다. 처음 보는 친구들과 낯을 가리지도 않고 마치 원래 알던 사이인 것처럼 재잘재잘 이야기도 하고, 서로 놀이를 하면서 친해진다. 이러한 모습을 휴대폰 카메라로 찍어 보내주면, 부모는 아이의 즐거워하는 표정을 보고서 걱정했던 마음을 내려놓는다. 사진과 함께 담임교사 인사말을 전송하면 더욱 좋다.

• 유아가 일과 중 다쳤을 때는 학부모에게 사전에 안내한다.

유아가 일과 중 놀이나 활동을 하다가 다쳤다면, 귀가하기 전에 학부모와 통화하거나 문자를 발송하여 상황에 대해 설명한다. 유아들은 다친 이유를 잊어버리거나 다른 일과 헷갈릴 수 있으므로, 교사의 정확한 사실 안내가 필요하다.

아침에 등원할 때 유아의 얼굴을 확인하여 상처를 발견했다면, 유아에게 물어보거나 학부모와 통화하여 어쩌다가 다치게 되었는지와 병원에 다녀왔는지 확인한다. 그렇게 하면 학부모는 '선생님이 우리 아이에게 관심이 있구나.' 하며 감사하는 마음을 가질 것이다. 또한 교사는 이렇게 확인함으로써 상처에 대한 정보를 파악할 수 있게 된다.

그 외에도 옷을 갈아입힌 경우 등 학부모가 알아야 할 사항이 있다면, 미리 전화나 문자로 알려주는 것이 좋다. 부모가 유아교육기관에서 일어난 일을 미리 알고 있다면 유아가 하원한 후 가정에서 바로 뒷정리를 하거나, 유아의 상태를 가정에서도 주의 깊게 살펴볼 수 있다.

상황	문자 예시
점심을 먹다가 소스나 음식물이 옷에 많이 묻은 경우	안녕하세요. ○○이가 점심을 먹다 옷에 짜장이 많이 묻어서 여벌옷으로 갈아입혔습니다. 원래 입고 왔던 옷은 가방에 넣어놨으니 확인 부탁드립니다.
대소변 실수를 한 경우	안녕하세요. ○○이가 화장실 변기에 앉으려다가 바지에 소변 실수를 했네요. 여벌옷으로 갈아입히고 젖은 옷은 가방에 넣어놨습니다. 확인 부탁드립니다.
이가 갑자기 빠진 경우[1]	안녕하세요. ○○이가 간식을 먹다가 갑자기 이가 빠졌네요. 빠진 이는 지퍼백에 싸서 가방 앞부분에 넣어놨답니다. 우리 ○○이, 예쁜 이가 나길 바랍니다~

....

1. 만 4~5세 유아는 유치가 빠지는 경우가 있다. 특히 첫 아이인 경우, 빠진 유치를 보관하는 학부모도 있으므로 알리면 좋다.

● 유아가 좋아한 놀이 및 활동 모습이나 작품 사진을 찍어 전송한다.

교사는 여러 명의 유아를 돌보기 때문에, 매일매일 모든 유아의 사진을 전송할 수는 없다. 그러나 가끔씩이라도 그 유아가 특별히 좋아한 놀이나 활동, 만들었던 작품을 사진 찍어 보낸다면 유아의 발달상황이나 흥미, 관심에 대해 학부모와 자연스럽게 공유할 수 있다. 또한 유아들이 가정에 가서 유아교육기관에서 있었던 일을 이야기할 때, 학부모가 "아~ 이 사진 속 활동을 말하는 것이구나." 하면서 유아와 의사소통할 수 있는 계기가 마련된다. 학부모는 이를 통해 유아교육기관의 교육내용에도 관심을 가지게 된다.

유아들의 올바른 생활습관 지도방향을 설정하기 위해, 학부모와의 상담은 필수이다. 신뢰가 쌓인다면, 학부모는 교사가 진정으로 유아를 생각하는 마음으로 지도한다는 것을 느끼게 된다. 우선 신뢰를 쌓아야 유아의 행동, 생활태도, 습관에 대해 솔직하고 효과적으로 상담할 수 있게 될 것이다.

학부모 상담 전,
미리 준비하기

오른쪽 그림[2]이 무엇으로 보이는가?

어떤 사람은 길쭉하게 나온 옆 부분을 부리로 보고 '오리'라고 대답할 수도 있고, 어떤 사람은 그 부분을 귀로 보고 '토끼'라고 대답할 수도 있을 것이다. 같은 그림을 보고도 각자의 관점에 따라 다르게 이해하는 것이다.

20세기 분석철학자 비트겐슈타인은 '토끼 오리 그림'을 제시하며 사람들이 언어 놀이를 한다고 주장했다. 사람마다 처한 상황이나 자라온 환경, 삶의 배경 등이 각각 다르므로, 똑같은 내용을 이야기하더라도 다르게 말하고 다르게 받아들인다는 것이다.

우리는 자신이 가진 기준으로 누군가를 바라본다. 학부모는 학부모의 입장에서 '내 아이'를 기준으로 이야기하고, 교사는 교사의 입장에서 '우리 반 전체'를 기준으로 이야기한다. 서로 오해가 생기지 않기 위해서는 지속적으로 유아에 대해 이야기하고, 의견을 나누는 소통의 과정이 필요한 것이다.

이러한 소통의 과정 중 하나인 '상담'은 교사의 교육철학과 교육관에 대해 전

---

2. 1898년 이전, 제트로가 논문에서 발표했던 토끼-오리 그림

달하고 학급 운영에 대한 생각을 공유하며, 부모로부터 유아의 성향이나 발달 수준 및 가정환경 등 유아를 지도하는 데 참고할 수 있는 정보를 수집하는, 중요한 시간이다(뿌리 깊은 유치원 교사 연구회, 2018).

　학부모 상담이나 유아의 행동에 대한 상담은 초임이나 저경력 교사에게는 심장이 쿵쾅쿵쾅 뛰고, 무슨 이야기를 해야 할지 고민이 되는 매우 어려운 일이다. 그러나 학부모 상담 전 다음과 같이 준비한다면 긴장된 마음을 진정시키고 효율적인 상담을 실시할 수 있을 것이다.

● 학부모 사전 설문지를 준비하여 정보를 얻는다.

상담하기 전에 학부모가 본 유아의 유치원 생활, 생활습관, 유아의 특성 및 강점, 상담하고 싶은 내용, 앞으로 원하는 유아의 지도 방향, 담임교사에게 하고 싶은 이야기, 건의사항 등이 담긴 사전 설문지를 배부한다. 이를 통해 학부모가 궁금해하는 것을 미리 파악해서 조사·분석하여 성실하게 답변할 수 있다. 학부모 또한 자신의 교육관과 양육방법을 스스로 점검해보고, 상담하고자 하는 내용을 미리 정리하고 상담할 수 있다.

　사전 설문지는 상담의 중심을 잡아주는 역할을 하므로, 정해진 시간에 효율적으로 상담을 할 수 있도록 돕는다. 사전 설문지에 작성된 답변을 읽어보고 상담 시 특별히 다루어야 할 점이나 중요한 내용을 빨간색으로 메모해둔다.

　다음에 제시된 사전 설문지와 학부모 상담 안내 가정통신문의 예시를 참고하면 도움이 될 것이라 생각한다. 정해진 양식이 아니므로 해당 학급, 유아교육기관의 필요에 따라 변경하여 사용하면 된다.

학부모 상담 자료

반   이름:

학부모가 본 자녀의 유치원 생활	※ 자녀가 흥미 있어 하는 활동이나 자주 이야기하는 것을 적어 도 좋습니다.
학부모가 본 자녀의 생활습관	
자녀의 성격 및 강점	※ 유아의 성격 및 강점이 무엇인지 구체적으로 적어주세요.
자녀에 관해 상담하고 싶은 내용	
주 양육자 및 1일 평균 대화 시간	
건의사항 및 기타	

※ 원활한 상담을 위해 위의 내용을 작성해서 ○월 ○일(○요일)까지 유치원으로 보내주시기 바랍니다(상담 신청을 하지 않거나 전화 상담을 신청하신 부모님께서도 자료를 작성해서 보내주시기 바랍니다).

학부모 상담 안내

반   이름:

안녕하십니까?

모든 생명이 기지개를 켜는 봄을 맞이하여 학부모님의 가정에 늘 희망찬 소식이 가득하시길 기원합니다. 사랑스러운 우리 ○○반 친구들과의 첫 만남을 떠올리며, 하루하루 달라지는 아이들을 보며 미소가 번지는 나날들입니다.

학부모님과 함께 소통하고, 아이들이 유치원 생활에 잘 적응하며 즐겁게 생활할 수 있도록 돕기 위해 아래와 같이 학부모 상담을 실시하고자 말씀드립니다. 학부모님께서는 원하시는 상담 유형 및 날짜와 시간을 표기하여 ○월 ○일(○요일)까지 신청서를 제출하여 주시기 바랍니다.

20○○년 학부모 상담 기간 운영
예: 20○○년 ○월 ○○일(월) ~ 20○○년 ○월 ○○일(금), 5일간

※ 참고 사항

1. 약속시간 5분 전에 도착하시기 바랍니다. 다음 시간대에 기다리시는 학부모님이 있어 상담시간을 제한하오니 양해 바랍니다.

2. 상담시간은 20~25분 내외로 진행됩니다. 궁금하신 사항을 '학부모 상담 자료'에 미리 작성하여 유치원으로 제출해주시면 상담이 효율적으로 진행됩니다.

3. 갑작스러운 개인사정으로, 신청하신 상담 일자에 방문이 어려우신 학부모님께서는 미리 담임교사에게 연락주시기 바랍니다.

4. 희망하시는 상담 유형에 체크해주신 후, 직접 상담이라면 희망 일시 1차와 2차를 모두 적어주세요. 다른 분과 겹치지 않게 조정하여 연락드리겠습니다.

-- 절 취 선--

20○○학년도 학부모 상담 신청서

반   유아명

희망 상담 유형 (해당란에 √)		□ 직접 만나는 대면 상담 □ 전화 상담
대면 상담	1차 희망	월 일 요일 오후 시
	2차 희망	월 일 요일 오후 시
전화 상담		월 일 요일 오후 시

20○○. ○○. ○○.

○○ 유치원(어린이집)

• 유아들의 친구 관계를 미리 파악해둔다.

학부모 상담 사전 설문지를 살펴보면, 대부분의 학부모들이 유아들의 친구 관계를 궁금해한다. 누구와 자주 놀이하는지, 혼자 놀이하는지, 또래와 잘 놀이하는지…. 유아교육기관은 유아들이 가정을 벗어나 경험하는 첫 사회생활이기 때문에 부모들은 자녀가 적응을 잘 하고 있는지, 다른 아이들과 마찰이나 갈등은 없는지, 막내아이일 경우 집에서처럼 어리광 부리는 행동으로 인해 친구들과의 생활에 어려움이 있는 것은 아닌지 알고 싶어 한다.

평소에 유아를 관찰할 때, 유아들의 자주 놀이하는 친구, 그 친구와 자주 하는 놀이, 놀이 성향, 자주 사용하는 단어나 친구에게 자주 하는 말(나랑 놀자, 우리 엄마아빠 놀이 하자, 우리 야옹이하고 멍멍이 놀이 하자 등)을 기록해두면 상담할 때 매우 유용한 자료가 된다. 또한 사진이나 동영상을 촬영해두어, 상담 시 학부모에게 보여줄 자료로 활용해도 좋다.

유아와 일대일 면담을 통해 친구 관계를 파악할 수도 있다. 좋아하거나 자주 놀이하는 친구가 누구인지, 그 이유가 무엇인지 물어볼 수 있다. 유아들의 친구 관계는 3~4개월 또는 1학기, 2학기 등의 주기를 두고 변화를 살펴보는 것이 좋다. 1학기 때 자주 놀았던 친구 사이라 하더라도, 시간이 지나면 서로 친한 친구가 바뀔 수 있기 때문이다.

> 저희 아이는 친한 친구가 따로 없는 것 같아요. 누구랑 놀았냐고 물어보면 혼자 놀았다고만 이야기해요. 혹시 유치원에 적응 못 하고 있는 것은 아닌지 걱정되더라고요.
> - 학기 초 어느 학부모와의 상담 이야기 중에서

학부모들은 아이에게 친한 친구가 누구인지, 무엇을 하고 놀았는지 물어보았을 때 "몰라~"라는 대답을 들으면 친구가 없거나 적응을 못 하고 있는 것 같아 불안해한다. 그러나 유아들의 친구 관계는 고정적인 것이 아니며, 자주 놀이하는 친구가 바뀔 수 있다. 어느 날은 혼자 놀이를 하다가도 친구와 놀이하기도 하고, 또 어느 날은 친구와 놀다가 어느새 혼자 놀이하기도 한다.

내 아이가 혼자 놀이하는 것을 즐긴다고 해서 문제가 있는 상태는 아니라는 점을 학부모에게 알려주자. 이것은 유아들에게 나타나는 놀이현상 중 하나임을 놀이 이론에 근거하여 간단하게 설명해줌으로써 학부모의 불안을 해소시킬 수 있다. 교사가 유아의 사회적 놀이 범주[3]를 미리 숙지하여, 학부모가 이해하기 쉬운 용어를 사용하여 설명해주면 학부모들의 걱정은 한층 덜어진다. 특별한 문제가 없는 유아의 혼자 놀이를 걱정하는 학부모에게, 해당 유아의 성격과 놀이 발달을 고려하여 다음과 같이 상담할 수 있을 것이다.

어머, 그러셨군요. 주미가 친구들과 함께 놀기보다 혼자 놀이를 자주 하는 것 같아서 걱정 많이 되셨겠어요. (공감적 이해)
하지만 혼자 놀이는 친구랑 어울리지 못해서 하는 것만은 아니에요. 혼자 놀이를 할 때, 주미는 머릿속에서 사고의 과정을 떠올리고 실험해보는 데 집중하는 것일 수도 있어요. 문제를 해결하기 위한 방법을 찾고 있는 거죠.
또, 우리 주미가 혼자 노는 것을 좋아하기는 하지만, 늘 혼자서만 노는 것은 아니랍니다.
보통 미술영역에서 그림을 그리거나, 쌓기영역에서 집중해서 블록을 쌓을 때면 혼자서 무언가를 열심히 하고 있어요. 그러다가 은서한테 가서 "내가 그린 것 좀 봐." 하고 그림에 대해서 이야기해줄 때도 있고, 병원 놀이를 하던 민준이가 다가와서 "배가 아파요~" 하면 "어제 뭐 먹었어요?" 하고 이야기를 나누기도 한답니다. (교사가 관찰한 놀이 사례 안내)

3. 책 338~339쪽에 위치

어떤 유아는 성격상 조심스럽고 낯을 많이 가려서 친구 관계가 서먹서먹할 수도 있다. 그런 유아에게는 유아교육기관과 가정에서, 새로운 것을 친숙하게 느끼도록 자주 접할 기회를 제공해주어야 한다. 새로운 놀이나 놀이자료 및 활동을 갑작스럽게 투입하기보다는, 유아가 쉽게 다가갈 수 있도록 미리 놀이자료를 접하게 하거나 활동이나 놀이를 세분화하여 한 단계씩 진행해볼 수 있다. '새로운 것에 대한 두려움'이 아니라 '도전하는 것에 대한 즐거움'을 느낄 수 있도록 환경을 제공해줄 필요가 있음을 안내한다. (엄마 아빠와 놀이공원 가기, 새로운 곳으로 여행 가기, 체험센터 방문하기 등)

파튼(Parten)의 사회적 놀이 범주[4]

범주	내용
비참여 (비몰입) 행동	• 놀이를 하지 않고, 일시적 관심이 생긴 대상을 바라보면서 자기 자신에 전념함 • 관심 끌 만한 것이 없는 경우, 자기 몸을 가지고 놀거나 의자에 오르내리거나 그냥 서서 돌아다니거나 교사를 따라다님 • 교실이나 놀이터 주변을 둘러보면서 한곳에 앉아 있음
방관자적 (지켜보는) 행동	• 다른 아이들이 노는 것을 바라보면서 시간을 보냄 • 가끔 다른 유아들에게 말을 걸기도 하고 질문·제안을 하지만 놀이에 참여하지는 않음 • 비참여 행동과 달리, 우연하게 관심을 끄는 것이 아니라 명백하게 특정한 집단의 유아들이 노는 것을 바라봄 • 다른 유아들과 대화를 할 수 있는 거리 안에서 앉아 있거나 서 있음

4. 임미선 · 박성희 편저, 『아이미소 유아교육개론 1』, 공동체, 2018, p.391

혼자 놀이	• 대화가 가능할 정도의 거리에 있는 다른 유아들이 갖고 노는 것과 다른 종류의 장난감으로, 독립적으로 혼자 놀이함 • 다른 유아들과 가까이하려는 어떤 노력도 하지 않고, 남들을 전혀 고려하지 않은 채 자기 놀이에 열중함
병행 놀이	• 동일한 놀잇감을 가지고 같은 영역의 유아들 옆에서 놀지만, 함께 놀지는 않음 • 다른 유아들과 같은 장난감을 가지고 놀지만, 남들의 활동에 영향을 주거나 수정을 하려 하지 않고 다만 자신이 좋은 대로 놀이함
연합 놀이	• 다른 유아들과 대화를 통해 같은 활동을 함 • 놀잇감을 빌려주기도 하고, 함께 기차나 자동차를 만들기도 함 • 유아들은 자신의 개인적 흥미를 집단에 종속시키려 하지 않으므로, 놀이를 위한 역할 분담이나 조직적 전개가 없음
협동 놀이	• 1~2명의 리더가 있음 • 공동의 관심사에 따라 목표를 설정하고, 목표에 따라 역할을 분담하며, 조직적으로 놀이가 진행됨

혼자 놀이나 병행 놀이는 어린 연령에서 흔히 나타나지만, 4~5세 유아들의 놀이 행동에서도 충분히 일어날 수 있다. 비참여 행동과 방관자적 행동은 놀이로 간주할 수는 없지만, 다른 단계로 진입하기 위한 과정이라는 데 의미가 있다. 다른 유아들의 놀이를 관심 있게 관찰해야만 친구들의 흥미를 알게 되어 그 놀이를 함께 할 것인지, 다른 놀이를 할 것인지 스스로 판단할 수 있기 때문이다.

사회 · 인지놀이 관찰 기록지(Rubin, Maioni, & Hornung)[5]

사회 · 인지놀이 관찰 척도를 미리 체크해봄으로써 유아의 놀이 성향을 파악해놓으면, 학부모와 상담할 때 유용한 자료로 사용할 수 있다.

관찰일: 년 월 일 요일			유아 이름:

	사회적 수준		
인지적수준	구분	단독(혼자) 놀이	병행 놀이	집단 놀이
	기능 놀이			
	구성 놀이			
	극(역할) 놀이			
	규칙 있는 게임			

비놀이	몰입하지 않는 행동/지켜보기/전환	활동

● 유아의 다양한 장점을 생각하고 기록해둔다.

상담 전에 학부모가 미리 상담내용을 정리해 가져오듯이, 교사도 상담하기 전에 어떤 내용으로 이야기할지 정리하고 기록해놓을 필요가 있다. 유아의 장점을 구체적 사례나 일화로써 안내해주면 학부모가 이해하기 쉽다. 또한 유아에 대한 교사의 관심을 보여주면, 교사에 대한 학부모의 신뢰도가 향상된다. 특히, 학부모가 생각하는 유아의 장점과 교사가 관찰한 유아의 장점이 일치할 때 깊은 유대감을 느낄 수 있게 된다.

....
5. 앞의 책, p.392

03

학부모 상담 때,
세심하게 배려하기

● 상담시간은 한 사람당 20~25분 내외임을 안내한다.

상담을 하다 보면 학부모의 자라온 환경부터 시작해서 자녀를 키우면서 느끼는 만족감, 자녀 양육과정의 여러 문제로 인한 스트레스, 아이에게 미안한 일, 부모의 양육관 차이로 인한 다툼 등 다양한 주제로 이야기가 전개된다. 이야기에 몰두하다 보면 1시간이 넘게 걸리기도 하나, 너무 긴 시간의 상담은 교사나 학부모에게 부담이 될 수 있다. 상담실의 잘 보이는 곳에 시계를 배치해두고 정해진 상담 종료 시간에 포스트잇을 붙여두거나, 핸드폰 스톱워치로 설정해두어 알람이 울리도록 한다.

● 학부모를 존중하고 있다는 것을 표현한다.

학부모 상담 시 다과나 차를 미리 준비해놓는다. 상담할 교실을 깨끗하게 정비한다. 책상 위에는 해당 유아의 포트폴리오 작품집, 일화기록, 입학 원서, 사전 설문지, 유아에 대한 정보, 요구사항을 기록할 상담 기록지 등을 놓는다.

상담하기 위해 유치원에 들어서는 학부모의 마음은 교사와 마찬가지로 긴장되고 불안하다. 안정되고 따뜻한 분위기 형성을 위해, 마음이 진정되는 클래식을 틀어놓는 것도 좋다. 가장 중요한 것은, 교사가 상담 시작 5분 전에 자리에 앉아 기다려야 한다는 것이다. 먼저 앉아서 기다리는 학부모가 자신이 중요하지 않은 사람처럼 여겨졌다고 느낄 수도 있기 때문이다. 상담 시작 전에 미리 핸드폰을 매너모드나 무음으로 설정해, 전화나 다른 업무로 인해 상담을 방해받지 않도록 한다. 상담할 때, 무의식중에 다리를 꼬거나 팔짱을 끼지 않도록 한다.

- 의자를 마주 보는 위치와 대각선 위치에 배치해두어,
  학부모가 원하는 자리를 선택하도록 한다.

학부모의 성향에 따라 마주 보는 것을 편안해하기도 하고, 반대로 마주 보는 것에 불안감을 느끼기도 한다. 이에 대비하여 교사는 자신의 대각선 옆자리(①)와, 마주 보는 자리(②)의 2곳에 의자를 놓아둔다. 학부모가 편한 자리를 선택해서 앉을 수 있도록 환경적으로 배려하는 것이다.

- 친절한 태도로 상담을 시작한다.

굳은 얼굴로 "안녕하세요."라고 딱딱하게 시작하기보다는 웃는 얼굴로 반갑게 학부모를 맞이한다. "더운데 오시느라 고생하셨네요.", "차는 많이 안 막히던가요?"처럼 간단한 안부를 묻는 인사와 친절하게 공감하는 말로 상담을 시작한다.

- 유아의 유아교육기관 생활에 관해 이야기한다.

노트북이나 핸드폰으로 유아가 활동하는 사진(10~20장 내외)이나 동영상(1~2개)을 학부모에게 보여준다. 이를 통해서 유아의 교우관계, 좋아하는 활동·놀이, 평소에 관심과 호기심을 보이는 것, 발달 정도에 대해 자연스럽게 이야기 나눌 수 있다.

특히 유아의 장점에 대하여, 사례를 들어 구체적으로 이야기한다.

"우리 ○○이는 놀이를 할 때, 새로운 놀이를 제안해서 친구들과 재미있게 놀아요. 그래서 친구들이 같이 놀고 싶어 한답니다. 저번에 박스놀이를 하는데, 미끄럼틀을 만들어보자고 하더라고요. 박스로 미끄럼틀을 만들어서 자동차·인형·블록을 굴려보더니, 자동차는 바퀴 때문에 잘 굴러가는데 인형이나 네모블록은 잘 굴러가지 않는 것을 스스로 탐구하기도 했답니다."

이렇게 구체적 생활모습을 안내하면, 학부모는 평소에 교사가 유아에게 애정 어린 관심을 가지고 있다고 느끼며 긍정적 인상을 받게 된다.

- 유아의 부정적 행동에 대해 섣불리 판단하지 않는다.

학기 초에 유아의 부정적 행동에 대해 이야기하는 것은 삼가야 한다. 유아를 몇 주 내지 몇 달 본 교사보다는 학부모가 자신의 자녀에 대해 많은 것을 알고 있을 가능성이 크다. 자녀의 단점이나 별난 행동에 대해 잘 알고 있는 학부모더라도, 교사가 그러한 유아의 행동을 섣불리 지적한다면 자칫 유아나 학부모 자신에 대한 공격으로 느낄 수 있다. 그러므로 학기 초 상담은 부모로부터 많은 이야기를 듣는 것에 초점을 두어야 한다.

● 함께 해결해야 할 문제에 대해 적극적으로 경청하고 협력하는 태도를 보인다.

> 선생님, 저희 ○○가 양치질을 하기 싫어서 고민이에요. 양치질을 옆에서 같이 해보고,
> 양치질을 하지 않으면 이가 썩으니 꼭 해야 한다고 이야기해줘요. 그런데도 안 하니까 양
> 치질하라고 자꾸 잔소리를 하게 되네요.
>
> — 어느 학부모와의 상담 이야기 중에서

유아에 대해 고민하는 학부모의 우려를 적극적으로 들어주고 공감해준다. 학부모가 고민하는 점과 교사가 관찰한 특징이 일치하는 경우, 협력하여 유아의 변화를 가져올 수 있는 부분을 이야기 나눈다.

교사는 학부모의 고민을 들으면서 '이 이야기를 하는 학부모의 욕구는 무엇일까?'를 생각해보자. 위의 사례라면 학부모가 바라는 바는 우선 가정에서의 양치질 지도법을 알려달라는 요청일 것이고, 다음으로는 유치원에서도 양치질에 더욱 신경 써달라는 요구일 것이다. 교사는 유아가 긍정적으로 성장할 수 있도록 지원하기 위한 방법을 함께 모색한다. 위의 고민에 대해 다음과 같이 이야기 나눌 수 있을 것이다.

> 네, ○○이가 양치질을 하지 않는 것 때문에 많이 걱정되시는군요?
> 아이에게 자꾸 양치질하라고 잔소리하지 않고 보다 효과적으로 교육할 방법이 있는지 고
> 민되시겠어요. (공감적 이해)
>
> 먼저, 아이와 함께 양치질에 관련한 동화책을 함께 읽어보시는 것을 추천해드립니다. 양
> 치질의 중요성을 말로만 설명하는 것보다 양치질을 하지 않으면 어떻게 되는지, 왜 양치
> 질을 해야 하는지 책을 통해 간접경험 할 수 있어요. 예를 들면 『치카치카 군단과 충치 왕
> 국』이라는 동화책이 있답니다. 치카치카 군단과 충치 세균들이 싸우는 내용인데 아이들
> 이 참 좋아하더라구요.
> (학부모가 할 수 있는 행동 전략 제시 1)

우리 ○○이가 집에서 자주 부르는 동요는 어떤 게 있나요?
(학부모에게 해결방법을 함께 생각해보도록 제안하기. 학부모의 대답 경청하기)

네. 그렇군요. 또는 "○○에게 양치질하는 동안 듣고 싶은 노래가 있니?"라고 물어보실 수도 있습니다.
그런 다음 양치질을 하는 동안 ○○이가 좋아하는 동요를 틀어주시는 것도 한 가지 방법이 될 수 있습니다. 보통 동요가 2~3분 내외이기 때문에 유아가 즐거운 기분으로 양치질을 할 수 있게 됩니다. 싫어하는 일(양치질)과 긍정적으로 생각하는 일(동요 듣기)을 함께 하다 보면, 싫어하는 것이 점차 긍정적인 감정과 연결되어 싫어하는 일을 습관화하기 쉬워질 수 있답니다.
(학부모가 할 수 있는 행동 전략 제시 2)

저도 유치원에서 반 친구들과 함께 양치질을 바르게 하는 방법을 구체적으로 알아보고, 실제로 점심시간에 닦아보는 연습을 더 해볼게요.
그리고 ○○이가 양치질과 관련해서 잘한 점이 있다거나 칭찬받을 점이 있다면 언제든지 문자로 연락 주세요. 유치원에서도 함께 아이에게 격려와 지지를 해주어 스스로 성장할 수 있도록 지도하겠습니다.
(교사가 지원할 수 있는 사항 제시)

그러나, 교사가 유아들의 다양한 행동에 대해 모두 해결책을 제시할 수는 없다. 지금 당장 제시하기 어려울 때는 우선 학부모의 감정에 공감해준 후, "저도 좋은 방법을 더 찾아보겠습니다."라고 말한다. 그 후에 해당 유아의 행동을 개선하기 위한 부모교육 자료를 작성하여 유아의 가방에 넣어 보낸다. 학부모에게 문자나 전화로, 읽어보시면 좋을 자료가 있어 아이 편으로 보냈으니 확인해 달라고 한다. 그러면 학부모는 '선생님이 나와 상담했던 것을 잊지 않고 이렇게 세심하게 신경 써주시는구나!'라며 교사에 대해 긍정적 인상을 갖고 신뢰를 형성할 것이다.

학부모 상담에서 자주 물어보고 궁금해하는 가정에서의 지도 방법을 미리 목록화하여 가지고 있다면, 상담이 훨씬 더 효율적으로 이루어질 수 있을 것이다. 다음은 상담에 자주 등장하는 유아의 행동 유형에 따른 교육방법 몇 가지를 정리한 것이다. 이것이 반드시 정답은 아니며, 각 학급 및 유아와 학부모의 상황에 맞게 수정하여 사용하기 바란다.

유아의 행동 유형에 따른 가정에서의 지도 방법[6]

행동 유형	지도 방법
손톱을 물어뜯는 행동	• 보통 손톱 물어뜯는 행동은 장기간에 걸쳐 고착된 문제이므로 지도하는 데 오랜 시간이 필요하고 인내심을 가져야 함을 알린다. • 손톱을 짧게 유지하고 손톱 주변을 매끄럽게 정리해주도록 가정에 요청한다. • 유아의 행동에 지나치게 민감한 반응을 보이기보다는 심리적으로 편안한 분위기를 제공해야 함을 강조한다.
부모와 떨어지는 것을 힘들어하는 행동	• 등원 시간을 일관성 있게 유지한다. • 등원 시 부모와 일정한 행동 패턴을 만든다. (뽀뽀하기, 안아주기, 하이파이브 한 번 치기 등) • 일정한 행동 패턴 후에 유아가 울어도 부모는 작별 인사를 하고 떠난다. • 부모와 일정한 행동 패턴을 마치고 울지 않고 등원했을 때 가정에서 언어적 칭찬("울지 않고 등원하다니, 대단하구나!")과 비언어적 칭찬(안아주기, 머리 쓰다듬어주기, 엄지 척 해주기 등)을 해준다.
동생이 태어난 뒤로 어리광이 심해진 행동	• 가정에서 동생이 태어나도 엄마의 사랑이 변하지 않는다는 것을 확신시켜 정서적으로 안정되도록 지원한다. ("엄마는 ○○이를 사랑해. ○○이는 세상에서 하나뿐인 엄마의 첫째 딸이야.") • 엄마나 아빠와 단둘이 보낼 수 있는 시간을 정해, 부모가 유아에게 몰입하는 시간을 갖도록 제안한다. (방에서 둘이서만 놀이하기, 마트에서 장보기, 잠자기 전에 그림책 보기 등) • 가정에서 유아가 아기처럼 행동할 때, '아기놀이'로 대응하여 공감해주되, 한계를 설정하도록 안내한다. ("○○이가 아기가 되었네. 아기놀이를 해볼까? 그럼 엄마가 세 숟가락을 먹여줄게. 하지만 그다음부터는 ○○이가 먹어보자.") • 먹기, 씻기, 자기 등의 일상 생활을 스스로 해낼 때 자부심을 갖도록 격려해준다. ("아기는 아직 혼자 못 해서 엄마가 도와줘야 하는데, 우리 ○○이는 혼자서 이렇게 잘할 수 있네.")
울음을 통해 원하는 것을 얻으려는 행동	• 유아가 처한 상황과 감정을 읽어준다. ("앉고 싶은 자리에 앉지 못해 속상했구나.") • 울지 않고 말로 표현해도 다른 사람이 감정을 알 수 있으며, 언어로 원하는 것을 이야기했을 때 부모가 더 잘 수용할 수 있음을 알린다. • 울거나 떼쓰지 않고 적절한 언어로 표현할 때 칭찬해주고 격려해준다. • 상황에 따른 적절한 언어적 표현법을 알려준다. • 감정과 관련된 그림책 《울지 말고 말하렴(이찬규, 애플비, 2011)》을 유아와 함께 읽어본다.

....

6. 김희진, 『영유아교육기관에서의 행동지도』, 파란마음, 2020. 재구성

행동 유형	지도 방법
말이 늦거나 발음이 부정확한 행동	• 유아가 상황에 필요한 말을 스스로 생각해볼 수 있는 충분한 시간을 제공해준다. • 가정에서 유아가 원하는 것을 미리 짐작하고 해결주기보다는, 필요한 것을 스스로 말하는 연습을 할 수 있도록 환경을 조성한다. • 친숙한 단어를 한 글자씩 따라하도록 부모가 한 음절씩 발음하고 유아가 따라해본다. (바→바, 나→나, 나→나, 바나나→바나나 등) • 유아의 말을 바로 끊어서 교정하면 유아가 위축될 수 있으므로, 유아의 말을 경청하는 모습을 보여준다.
사소한 일에 짜증을 내는 행동	• 기본적으로 까다롭고 예민한 기질을 지녔음을 인정하고, 유아가 자기 의견이 존중받고 있다고 느낄 수 있도록 민감하게 반응해준다. • 유아가 이전에 예민하게 반응했던 상황(인형 옷이 잘 입혀지지 않을 때 소리 지르거나 짜증 내는 행동)에서 차분히 반응했을 때(인형 옷을 다시 한 번 입혀보려고 노력하는 행동), 구체적으로 격려해준다. ("우리 ○○이가 인형 옷이 안 입혀지니 다시 한 번 천천히 입혀보고 있구나!") • 유아의 상태에 대해 묻고, 휴식을 원하거나 혼자 있기를 원하면 존중해준다. ("○○이는 지금 기분이 좋지 않구나. 혼자 있거나 저기 가서 쉰 다음에, 말하고 싶은 마음이 들면 이야기해주겠니?") • 유아가 자기 의사를 부모에게 알리지 않고 짜증을 부리는 경우, 야기되는 결과에 대해 설명한다. ("○○이가 치마를 입을 것인지, 바지를 입을 것인지 마음을 이야기해주지 않으니 엄마는 ○○이의 마음을 알 수가 없단다. 계속 그렇게 앉아 있으면 유치원에 늦을 수도 있어.")
고집부리는 행동	• 유아의 생각과 욕구에 관심을 갖고 인정해주며, 자신의 의견을 편안하게 말할 수 있는 분위기를 형성한다. • 유아가 고집을 부릴 때, 동요하거나 위압적 태도(인상 찡그리기, 윽박지르기 등)를 보이지 않고 차분한 태도로 대응한다. • 유아가 대화를 거부하고 부적절하게 의사를 표출하며 고집을 부릴 때(소리 지르기, 짜증 내며 울기 등), 관심을 보이지 않고 기다린다. • 유아가 이야기를 나눌 의사를 나타내면 적극적으로 유아의 이야기를 듣고, 유아가 선택할 수 있는 것과 선택할 수 없는 것(반드시 따라야만 하는 최소의 기준)을 구별하여 이야기해준다.
스마트폰을 계속 보는 행동	• 유아와 함께 스마트폰 사용시간을 정한다(보통 30분 내외가 적당하다). 이로써 스스로 스마트폰 이용에 대한 조절력을 길러줄 수 있다. • 식사시간이나 취침시간에는 되도록 사용하지 않도록 한다. • 스마트폰 대신 다른 활동적 놀이를 하거나, 집중할 수 있는 놀잇감을 제공한다.

- 비밀을 보장해주어야 한다.

학부모와 상담한 내용이 치료나 중재가 필요한 사항이 아니라면, 타인(다른 학부모, 동료교사 포함)에게 이야기하지 말아야 한다. 상담을 하다 보면 학부모의 가정사나 아픈 상처 등 개인적 사연도 알게 된다. 이는 존중해주어야 할 사적 영역이다. 또한 자신의 이야기가 다른 사람에게 전달됐음을 알게 된다면, 학부모는 앞으로 교사와 상담할 때 표면적이고 두루뭉술한 이야기만 하게 될 것이다. 자신의 이야기가 비밀로 지켜진다면, 학부모는 보다 진솔하게 상담에 임하게 된다.

- 기타 건의사항이 있는지 묻고, 상담을 마무리한다.

유아교육기관에 건의할 사항이 있는지, 유아 교육 시 부탁하고 싶은 것이 있는지, 교사가 유아에 대해 특별히 알아야 할 사항(알레르기, 과거 병력, 주 양육자 등)이 있는지도 질문한다. 상담시간을 확인하고, 이야기의 흐름이 끝나간다면 상담을 마무리한다.

※ 잠깐만요! 전화상담 tip
학부모가 맞벌이를 하거나 기타 개인 사정으로 유아교육기관에 직접 방문하기 어려운 경우, 전화상담을 실시한다. 전화상담은 직접 얼굴을 보고 하는 상담과 달리, 얼굴 표정이 보이지 않기 때문에 말투나 어조 및 단어 사용에 매우 세심하게 신경을 써야 한다. 같은 내용이라도 접하는 단서가 제한적이기 때문에, 만나서 이야기하는 것보다 더욱 민감하게 받아들일 수 있기 때문이다.
　전화상담을 할 때는 먼저 가벼운 인사말이나 안부로 시작한다. 그리고 유아가 오늘 활동했던 것 중에서 잘했던 일, 기억에 남는 일, 친구와 놀이했던 모습을 구체적으로 이야기 나눈다. 건강상 교사가 알아야 할 부분을 체크하고, 또 다른 주의사항이 없는지 확인한다. 건의사항이나 궁금한 점을 물으며 상담을 마무리한다. 다음은 상담기간에 활용 가능한 전화상담의 예시이다.

주미 어머님, 안녕하세요?
저는 20○○학년도 잎새반 담임교사 ○○○입니다. 통화 가능하신지요?
우리 주미가 유치원에 처음 왔을 때는 엄마와 떨어지기 싫다며 울었는데… 지금은 씩씩하게 유치원 현관에 먼저 들어오는 모습을 보니 제가 다 뿌듯하더라고요. 주미는 유치원 생활에 대해 집에서 어떻게 이야기하던가요? (학부모의 이야기를 경청한다.) 네, 그랬군요.

유치원에서는 주로 나래와 사이좋게 잘 놀이하구요. 주로 엄마, 아빠 놀이, 선생님 놀이를 하더라고요. 오늘은 지난주 주말에 가족들과 캠핑을 다녀온 놀이를 했어요. 캠핑 가서 불도 켜고 노래도 듣고 춤도 췄다면서 저에게도 설명해주더라고요. 우리 주미는 놀이하면서 친구들에게 놀이를 제안하고, 놀이에 새로운 요소를 추가하는 창의력을 발휘해서 놀이를 해요. 친구들은 그런 주미와 놀이하는 것을 매우 즐거워한답니다. 또한 동화를 듣는 것을 좋아해서 그림책을 읽어줄 때면 눈에서 반짝반짝 빛이 나더라고요. 자석 네모 블록을 이용해서 키만큼 높이 쌓아서 주차장 만드는 것을 좋아한답니다. 자동차의 모양과 크기에 맞는 장소를 정해서 공간의 크기를 먼저 계획하고, 그곳에 자동차를 넣어보고, 또 맞지 않으면 다시 빼서 새로운 장소를 만들어내기도 하죠. 포기하지 않고 탐구과정을 즐긴답니다. (유아의 유치원 생활이나 놀이 모습을 구체적으로 설명한다.)

(학부모 상담 사전 설문지를 보며)
땅콩 알레르기가 있다고 적혀 있더라고요. 어떤 증상인지 자세히 설명해주실 수 있나요?
땅콩 말고 또 다른 조심해야 하는 음식은 없나요?

혹시 이야기 나눈 것 말고도 궁금하신 사항 있으신가요?
앞으로 우리 주미가 가고 싶은 유치원, 즐거운 잎새반을 만들기 위해서 아이들과 함께 노력하겠습니다. 감사합니다.
궁금한 사항이나, 유치원에 건의사항이 있으시면 언제든지 문자나 전화로 연락 주세요.
(서둘러서 전화를 끊지 말고, 상대방이 전화를 끊으면 끊는다.)

전화기 너머로 아무 이야기가 들리지 않는다면 하나 둘 셋까지 마음속으로 센후 차분히 전화를 끊는다. 이것은 학부모 상담에서뿐만 아니라, 다른 인간관계에 있어서도 기본 예의이다.

학부모 상담 기록지

기록자:

유아명		생년월일	년 월 일(만 세)
상담 참여자		상담유형	□ 직접 상담 □ 전화 상담

신체 발달/기본생활습관/행동 특성/급식 및 간식

교사	학부모

친구 관계 및 자주 하는 놀이

교사	학부모

앞으로 지도 · 관심이 필요한 부분

교사	학부모

건의사항

04

학부모 상담 후, 관심 갖고 안내하기

학부모 상담 이후에, 유아의 모습을 보면서 조금이라도 바뀐 부분이 있는지 관심을 가지고 관찰하여 학부모와 이야기를 나눈다. 예를 들어 양치질을 싫어했던 유아의 사례를 생각해보자. 유아가 친구들과 즐겁게 양치질하는 모습, 윗니·아랫니·어금니까지 구석구석 닦는 모습을 사진으로 찍어 학부모에게 알려주는 것도 효과적이다. 세심한 사후관리에, 학부모는 다시 한 번 감동하게 된다.

학부모들은 많은 유아들이 함께 생활하는 학급에서 자신의 아이가 담임교사의 관심을 받지 못하는 것은 아닐까 걱정한다. 그래서 "별다른 문제 없습니다.", "지민이는 다 잘해요~", "지수 같은 아이는 걱정할 게 없어요."처럼 무난한 상태를 전하는 교사의 말에, 오히려 자신의 아이에게 관심이 없어 보인다고 느낄 수도 있다. 학부모와 상담했던 유아의 행동 속 작은 변화와 발전과정을 찾아내, 학부모에게 문자나 전화로 전달한다면 그것이 바로 교사와 학부모의 강한 신뢰를 형성해나가는 지름길이 될 것이다.

학부모 상담은 교사와 학부모가 유아라는 대상에 대해 함께 고민하면서 협력하는 관계를 형성하는 것이다. 즉, 상담의 진짜 주인공은 바로 '유아'인 것이다. 상담 후 교사는 유아에게 상담 주요내용을 이야기해주고, 그에 대한 유아의 생각과 해결방법에 대해 의견을 들어보아야 한다. 상담 내용을 유아와 공유하는 것은 유아의 실천하고자 하는 의지와 책임감을 높여준다.

학부모 상담에서 나왔던 내용 중, 학급에서 놀이나 활동으로 연계할 수 있는 것이 있는지 생각한다. 사례에 제시된 양치질을 싫어하는 유아를 포함하여, 양치질의 중요성이나 양치질 방법을 알려주는 것은 유아들의 기본 생활습관 형성을 위한 중요한 주제 중 하나이다. 3부 4장에서 다루었던 '충치 왕국에 치카치카 군단이 간다', '치카푸카 이를 닦아요' 놀이를 유아들과 해볼 수 있다.

학부모 상담에서 언급되었던 주제나 유아의 행동 관련 특징을 기록해둔다. 이는 2학기 상담을 더욱 편안하고 안정감 있게 해줄 좋은 자원이며, 유아의 행동 변화를 섬세하게 파악할 수 있는 자료가 된다. 이러한 기록이 누적되면 교사는 어느새 자기만의 생활교육 노하우를 가지게 될 것이다.

『초등 학부모 상담[7]』의 저자 김연민·김태승은 다음과 같이 말한다.

'상담을 다 했다'로 끝내지 말고 상담의 준비, 실행, 후속으로 이어지는 완결된 하나의 솔루션을 정리해두어야 한다. A4 클리어파일이나 상담 전용 다이어리 등에 상담을 위해 준비해야 할 것, 사전 학부모 상담 자료, 상담 신청서, 상담 기록지, 후속상담 후 결과 등을 정리하여 모아둔다. 후속 상담의 진정한 최종 단계는 바로 '기록의 정리'이다.

대부분의 교사는 처음부터 만족스러운 상담을 경험하지는 못한다. 걸음마를 막 시작할 때는 넘어지는 게 일상이기 마련이다. 그러나 모든 걸음마는 언젠가 달리기가 된다는 믿음을 가지자. 그리고 넘어졌을 때는 다시 일어나서 다음 걸음을 내딛을 용기와 도전정신이 필요하므로, 성공한 경험뿐 아니라 실패한 경험의 기록까지 모두 정리해두자. 이러한 기록들이 다음 걸음에 큰 용기를 줄 것이다.

상담에 완벽한 '성공과 실패'라는 것은 없다. 교사로서 자신과 학부모, 학생 모두가 만족할 만한 상담이 되도록 노력할 뿐이다.

....

7. 김연민·김태승, 『초등 학부모 상담』, 푸른칠판, 2019

- 효율적인 부모-자녀 대화 방법을 안내한다.

교사는 부모-자녀와의 관계를 만족스럽게 유지하기 위해서 의사소통이 효율적으로 이루어져야 함을 학부모에게 안내할 수 있다.

미국 플로리다 주의 의사소통 및 동기유발 훈련 연구소의 Dinkmeyer와 Mckay는 자녀 양육에 만족감과 책임감을 느끼게 함으로써, 바람직하게 자녀를 양육할 수 있는 방법을 제시하였다. 이를 '효율적인 부모역할 수행을 위한 체계적 훈련(STEP)'이라고 한다.

자녀의 의사표현에 대한 부모의 반응[8]

자녀의 의사표현	폐쇄적 반응	개방적 반응
그 애는 참 나쁜 애야. 다시는 놀지 않을래.	그럴 수도 있지. 잊어버려라.	그 애가 나쁜 행동을 했나 보구나. 기분이 상했겠구나.
색칠하기를 그만두겠어요.	하던 것을 마쳐야지. 그러면 안 돼.	색칠하는 게 원래 어렵지. 색칠하기가 어려울 때도 있어.
언니는 가고 싶은 데를 다 가는데 나는 왜 안 돼요?	몇 번 말해야 알아듣니. 지난번에도 안 된다고 했잖아.	언니만 허락해줘서 불공평하게 느낀 모양이구나.
이번 성적표를 가지고 왔어요. 모두 잘했어요.	알았어, 잘했구나.	성적이 모두 좋게 나와 기쁘겠구나. 나도 기쁘단다.
옆자리 친구가 싫어서 유치원에 가기 싫어요.	안 돼, 유치원은 무조건 가야 해.	옆자리 친구가 귀찮게 해서 싫은 모양이구나.
나, 엄마 싫어요.	다신 그런 말 하면 안 돼.	엄마 때문에 화가 난 모양이구나.

....
8. 김영옥, 『부모교육』, 공동체, 2007, p.297

이 훈련은 '효과적인 경청'을 중요시한다. 자녀가 화가 나거나 실망했을 때, 아이의 이야기를 경청하는 것이 부모의 역할이라는 것이다. 부모는 자녀의 말에 집중하여 조용히 들어주며, 자녀가 스스로의 감정을 인식하도록 격려해주어야 한다.

● 자율성과 책임감을 기르기 위한 자연적·논리적 결과를 안내한다.

부모는 자녀를 양육할 때 권위를 바탕으로 "오늘 유치원에 잘 다녀오면 예쁜 인형 사줄게.", "밥을 먹지 않으면 유튜브를 볼 수 없어."라는 식으로 보상과 처벌을 통한 훈육방법을 사용하기도 한다. 그러나 이러한 방법은 유아의 자율성과 책임감을 저해시키고, 유아 자신을 성인이 시키는 대로 해야 하는 약한 존재로 인식시키기 쉽다. 이에 대한 대안으로는 자연적 결과와 논리적 결과 방법을 사용할 수 있음을 안내한다.

자연적 결과

부모로부터 어떤 개입 없이 유아의 행동으로부터 자동적으로 나온 결과로, 아이가 자신이 한 행동의 결과를 직접적으로 경험한다.

예) 여름에 겨울용 두꺼운 치마를 입고 가면 덥다는 것을 자연적으로 경험하는 경우
　　간식이나 점심을 먹지 않으면 나중에 배가 고프다는 것을 자연적으로 경험하는 경우

논리적 결과

유아의 행동으로 인해 성인으로부터 부과된 결과로, 자연적 결과를 사용할 수 없을 때 아이들이 행위의 결과에 대해 배우는 것을 돕기 위해 사용한다.

예) 약속을 지키지 않는다면, 새로운 약속을 하지 않는 경우

장난감을 던져서 동생의 머리에 맞혔다면, 동생의 머리에 찬 수건을 대주고 있도록 하는
경우
형이 쌓은 블록을 무너뜨렸다면, 다시 쌓는 것을 도와주도록 하는 경우

〈논리적 결과를 적용하는 3단계(김영옥, 2008)〉

· 1단계: 선택할 기회를 준다.
　예) 함께 식사하는 시간에 유아가 돌아다닌다면 엄마는 "네가 지금 우리와 함께 밥을 먹지
　　 않으려면 네 방으로 가렴." 하고 선택할 기회를 제공한다.

· 2단계: 결론을 내리는 과정에서 나중에 그 결정을 바꿀 수 있는 기회가 있음을 알려준다.
　예) 엄마는 유아에게 "네 방으로 가려고 하는구나. 언제든지 네 마음이 변하거든 다시 오
　　 렴."이라고 하여 결정을 바꿀 수 있는 기회를 제공한다.

· 3단계: 유아의 잘못된 행동이 계속 반복되면, 시간을 연장하여 한 번 더 기회를 제공한다.
　예) "네가 오늘 밤에는 네 방으로 가기를 결정했나 보구나. 그러면 내일 밤 함께 식사를 해
　　 보자."라고 말하여 유아에게 책임과 여유를 느낄 수 있도록 한다.

긍정적이고 효과적으로 양육하기 위해서는, 유아들에게 자연적 결과와 논리적
결과를 적절한 상황에서 사용해야 한다. 유아들의 안전을 위협하는 상황에서
도 자연적 결과를 배우도록 하겠다며 그대로 두는 것은 신중하게 고려되어야
한다. '불은 만지면 뜨거운 것이다.'를 직접경험으로 알게 할 수는 없지 않은가.
　우리가 유아에게 결정과 선택을 할 수 있는 기회를 주고 자연적·논리적 결
과를 통해 그 한계를 명료화한다면, 유아들은 어떤 행동이 바람직하고 어떤 행
동이 그렇지 않은지를 경험하며 배우게 될 것이다.

05

인내하고
경청하기

아이가 운다.
뚝! 그쳐. 뚝!
왜 우니? 왜 울어? 울지 마, 울면 안 돼!
아이의 등을 툭툭 때린다.
아이는 점점 더 큰 소리로 운다.

운전 중 급정거와 마찬가지로
엄마가 갑자기 울음을 그치기를 요구했기 때문이다.

노련한 운전사는 급정거도 급발진도 하지 않는다.
울음을 그치게 하려면 서서히 브레이크를 밟아야 한다.
언제 섰는지도 모르게 차는 안정된 위치에 멈추게 된다.

아이의 우는 마음과 함께해 주면서
괜찮아! 엄마가 있잖아.
이처럼 서서히 진정시킬 때
아이는 어느새 울음을 그치고 안정을 찾게 될 것이다[9].

9. 김영옥, 『부모교육』, 공동체, 2007

유아들은 조금씩 달라진다. 서서히 변화한다. 교사와 부모는 기다릴 줄 알아야 한다. 인내와 끈기를 가지고 유아를 지켜봐주는 배려와 이해가 필요하다.

유아의 행동은 하룻밤 사이에 개선되는 것이 아니다. 교사와 부모는 '비교'나 '평가'를 하지 말고, 유아 개인의 성장에 주목해야 한다. 또래들과 어울리지 못해 주변을 빙글빙글 맴돌기만 하던 유아 민수가 있다고 하자. 그러던 민수가, 친구들이 놀고 있는 곳 가까이에 가만히 머물게 되었다면 이는 엄청난 발전이다. 함께 어울려 노는 시간이 조금이라도 생긴다면, 더할 나위 없는 진전이다.

유능한 부모나 교사가 되기 위해서는 상대방의 입장을 이해하고 헤아려야 한다. 즉, 부모와 교사는 유아의 입장에서 '왜 그런 행동을 할 수밖에 없었을까?'나 '저 아이가 진정으로 원하는 것은 무엇일까?'를 고민해야 한다. 부모는 '왜 선생님이 우리 아이에게 이런 제안을 했을까?'를 생각하고, 교사는 '학부모는 어떤 자녀교육관으로 아이를 키우고 있을까?'를 생각하며 서로 이해하려 노력해야 한다.

경청이란 공경할 경(敬)과 들을 청(聽), 즉 공경하는 마음으로 듣는다는 뜻이다. 여기서 주목할 것은 '공경하는 마음'이다. 이는 상대의 말을 듣기만 하는 것이 아니라, 그 내면에 깔려 있는 동기나 정서에 귀를 기울여 듣고, 이해된 바를 상대방에게 피드백해주는 것을 말한다[10].

그렇다면 경청은 어떻게 하는 것일까?

먼저 귀로 듣는다. 학부모의 이야기를 귀를 기울여 듣는 것이다.

두 번째, 눈으로 듣는다. 시선을 마주 본다. 대화하면서 쳐다보지 않으면, 상대에게 무시당한다는 느낌을 줄 수 있다.

세 번째, 입으로 듣는다. "아~ 그런 일이 있었군요.", "속상하셨겠어요.", "네, 가끔 그럴 때가 있죠."라고 맞장구를 치며 듣는다.

네 번째, 몸으로 듣는다. 이야기를 들으면서 고개를 끄덕인다. 가끔씩 학부모

---

10. 최상복, 『산업안전대사전』, 골드, 2004

쪽으로 몸을 기울여 관심을 가지고 있다는 표현을 해준다. 시계나 다른 곳을 보지 않는다. 주의 깊게 메모를 하며 듣는다.

마지막으로, 마음으로 듣는다. 학부모의 이야기에 담긴 감정에 공감하며 듣는다.

즉 경청한다는 것은 귀로 듣고, 눈으로 바라보며 듣고, 입으로 대답하며 듣고, 몸을 가까이하며 듣고, 마음으로 공감하며 듣는 것이다.

경청하는 자세는 교사가 유아와 대화를 나눌 때도 꼭 필요하다. 유아들은 아침에 등원하면 집에서의 신기한 경험을 말하고 싶어 하고, 새로운 것을 보았을 때도 교사에게 다가와서 초롱초롱한 눈으로 숨까지 가쁘게 쉬며 이야기한다.

"선생님, 근데요. 오늘 아침에 버스를 타고 오는데요. 엄청 커다란 개가 지나가서요…."

그때 교사는 어떻게 반응하는가? 혹시 업무처리 때문에 컴퓨터만 바라보고 있지는 않았는가? 아니면 오늘 수업 준비할 도화지를 자르며 "그랬구나."라는 무미건조한 반응을 보이지는 않았는가?

부모 또한 마찬가지이다. 저녁 준비에 필요한 채소를 썰며 "엄마 지금 바쁘니까 나중에 이야기해."라고 이야기하지 않았는가? TV 앞에 누워 "아빠 지금 피곤하다."라고 아이의 이야기를 막아버리지는 않았는가?

경청은 긍정적인 인간관계를 유지하기 위해 반드시 필요하다. 교사와 학부모 사이에도, 아이와 부모 사이에도, 그리고 지금 교사와 그 앞에 있는 아이에게도 말이다.

※ 잠깐만요! 부모-자녀간 경청의 단계 Tip[11]

순	단 계	내 용
1	조용히 들어주기	• 부모가 계속 말하거나 말을 많이 하게 되면 자녀들은 자신의 이야기를 할 수 없게 되므로, 침묵하면서 조용히 들어주는 게 좋다.
2	인식 반응 보이기	• 열심히 듣고 있다는 표시를 언어적·비언어적으로 표현할 필요가 있다. 고개를 끄덕이거나 미소를 짓거나 얼굴표정을 부드럽게 만드는 등 동작으로 표현하는 것과, "아~", "그래."와 같이 언어적 신호를 보내는 것이다. • 자녀들은 부모가 자신의 이야기를 진지하게 생각하며 듣고 있음을 알게 된다.
3	계속 말하게끔 격려하기	• 처음에 마음의 문을 열고 말문을 열 수 있도록 언어로 이끌어준다. "네 이야기가 재미있구나.", "그것에 대해 이야기해줄 수 있겠니?"와 같은 언어로, 계속 많은 이야기를 할 수 있도록 격려한다. • 판단·비평·질책의 의도 없이, 문제를 함께 걱정하고 있다는 뜻을 전달한다.
4	적극적 경청	• 침묵이나 조용히 듣는 수동적 경청과는 달리, 자녀들로부터 들은 대화 내용을 진지한 자세로 들으며 이해하고 피드백하는 개방적 의사소통 방법이다.

11. 임미선 · 박성희 편저, 『아이미소 유아교육개론 1』, 공동체, 2018

06

유아와 부모를
함께 포용하기

유아가 바르지 못한 생활 습관을 가졌다고 해서, 항상 부정적 행동만 하는 것은 아니다. 그 유아 나름대로 잘하는 것도 있고, 사랑받을 행동도 한다. 교사는 그 유아가 잘하는 것을 단 1%라도 알아주어야 한다.

"나라야, 너는 실내화 정리를 가지런히 잘하는구나."

"은서는 친구가 우유갑 여는 것을 도와주었구나."

"진영이는 인사를 참 바르게 하는구나."

위와 같이 이야기하면 어떤 일이 일어날까?

나라는 실내화나 다른 물건들을 더욱 보기 좋게 정리하려고 노력할 것이다. 은서는 오늘 친구 한 명을 도와주었지만, 내일은 친구 두 명이나 어쩌면 세 명까지 우유갑을 열 수 있도록 도와줄 것이다. 진영이는 인사를 더 잘하기 위해서 바르게 인사하는 방법에 관심을 가질 것이고, 지나가는 어른들만 보면 인사를 하고 싶어질 것이다. 더 잘해내기 위해서, 유아들은 그 행동을 반복하게 되는 것이다.

단순히 칭찬의 놀라운 효과를 이야기하는 것이 아니다. 교사와 부모가 유아에게 충분한 관심을 가지고서 사랑의 눈으로 바라본다면, 반드시 긍정적 변화가 일어난다.

유아교육기관에는 다양한 유형의 학부모가 있다. 시험관으로 인공수정을 하여 10년 만에 아이를 갖게 된 경우, 너무 어린 나이에 준비 없이 부모가 된 경우, 다문화 가정에서 아이의 언어 습득이나 발달이 느려서 걱정인 경우, 한 부모 가정이라 엄마나 아빠의 빈자리가 항상 미안한 경우, 맞벌이 부부라 아이와 놀아줄 시간이 없을 정도로 바쁜 경우, 직장을 타 지역으로 발령받아 주말에만 아이를 만나는 경우….

유아들에게 나타나는 다양한 유형의 행동은 가정의 환경적 영향과 관련이 있는 경우가 많다. 부모들은 아이들이 보이는 부정적 행동이 자신의 탓인 것만 같다. 부모 자존감이 떨어진 것이다. 교사는 이러한 부모의 마음에 상처를 주지 않도록, 부모의 마음 또한 이해하고 헤아려주는 자세가 필요하다.

어느 날, 학부모에게 전화 한 통이 걸려왔다.

"안녕하세요, 선생님. 민수가 무슨 말 안 하던가요?"

"무슨 일 있으셨나요?"

"어휴… 가자마자 선생님께 이야기하라고 했더니, 안 했나 보네요. 글쎄, 어제 가방을 보니 유치원 장난감들을 넣어왔더라고요. 그래서 왜 가져왔냐고 물었더니, 가지고 가고 싶어서 가져왔대요. 유치원에서 나눠주신 건 아니지요?"

"네. 어머니."

"얘 형도 그런 적이 한 번도 없고, 지금까지 다른 어린이집에서도 물건을 가져온 적이 없었는데… 이게 무슨 일인지 모르겠어요. 저희 아이 괜찮을까요?"

"어제 그런 일이 있어서 많이 놀라셨겠어요. 너무 걱정 마시고, 일단 제가 확인해보고 다시 연락드릴게요."

나는 어머니와 통화를 끝내고, 다시 2층 교실로 올라갔다. 방과후과정 수업이 한창이었다. 노크를 하고 교실에 들어가 민수와 함께 민수의 가방을 꺼내 살펴보았더니, 자석 블록과 작은 고양이 캐릭터 모형 3개가 들어 있었다. 민수에게 묻자, 집에서 놀 때 필요해서 가져갔다고 한다.

불안에 떠는 눈동자를 보니 마음이 안쓰러웠다. 유치원의 물건을 가져가는 것이 하지 않아야 할 행동임을 이미 인지하고 있는 듯했다. 만 3세라면 아직 소유개념이 명확치 않아, 충분히 일어날 수도 있는 상황이었다. 그러나 이러한 행동이 사회적으로 허용되지 않은 행동임을 알리고, 엄마와 한 약속을 지키지 않은 이유에 대해 이야기를 나누었다.

나는 다시 어머니에게 전화를 했다. 이 사실을 먼저 알려주신 어머니에게 감사를 표하고, 물건을 가져간 행동에 대해 너무 반복적으로 잘못을 이야기하거나 죄의식을 갖도록 혼내지 말라고 말씀드렸다.

아이의 예상치 못한 행동에 어머니도 많이 놀랐을 것이다. 여기에 교사가 호들갑을 떨거나 "어머, 어떻게 그런 행동을 할 수 있나요!"라고 이야기한다면, 어머니 또한 상처를 받게 될지 모른다.

"아이를 키우는 게 힘드시죠?"

"그 일은 정말 속상하셨겠네요."

"바쁜 와중에도 아이를 이렇게 사랑과 정성으로 키우시다니. 대단하세요."

교사와 학부모는 유아를 매개로 이어진 동반자적 관계임을 잊지 말고, 서로 이해하고 배려하며 협력하려는 태도를 갖는 것이 중요하다.

부록

유아교육 연구모임에서 선생님들과 고민을 나누는 자리가 있었다. 나는 그 자리에서, 신규 및 저경력 교사들이 유아들의 행동을 지도하는 데 많은 시간과 에너지를 쏟고 있다고 느꼈다. 특히 교사에게 자꾸 이르러 오는 유아, 친구의 놀이를 자꾸 방해하는 유아, 고집부리는 유아, 승부욕이 강해 무조건 이기고 싶어 하는 유아들에 대한 고민이 많아 보였다.

이 장에서는 해당 행동을 보이는 유아들을 어떻게 지도하면 좋을지, 질문하고 답하는 형식으로 구성해보았다. 문체도 선생님들과 자연스럽게 대화한다는 느낌으로 풀어나갔다. 유아들의 행동을 지도하는 궁극적 목표는, 학급 운영의 편리성이나 단기적 해결 방편을 찾기 위함이 아니라 유아의 스스로 생각하고 판단하며 조절하는 능력을 길러주기 위함임을 잊지 말아야 한다. 이것을 명심하면서 유아들의 다양한 유형의 행동 문제들을 하나씩 함께 풀어나가 보자.

"선생님, 훈이가 지나가다가 팔을 치고 갔어요."

"선생님, 쟤가 제 장난감 뺏어갔어요!"

"선생님, 지수가 정리 안 하고 가요!"

"선생님, 민재가 저한테 바보라고 했어요!"

"선생님, 연지가 새치기해요."

교실에서 유아들은 계속 선생님을 찾아요. 저는 유치원에서 교사가 아닌 판사나 경찰관이 되는 기분이에요. 우리 반 아이들은 왜 이렇게 저한테 자꾸 이르러 오는 걸까요? 어떻게 지도해야 하나요?

A 유치원/어린이집 교실에서 선생님은 몸이 열 개라도 부족하죠. 한 공간에서 중재를 하고 있다 보면, 다른 공간에서 또 다른 유아들도 선생님을 찾으니까요. 수업이 끝나고 나면 기운이 다 빠져서 교실을 나오게 되죠.

이럴 때 교사는 가능한 한 적게 개입하는 것이 좋아요. 유아의 생각을 이끌어낸 후, 친구의 얼굴을 바라보면서 이야기해보도록 격려해주세요. 직접 자기의 생각을 말해볼 수 있도록 기회를 주세요.

첫 번째 사례처럼 훈이가 지나가다가 팔을 친 경우, "어머, 그랬구나. 아팠겠다. 그럼 ○○이는 훈이에게 뭐라고 이야기하고 싶니?"라고 물어보세요.

유아가 "아프다고요." 또는 "다음부터는 치지 말라고요."라고 자기 생각을 말하면, "그럼 훈이에게 가서 직접 이야기해볼까?"라고 유도해보세요. 유아가 만약 부끄러워하거나 자기표현에 익숙지 않아 한다면, 교사가 옆에 함께 서 있어주세요. 말로 표현하여 스스로 문제를 해결하는 기회를 가질 수 있도록 기다려주세요.

교사의 질문에 유아가 모르겠다고 대답하거나, 유아의 연령이 아주 어리다면 두 유아를 대신해서 교사가 의사소통 기술의 시범을 보일 수 있어요. "ㅇㅇ아, 그럼 훈이에게 '훈이야, 네가 지나가다가 내 팔을 쳤어.'라고 이야기해보렴."이라고 예를 들어주고, 잘 수행해낸 유아에게 "훈이에게 너의 생각과 느낌을 말하다니, 용기가 대단하구나."라고 구체적으로 칭찬해주세요.

유아들이 발달과정에 따라 서로 다른 생각과 느낌을 표현할 때, 점차 능동적 역할을 할 수 있도록 도와줘야 해요. 생활교육의 목표는, 유아들이 스스로 해결할 수 있도록 다양한 기회를 경험하도록 하는 것이랍니다.

또한, 평소에 친구와 긍정적이고 안정적인 관계를 형성하여 친구가 주는 사소한 불편을 심각하게 생각하지 않도록 유아를 도울 수 있어요. 친구와 놀이 공간이나 놀잇감을 공유하면서 일어나는 상황에 대해 유아에게 자세히 설명해주세요.

"지민이가 너를 힘들게 하려고 장난감을 가져간 것이 아니라, 같이 놀고 싶어서 그런 거라고 하는구나."

유아가 친구와의 관계에서 느낀 불편을 스스로 해결하려고 할 때 다음과 같이 구체적으로 칭찬해주며 성취감을 느낄 수 있도록 해주세요.

"희재가 너의 블록을 일부러 넘어뜨린 게 아니라, 실수로 넘어뜨린 것을 알고 잘 참았구나."

Q 친구의 놀이를 자꾸 방해하는 유아

두준이는 요섭이를 좋아해서 같이 놀고 싶어 했어요. 마침 요섭이가 놀이터에서 놀고 있는 것을 보고 달려갔어요. 하지만 요섭이는 같이 노는 것에 관심이 없었어요. 두준이가 요섭이를 밀었고, 요섭이는 다른 곳으로 가버렸어요. 그러자 두준이는 다시 따라가서 요섭이를 또 밀어버렸지 뭐예요.

친구와 놀고 싶은 마음을 표현할 때, 자꾸 놀이를 방해하거나 친구가 쌓은 블록을 무너뜨리려는 유아가 있어요. 어떻게 지도해야 할까요?

A 유아들은 때때로 놀이를 방해하는 방식으로 놀이상황에 끼어들려고 하는 경우가 있죠. 두준이는 친구의 현재 진행 중인 놀이를 방해하지 않는 전략이 필요하답니다. 그 전략은 바로 놀이를 하는 친구 옆에서 비슷한 활동을 하는 거예요(Ramsey, 1991[1]).

또 다른 방법은, 같이 놀고 싶은 친구가 무엇을 하고 있는지를 관찰하는 거예요. 다시 말해, 다른 아이의 관점에서 상황을 보는 거죠. 이러한 관찰은, 현재 진행 중인 놀이에 도움을 주거나 함께 놀 방식에 대한 정보를 두준이에게 제공해요. 두준이는 요섭이가 놀이터에서 어떤 놀이를 하고 있는지, 무슨 장난감을 가지고 놀고 있는지 교사와 함께 관찰해볼 수 있어요. 예를 들어 요섭이가 트럭으로 모래를 옮기고 있다면 그 모습을 보고 요섭이에게 어떤 도움을 줄 수 있을지, 어떤 놀이를 같이 할 수 있을지 생각할 수 있는 질문을 두준이에게 해보세요.

---

1. Marjorie V. Fields · Patricia A. Meritt · Deborah M. Fields, 『구성주의 유아생활지도 및 훈육』, 21세기사, 2019

"요섭이가 무엇을 하고 있니?"("모래를 옮겨요.")

"무엇으로 옮기고 있지?"("트럭이요.")

"트럭으로 모래를 옮기고 있구나. 모래를 어디로 가지고 가는 것일까?"("저기요~ 저기 보니까 모래로 산을 만들고 있나 봐요~. 저는 삽으로 모래를 파서 트럭에 실어줄래요.")

"그래, 좋아. 한번 가서 해볼까?"

유아의 목표가 놀이 집단에 함께 참여하는 것이라면, 우선 다른 친구들이 무엇을 하고 있는지부터 알아내려고 노력해야 해요. 현재 진행 중인 놀이에 도움을 주는 방식으로 놀이 집단에 참여하는 유아는, 또래들로부터 수용될 가능성이 높다고 해요 (Landy, 2009[2]).

다른 사람의 입장에서 생각해볼 기회를 유아에게 제공하는 것도 중요해요. 두준이에게 "요섭이의 표정을 보니 어떠니?"라고 질문함으로써, 요섭이가 두준이의 행동으로 인해 느꼈을 기분에 대해 생각해볼 수 있어요. 또, 다른 친구가 자신에게 똑같은 행동을 했다면 어떠한 감정이 들지를 두준이와 함께 이야기 나누어주세요. "만약 놀이터에서 놀고 있는데 민수가 너를 밀었다면 어떤 기분이 들까?"라고 말이죠.

그리고 두준이가 친구에게 자신의 생각이나 감정을 언어로 표현할 수 있도록 격려해주세요. "요섭이와 같이 놀고 싶을 때는 뭐라고 말하면 좋을까? '요섭아, 너랑 같이 놀고 싶어.'라고 이야기해볼까?"라고 말이에요.

2. 위의 책, p.79

Q 친구와 잘 어울리지 못하는 유아

미진이는 한 놀이영역에서 오랫동안 놀지 못하고, 잠깐 앉아 있다가 다시 교실을 돌아다녀요. 제 옆에 자주 와서 이것저것 물어보고, 친구들하고 놀기보다는 교사를 따라다니길 좋아하는 것 같아요.

어느 날, 미진이가 "선생님, 민수랑 지윤이가 나랑 안 놀아줘요."라고 이야기하길래, 이제 친구들과 노는 것에 관심을 보이니까 내심 기쁘더라고요. 그래서 민수랑 지윤이에게 타일렀죠.

"모든 친구와 사이좋게 지내야지. 그래야 착한 어린이지. 미진이랑도 같이 놀이하렴."

"싫어요. 우리 둘이 동물원을 만들었단 말이에요."

그런데 아이들이 그만 시무룩해지는 거예요. 아이들 표정을 보니 '이게 아닌가?' 싶더라고요. 어떻게 해야 할까요?

A 민수와 지윤이는 왜 시무룩해졌을까요? 이렇게 생각하면 쉬워요. 선생님이 카페에서 친한 친구를 만나고 있어요. 마침 어제 속상했던 일을 그 친구에게 이야기하려는 참이에요. 그때 다른 친구가 지나가다가 우리를 보더니, 갑자기 나타나서 다짜고짜 옆자리에 앉았어요. "야, 나도 같이 그 이야기 듣자."라고 해요. 그때 선생님의 기분은 어떨까요?

아마 '아, 쟤 뭐야…. 왜 끼어드는 거야?'라는 생각과 함께 당황스러우실 거예요. 아이들도 마찬가지겠죠.

아이들이 이미 만들어놓은 놀이를 다른 사람에 의해 방해받고 싶지 않다고 요구하는 것도 꽤 정당한 요구사항 아닐까요? 유아들의 놀이에 다른 유아를 강제로 참여시키는 것은 신중하게 생각해봐야 할 문제예요.

그렇다면 미진이는 어떻게 지도하면 좋을까요?

"미진아, 이리 와서 민수와 지윤이가 어떤 놀이를 하고 있는지 보자. 저 친구들이 레고로 무엇을 하고 있지?"

우선 친구들의 놀이를 관찰해보라고 지원할 수 있어요. 자신이 원하는 것만 생각하는 대신, 다른 사람이 무엇을 원하는지에 대해 생각해보도록 하는 거죠. 그런 다음, 미진이에게 민수와 지윤이가 동물원을 만드는 것을 돕기 위해 무엇을 할 수 있는지 물어보세요.

교사가 대화하며 아이디어를 약간 덧붙여주자, 미진이는 친구들이 사용하고 있지 않은 네모 자석 블록으로 주차장을 만들어보겠다고 결심했어요. 자동차가 가득 찬 주차장이 완성되자, 민수와 지윤이는 동물 모형을 들고 와서 자동차에 태웠어요. 두 개의 놀이가 하나로 자연스럽게 이루어지는 순간이네요.

이처럼 기찻길 만들기, 세계 여러 나라 건축물 만들기 등 여럿이 협력해야 만들 수 있는 크고 복잡한 놀잇감을 제공해, 혼자만의 놀이가 아니라 친구들과 함께하는 상황을 자연스럽게 만들어주실 수 있어요. 보드게임, 수수께끼 내기처럼 두 사람 또는 여럿이서 함께 하면 재미있는 놀이를 소개해줄 수도 있어요.

또한 친구들과 함께 놀이하는 모습을 찍은 사진, 힘을 합쳐서 만들었던 구성물 등의 유아 작품 사진을 교실 벽면이나 게시판에 붙여두시면 좋아요. 유아가 사진을 보면서 함께하는 것의 즐거움을 상기하여, 단체활동 경험에 대한 긍정적 감정을 느낄 수 있도록 해주세요.

Q 고집부리는(떼쓰는) 유아

우리 반 연우는 무엇이든지 멋대로 하려고 해요. 자기 요구를 들어줄 때까지 그 자리에 가만히 서 있거나, 바닥을 구르며 울면서 떼를 쓰곤 하죠.

지난주는 아빠와 형과 함께 등원을 하더군요. 유치원 출입구에서 아빠가 초인종을 누르자, 연우는 발을 쿵쿵 구르며 찢어질 듯이 높은 소리를 계속 지르지 뭐예요. 그러고 보니 연우의 형이 초인종을 눌렀을 때도 연우는 저런 반응이었어요. 아빠가 "벨 누를 거야? 그럼 연우가 눌러보고 와."라고 이야기하자, 연우는 웃으며 벨을 누르더니 기분이 다시 좋아졌더라고요.

자유놀이 시간에는 다른 친구의 장난감을 뺏어가서 그 친구가 다시 가져갔더니 "싫어!"라며 울면서 그 자리에 계속 서 있었어요.

쌓기 영역에서는 친구가 쌓은 자석 네모 블록에 여러 동물 모형을 집어넣자, 친구들이 하지 말라고 했죠. 그런데 연우는 못 들은 척하고 계속 동물 모형을 집어넣더라고요. 세리가 "우리가 먼저 만들어놓은 거야. 하지 마!"라고 하자, 소리를 지르며 그 자리에 계속 가만히 서 있더라고요. 이 유아, 어떻게 지도해야 할까요?

A 일단은 연우가 고집을 부리는 행동을 함으로써 얻게 되는 행동의 목적을 파악하실 필요가 있겠군요. 관심 끌기인지, 원하는 것을 얻기 위함인지, 친구들의 놀이를 방해하려는 것인지, 같이 놀고 싶은 것인지 파악해보세요.

아빠와 등원하는 중 발생한 첫 번째 사례에서 유치원 초인종을 누르자 기분이 좋아진 것을 보니, 이때의 행동 목적은 원하는 것을 얻기 위함이었네요. 친구의 장난감을 뺏어간 두 번째 사례 역시 원하는 장난감을 얻기 위함으로 보이고요. 쌓기영역에서 친구들이 만들어놓은 곳에 동물들을 자꾸 집어넣은 세 번째 사례는, 활동에 참여하고 싶고 친구들의 관심을 끌고 싶어서 고집부리는 행동을 하는 것으로 보이네요.

이제 행동의 목적(기능)을 파악했으니, 연우의 행동에 대한 가설을 세울 수가 있겠군요.

연우는 선호하는 장난감이 갖고 싶다거나 어떠한 일이 자신의 의도대로 진행되지 않으면, 교사나 또래의 관심을 끌고 자신이 원하는 것을 얻기 위하여, 다른 친구의 놀이 및 활동을 방해하며 고집부리는 행동을 한다.

이제 연우가 긍정적 행동을 할 수 있게 구체적으로 도와주세요.

첫 번째 사례 해결책은 부모님께 연우의 '초인종 누르기'를 조절하도록 말씀드리는 거예요. 연우가 고집부리는 행동을 하기 전에 되도록 먼저 초인종을 누르게 하거나, 다른 형제와 번갈아가면서 누를 수 있도록 순서를 정하는 방법도 안내해주세요.

유아가 고집을 부리거나 떼를 쓰고 난 다음에 원하는 바를 들어주면, '앞으로도 내가 원하는 것이 있을 때는 이렇게 하면 되겠구나.'라고 긍정적 기억을 심어줄 수 있으므로 유의해야 한다는 점도 같이 알려드리세요.

두 번째 사례에 대한 긍정적 행동 지원 방법은 친구에게 물어보도록 교사가 옆에서 의사소통 과정을 돕는 것입니다. 친구가 가지고 노는 중인 장난감을 자기도 가지고 놀고 싶을 때, 연우는 친구에게 "친구야, 나도 이거 필요해." 또는 "이 장난감을 내가 가지고 놀아도 될까?"라고 물어보도록 지도해주세요. 연우가 장난감이 필요하다고 말로 표현했을 때, 크게 반응하여 언어적("연우가 친구에게 장난감이 필요하다고 말로 이야기했구나!") 및 비언어적 칭찬(안아주기, 쓰다듬기 등)을 해주는 것이 중요해요.

연우가 친구의 장난감을 계속 뺏어가면 조용한 곳으로 잠시 분리해 친구의 불편함과 속상한 마음에 대해 이야기를 나눈 후 놀이영역으로 다시 돌아오세요.

세 번째 사례에 대한 긍정적 행동 지원 방법은, 교사가 친구들의 놀이에 자연스럽게 들어갈 수 있는 사회적 기술 시범을 보이는 것이에요. "어흥! 나는 호랑이다~ 그런데 저녁이 다 되어 자려고 하는데 집이 없네. 여기서 잠깐 자도 될까?" 하며, 동물원을 만든 아이들의 놀이에 참여할 수 있겠죠.

또한, 자신의 욕구가 이루어지지 않을 때 분노를 조절하는 방법을 유아와 함께 해보세요. 화가 날 때는 심호흡 해보기, 거꾸로 세기, 기분 좋은 상상, 분노의 결과를 생각해보기 등을 해볼 수 있어요.

Q 승부욕이 강해 무조건 이기고 싶어 하는 유아

별님이는 친구보다 항상 잘하고 싶어 해요. 특히 편을 나누어 하는 게임을 하다 보면 이런 모습이 더 심해지는 것 같아요.

자기 팀이 이기는 날, 별님이는 아주 기분이 좋아요. 하지만 상대팀이 이기는 날에는 그 자리에서 큰 소리로 울고, 다시 게임을 하자고 요구하며 물건을 던지기도 해요. 게임에 질 것 같을 땐, 아예 처음부터 하지 않겠다고 거절하기도 해요.

별님이에게 "누구나 이길 때도 있고, 질 때도 있단다."라고 위로를 해도 소용이 없어요. 어떻게 지도하면 좋을까요?

A 유아가 친구들과의 놀이 그 자체를 즐기기보다 승패에 집착을 보인다면, 그 유아에게 '이기는 것=좋은 것, 지는 것=나쁜 것'이라는 인식이 형성되었을 가능성이 있어요. 어쩌면 성취 기준의 초점이, 유아 자신이 아닌 다른 사람에게 맞춰져 있기 때문일지도 몰라요. '나는 친구들보다 뭐든지 더 잘해야 돼.'라고 말이죠.

이런 유아는 대부분, 실패하거나 졌을 때 불안해하고 두려워하는 모습을 보여요. 져서 속상해하는 유아에게 "울지 마, 왜 울고 그래?"라고 질책하기보다 "우리 별님이가 져서 속상하구나. 괜찮아."라고 따뜻하게 위로해주며 안심시켜주세요. 어떤 행동의 결과가 아닌, 별님이라는 유아의 존재 자체를 사랑하는 것임을 알려주세요.

그다음, 적극적으로 경청을 해주세요. 결과에 속상해하는 별님이의 얼굴을 보면서, 진심으로 경청해주어야 합니다. 유아의 속상한 마음을 교사가 이해하고 있고, 그래서 교사도 마음이 아프다는 태도를 전달하는 것이 중요해요.

반대로 별님이가 경쟁에서 이겼을 때는, 승리에 초점을 맞추기보다 과정에 대한 칭찬을 중간중간 해주는 것이 좋아요. 게임이나 놀이를 할 때, "별님이가 한 방법처럼 해볼 수도 있겠네! 좋아!"라는 식으로 유아가 최선을 다해 노력했던 과정을 구체적으로 칭찬해주고 격려해주세요. 스스로에게 다음에 더 잘할 수 있다는 위로를 할 수 있게끔 격려하는 것도 중요합니다.

유아가 결과를 받아들인 후에는, 왜 지거나 실패했는지를 생각해보는 시간을 함께 가져보세요. 결과를 분석하고, 다음에 지지 않기 위해서는 어떻게 하면 좋을지, 다음에 어떻게 하면 이길 수 있을지 스스로 계획을 세울 수 있도록 도와주세요. 지는 것도 즐거운 경험이 된다고 유아가 느낄 수 있도록, 새로운 도전을 두려워하지 않는 자세가 나 자신을 발전시킬 수 있다는 것을 알려주세요. 성공한 유명인들의 실패 사례를 곁들여 설명해주면 좋아요. "발명왕 에디슨은 전구를 발명하기 위해 10,000번의 실패를 했단다. 하지만 에디슨은 결코 실패했다고 말하지 않았어. 단지, 효과가 없는 10,000가지의 방법을 발견했을 뿐이라고 말했지."라고요.

마지막으로, 이런 인식이 형성된 원인을 찾아봅시다. 가정에서 많은 활동이 유아 중심으로 이루어졌을 가능성이 높아요. 학부모 상담을 통해, 혹시 아이가 승부욕이 강하다고 해서 부모가 일부러 져주진 않는지, 아이가 원하는 대로 모두 들어주는 것은 아닌지 확인해볼 필요가 있어요. 만약 그렇다면, 별님이가 동등한 경쟁상대인 또래끼리의 경쟁에서 힘들어할 수 있다는 점을 언급해주세요. 패배하는 경험을 하지 못한 아이는, 자신이 지는 상황에서 좌절감을 느끼고 게임 자체에 참여하는 것을 거부하게 될 수도 있어요. 그러니 아이의 일시적 기분을 맞추기 위해 일부러 져주지는 말라고 알려주세요.

단행본

강문희, 『영유아 생활지도』, 교문사, 2012.

권정윤·안혜준·송승민·권희경, 『유아생활지도』, 학지사, 2013.

김경희, 『아동생활지도:사례중심으로』, 창지사, 2007.

김연민·김태승, 『초등 학부모 상담』, 푸른칠판, 2019.

김영옥, 『부모교육』, 공동체, 2007.

김춘경·이수연·이윤주·정종진·최웅용, 『상담학 사전』, 학지사, 2016.

김희진, 『영유아교육기관에서의 행동지도: 주도적으로 판단하고 조절하는 힘 기르기』, 파란마음, 2020.

나승빈, 『핵심 역량을 키우는 수업놀이』, 맘에드림, 2017.

박정옥·김태인, 『아동생활지도』, 양서원, 2016.

박혜경·김명희·성은숙·양희정·이계옥·이명희·이숙희·이진경·정향미, 『언어 구성요소별 언어활동의 실제』, 공동체, 2015.

뿌리 깊은 유치원 교사 연구회, 『유치원 학급운영 어떻게 할까?』, 사람과교육, 2018.

서준호, 『서준호 선생님의 교실놀이백과 239』, 지식프레임, 2014.

이기영·이춘옥·장성화·최성열, 『아동생활지도』, 정민사, 2011.

이소은, 『아동생활지도』, 한국방송통신대학교출판문화원, 2015.

이순형 외, 『아동생활지도』, 학지사, 2013.

이영자, 『유아 언어발달과 지도』, 양서원, 2004.

이차숙, 『유아 언어교육의 이론과 실제』, 학지사, 2005.

임미선·박성희, 『아이미소 유아교육개론 1』, 공동체, 2018.

조윤경·김형미·유연주·장지윤, 『특수아 행동지도』, 공동체, 2017.

정유진·정나라, 『(놀이로 풀어보는) 유치원 학급운영』, 교육과실천, 2019.

지성애·홍혜경, 『영·유아 생활지도』, 양서원, 2001.

최상복, 『산업안전대사전』, 골드, 2004.

최지영, 『아동생활지도』, 동문사, 2010.

편집부, 『과학동아』, 동아사이언스, 2003.

홍혜경, 『유아 수학능력 발달과 교육』, 양서원, 2009.

홍혜경·김명화·김정아·김세루, 『영유아 언어교육』, 학지사, 2013.

Marjorie V, Fields·Patricia A. Meritt·Deborah M.Fields, 『구성주의 유아생활지도 및 훈육』, 21세기사, 2019.

Alice Sterling Honig, 『Little kids, big worries: Stress busting tips for early childhood classrooms』, Paul H Brookes Pub Co, 2009.

Beaty,J.,&Pratt,L., *Early literacy in preschool and Kindergarten*, Merill Prentice Hall, New Jersey, 2007.

Jalongo, M. R., *Early Childhood language arts*, Needham Heights, MA: Allyn&Bacon, 2000.

Landy,S., *Pathways to competence: Encouraging healthy social and emotional development in young children*, Baltimore: Brookes, 2009.

교육부 자료

교육과학기술부, 「3세 누리과정 교사용 지도서 1~10」, 교육과학기술부, 2013.

교육과학기술부, 「4세 누리과정 교사용 지도서 1~11」, 교육과학기술부, 2013.

교육과학기술부, 「5세 누리과정 교사용 지도서 1~11」, 교육과학기술부, 2013.

교육부·보건복지부, 「2019 개정 누리과정 해설서」, 교육부·보건복지부, 2019.

교육부·보건복지부, 「2019 개정 누리과정 놀이실행자료」, 교육부·보건복지부, 2019.

교육부·보건복지부, 「2019 개정 누리과정 놀이이해자료」, 교육부·보건복지부, 2019.

경기도교육감, 「놀이 2017」, 경기도교육청, 2017.

전라남도교육청, 「2018 놀이활동 자료집 '놀이꽃이 피었습니다'」, 전라남도교육청, 2018.

전라남도유아교육진흥원, 「2019년 유치원 장학자료 '놀이로 만나는 수학'」, 전라남도유아교육진흥원, 2019.

논문

김민정·도현심, 「부모의 양육행동, 부부갈등 및 아동의 형제자매관계와 아동의 공격성간의 관계」, (兒童學

會誌, Vol. 22), 한국아동학회, 2001.

유영신·유연옥, 「유아의 기질, 어머니의 양육행동과 유아의 문제행동의 관계」, 계명대학교 유아교육대학원 석사학위논문, 2015.

정유라, 「유아명상활동이 유아의 자기조절능력 향상에 미치는 효과」, 숙명여자대학교 교육대학원 석사학위 논문, 2010.

Ramsey, P. G., *Making friends in school: Promoting peer relationships in early childhood*. New York: Teachers College Press, 1991.

Thomas, A., & Chess, S., *Temperament and Development*, New York: Brunner/Mazel, 1985.

방송프로그램

〈우리 아이가 달라졌어요〉, 《SBS》, 2005~2015.

인터넷동영상

유튜브, "어어~ 쾅! 자전거, 안전하게 타야죠?", https://www.youtube.com/watch?v=bvWRttM67Fc, (2019.06.05)

유튜브, "비누의 능력! 그것이 알고 싶다 [2화] | 힘내라 어린이! 힘내라 대한민국!", https://www.youtube.com/watch?v=D3ZQk0ee0I4&t=5s, (2020.05.02)

유튜브, "[엄마표놀이] 코로나바이러스 예방 | 여름철 위생교육 | COVID-19 | Corona virus | 홈스쿨링 | homeschooling | 집콕놀이", https://www.youtube.com/watch?v=n9Cz6lm_Zmo, (2020.06.05)

인터넷사이트

두산백과(doopedia), "편식", https://terms.naver.com/entry.nhn?docId=1157973&cid=40942&categoryId=32097

쇼핑용어사전, "점토", https://terms.naver.com/entry.nhn?docId=5671694&cid=51399&categoryId=51399

네이버블로그, "[소피가 화나면 정말정말 화나면] 그림책 수업", https://blog.naver.com/kimmijoo1234/222003645250, (2020.06.17.)